게임
블록
코딩

나만의 블록 조립 연구소

스크래치
3.0 게임만들기
with 모션플레이

초판 발행일 | 2022년 12월 1일
지은이 | 김수현, 유송아, 최승희
발행인 | 최용섭
책임편집 | 이준우
기획진행 | 김미경

㈜**해람북스** **주소** | 서울시 용산구 한남대로 11길 12, 6층
문의전화 | 02-6337-5419
팩스 | 02-6337-5429
홈페이지 | https://class.edupartner.co.kr

발행처 | (주)미래엔에듀파트너
출판등록번호 | 제2016-000047호

ISBN 979-11-6571-178-8 (13000)

이 책은 저작권법에 따라 보호받는 저작물이므로 무단전재와 무단복제를 금지하며,
이 책 내용의 전부 또는 일부를 이용하려면 반드시 저작권자와 (주)미래엔에듀파트너의 서면동의를 받아야 합니다.

※ 잘못된 책은 바꾸어 드립니다.
※ 책 가격은 뒷면에 있습니다.

나만의 블록 조립 연구소

연구 과제 10 자신이 스스로 코딩하여 만든 작품에 제목을 붙여 보세요. 그리고 코딩할 때 사용했던 명령 블록을 떠올려 함께 작성해 보세요.

연구 1	• 제목 : • 주요 명령 블록 :
연구 2	• 제목 : • 주요 명령 블록 :
연구 3	• 제목 : • 주요 명령 블록 :
연구 4	• 제목 : • 주요 명령 블록 :
연구 5	• 제목 : • 주요 명령 블록 :
연구 6	• 제목 : • 주요 명령 블록 :
연구 7	• 제목 : • 주요 명령 블록 :
연구 8	• 제목 : • 주요 명령 블록 :
연구 9	• 제목 : • 주요 명령 블록 :
연구 10	• 제목 : • 주요 명령 블록 :

이 책의 차례

Chapter			
Chapter	01	피자 만들기	006
		• 더 만들어 보기	011
Chapter	02	배고픈 상어	012
		• 더 만들어 보기	019
Chapter	03	꼬꼬댁의 미로 탈출	020
		• 더 만들어 보기	027
Chapter	04	고스트 헌터	028
		• 더 만들어 보기	033
Chapter	05	곤충채집	034
		• 더 만들어 보기	039
Chapter	06	즐거운 게임 코딩 ❶ 테트리스 게임	040
Chapter	07	박쥐의 보물 찾기	045
		• 더 만들어 보기	051
Chapter	08	동물 타자 게임	052
		• 더 만들어 보기	057
Chapter	09	가을 알밤 수확하기	058
		• 더 만들어 보기	065
Chapter	10	세균 소탕하기	066
		• 더 만들어 보기	073
Chapter	11	잠수함의 보물 찾기	074
		• 더 만들어 보기	081
Chapter	12	즐거운 게임 코딩 ❷ 비행 전투 게임	082

CONTENTS

| Chapter | 13 | 고양이 피해 치즈 먹기 | 088 |
| • 더 만들어 보기 | | | 095 |

| Chapter | 14 | 장애물 마라톤 | 096 |
| • 더 만들어 보기 | | | 101 |

| Chapter | 15 | 거미손 골키퍼 | 102 |
| • 더 만들어 보기 | | | 107 |

| Chapter | 16 | 우주 괴물 물리치기 | 108 |
| • 더 만들어 보기 | | | 117 |

| Chapter | 17 | 청기백기 게임 | 118 |
| • 더 만들어 보기 | | | 123 |

| Chapter | 18 | 즐거운 게임 코딩 ❸ DDR 리듬 게임 | 124 |

| Chapter | 19 | 꽃송이 모으기 | 130 |
| • 더 만들어 보기 | | | 137 |

| Chapter | 20 | 공룡 조종 RC 게임 | 138 |
| • 더 만들어 보기 | | | 143 |

| Chapter | 21 | 오늘은 테니스 왕 | 144 |
| • 더 만들어 보기 | | | 151 |

| Chapter | 22 | 공룡의 운석 피하기 | 152 |
| • 더 만들어 보기 | | | 158 |

| Chapter | 23 | 통통 탁구공 골인 | 159 |
| • 더 만들어 보기 | | | 165 |

| Chapter | 24 | 즐거운 게임 코딩 ❹ 무궁화 꽃이 피었습니다! | 166 |

Chapter 01 피자 만들기

퍼즐 게임

학습목표
- 토핑이 계속해서 마우스 포인터를 따라 이동하도록 코딩합니다.
- 마우스를 클릭하면 도장을 찍도록 코딩합니다.
- 키보드를 이용하여 스프라이트의 모양과 크기를 변경하도록 코딩합니다.
- 토핑에 닿고 마우스를 클릭하면 콜라의 크기를 변경하도록 코딩합니다.

• 예제 파일 : 01_피자 만들기(예제).sb3   • 완성 파일 : 01_피자 만들기(완성).sb3

미션 문제 해결 과제

필요한 스프라이트	주요 명령 블록
	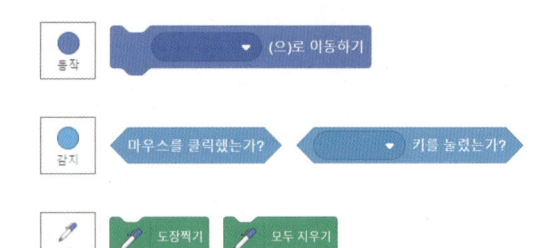

게임 이야기

피자를 먹으려고 하는데, 피자 도우만 있고 토핑이 없어졌어요. 토핑이 없으면 무슨 맛으로 피자를 먹을까요? 그렇다면 직접 피자에 토핑을 올려 보아요. 토핑은 마우스 포인터를 따라 이동하고, 클릭하면 도장을 찍어요. 스페이스 키를 이용해 토핑을 변경하고 위쪽, 아래쪽 화살표 키를 이용해 크기를 변경할 수 있답니다. 그럼 지금부터 맛있는 피자를 완성해 볼까요?

1 게임 코딩하기

❶ 'Scrach 3.0' 프로그램을 실행한 후 '01_피자 만들기(예제).sb3' 파일을 불러옵니다.

❷ '토핑' 스프라이트를 선택한 후 프로그램이 시작되면 펜을 모두 지우고 시작 위치로 이동한 후 게임 방법을 말하기 위해 [이벤트], [펜], [동작], [형태] 블록 팔레트에서 블록을 드래그하여 그림과 같이 코딩합니다.

- 블록 팔레트 하단의 [확장 기능 추가하기(　)]를 클릭한 후 [펜]을 클릭하여 [펜] 블록 팔레트를 추가합니다.
- 프로그램을 한 번 실행한 후 재실행했을 때 찍혀 있는 토핑을 모두 삭제하기 위해 　모두 지우기　 블록을 사용합니다.

❸ 계속 반복하여 '토핑'이 마우스 포인터를 따라 이동하도록 하기 위해 [제어], [동작] 블록 팔레트에서 블록을 드래그하여 그림과 같이 코딩합니다.

　무작위 위치　(으)로 이동하기 블록의 목록 버튼(▼)을 클릭한 후 '마우스 포인터'를 선택합니다.

CHAPTER 01 피자 만들기 _ **007**

❹ 이어서 마우스를 클릭하면 도장을 찍도록 하기 위해 [제어], [감지], [펜] 블록 팔레트에서 블록을 드래그하여 그림과 같이 코딩합니다.

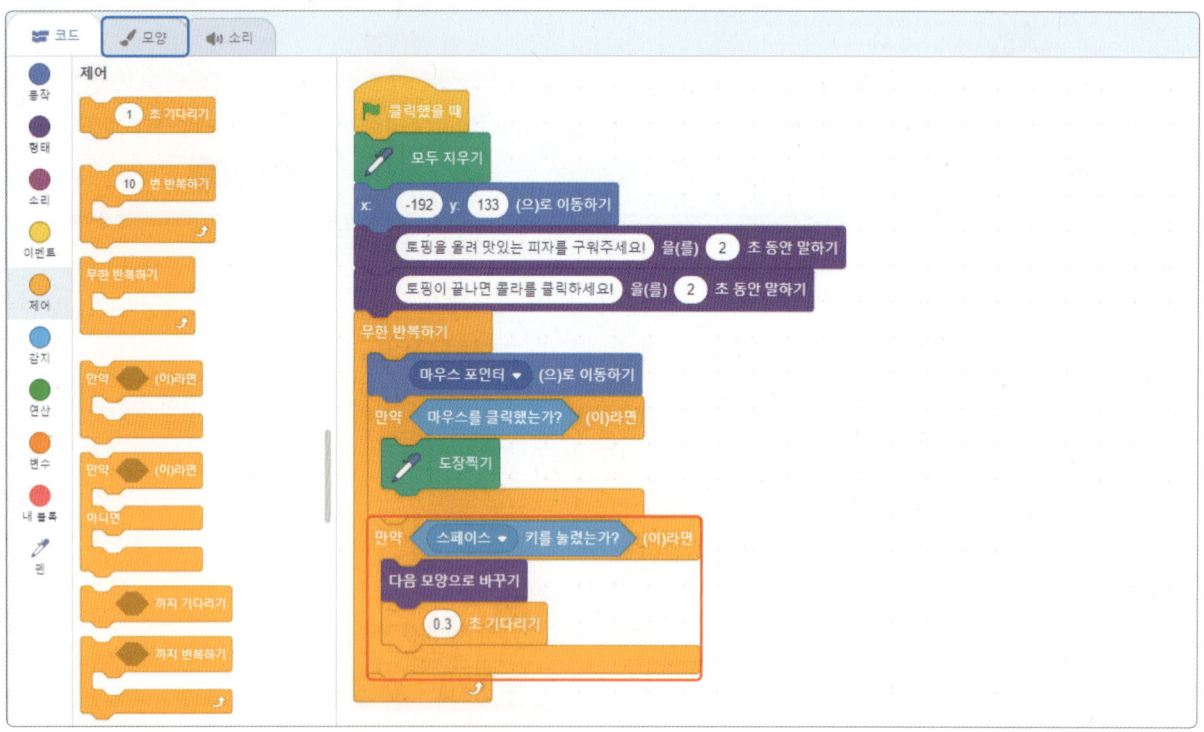

❺ '스페이스' 키를 누르면 '토핑'의 모양을 변경하고 '0.3'초 기다리기 위해 [제어], [감지], [형태] 블록 팔레트에서 블록을 드래그하여 그림과 같이 코딩합니다.

> 다음 모양으로 바꾸기 블록은 스프라이트의 모양이 번갈아 가며 나타나도록 만들어주는 블록입니다. 스프라이트의 모양은 [모양] 탭에서 확인할 수 있으며, '토핑' 스프라이트에는 '햄', '버섯', '토마토', '파슬리'의 4가지 모양이 있습니다.

❻ '위쪽 화살표' 키를 누르면 '토핑'의 크기가 커지고, '아래쪽 화살표' 키를 누르면 '토핑'의 크기가 작아지도록 하기 위해 [제어], [감지], [형태] 블록 팔레트에서 블록을 드래그하여 그림과 같이 코딩합니다.

❼ 키보드의 'd' 키를 누르면 도장을 찍은 토핑을 모두 삭제하기 위해 [제어], [감지], [펜] 블록 팔레트에서 블록을 드래그하여 그림과 같이 코딩합니다.

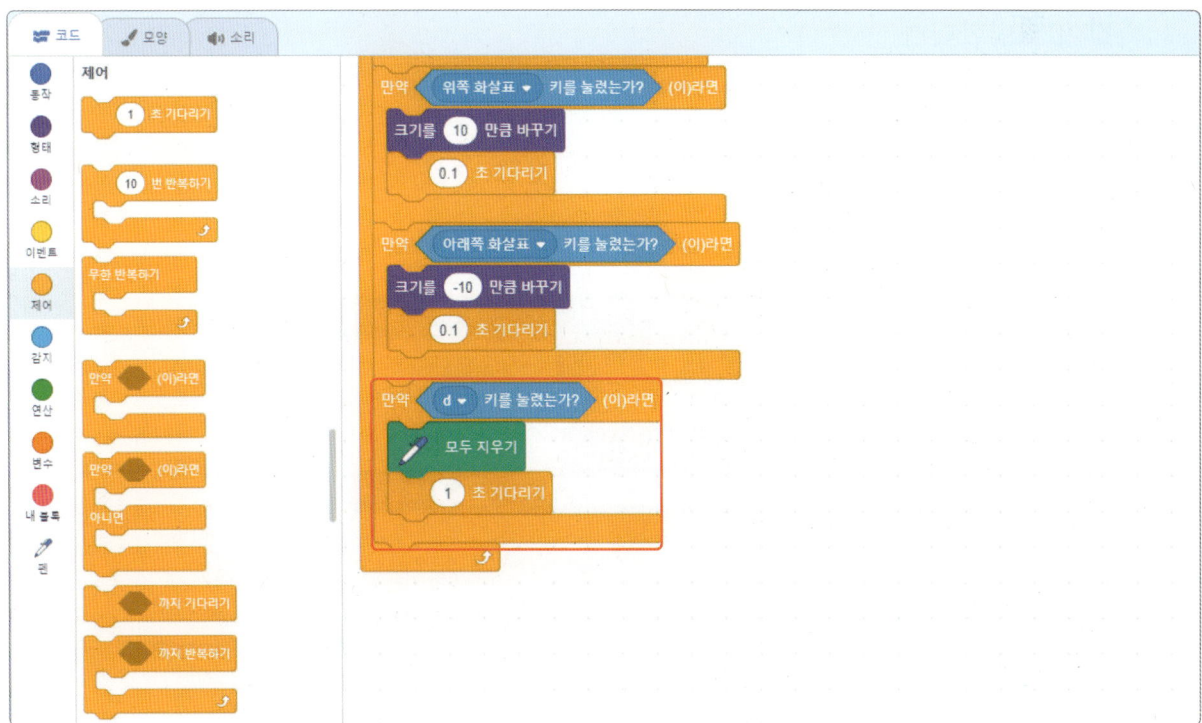

❽ '콜라' 스프라이트를 선택한 후 프로그램이 시작되면 '4'초 후 '토핑'에 닿고 마우스를 클릭했는지 계속해서 확인하기 위해 [이벤트], [제어], [연산], [감지] 블록 팔레트에서 블록을 드래그하여 그림과 같이 코딩합니다.

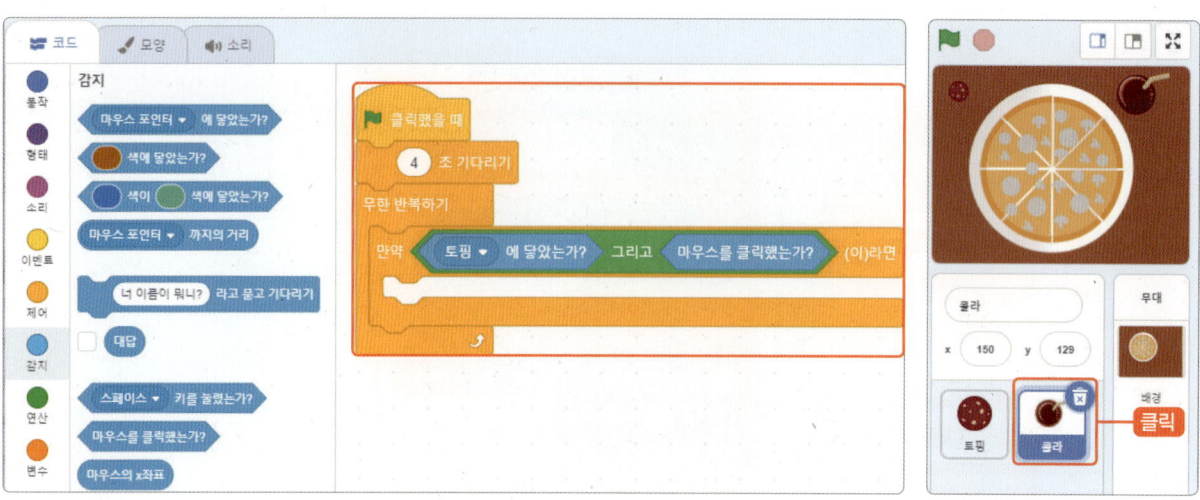

또는 블록은 2개의 조건 중 1개만 만족해도 명령을 실행하지만 그리고 블록은 2개의 조건을 모두 만족해야 명령을 실행합니다. 위 코드에서는 '콜라'가 '토핑'에 닿고(조건 1), 마우스를 클릭(조건 2)하는 조건을 모두 만족해야 명령을 실행하게 됩니다.

❾ '토핑'에 닿고 마우스를 클릭하면 크기가 작아졌다가 커진 후 "잘 먹겠습니다!! 냠냠!!"을 말하고 프로그램을 종료하기 위해 [형태], [제어] 블록 팔레트에서 블록을 드래그하여 그림과 같이 코딩합니다.

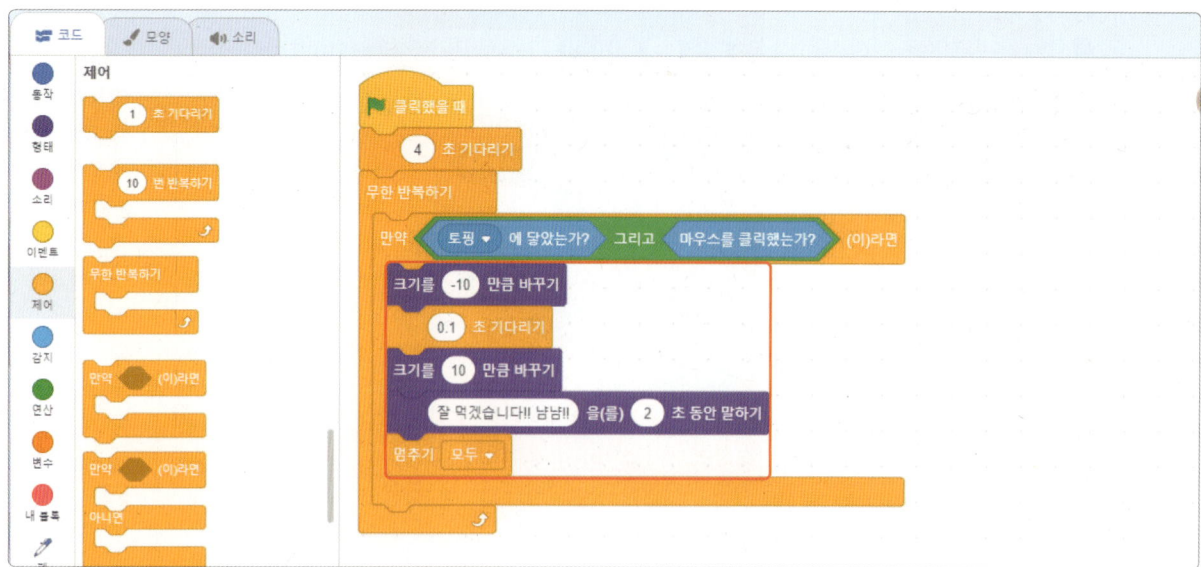

❿ 코딩이 완료되면 [시작하기(🏁)]를 클릭하여 게임을 진행해 봅니다.

Chapter 01 더 만들어 보기

예제 1 예제 파일을 불러와 다음의 조건에 맞게 코딩을 완성해 보세요.

조건
① '선인장'은 프로그램이 시작되면 찍힌 도장을 모두 삭제하고 순서를 맨 앞쪽으로 지정합니다.
② '선인장'은 계속해서 마우스 포인터를 따라 이동하다가 클릭하면 도장을 찍습니다.
③ 키보드를 이용하여 '선인장'의 모양과 크기를 변경합니다.
④ '30'초가 지나면 프로그램이 종료됩니다.

• 예제 파일 : 01_선인장 키우기(예제).sb3   • 완성 파일 : 01_선인장 키우기(완성).sb3

예제 2 예제 파일을 불러와 다음의 조건에 맞게 코딩을 완성해 보세요.

조건
① '시작'은 프로그램이 시작되면 '3'번 반복하여 크기가 커졌다 작아진 후 무대에서 사라집니다.
② '하트'는 프로그램이 시작되면 찍힌 도장을 모두 삭제하고 순서를 맨 앞쪽으로 지정합니다.
③ '하트'는 계속해서 마우스 포인터를 따라 이동하다가 클릭하면 도장을 찍습니다.
④ '스페이스' 키를 이용하여 '하트'의 모양을 변경합니다.

• 예제 파일 : 01_하트퍼즐 만들기(예제).sb3   • 완성 파일 : 01_하트퍼즐 만들기(완성).sb3

Chapter 02

액션 게임

배고픈 상어

학습목표

- 상어가 계속해서 마우스 포인터를 따라다니도록 코딩합니다.
- 물고기와 불가사리는 복제되어 계속해서 임의의 위치로 이동하도록 코딩합니다.
- 물고기가 상어에 닿으면 복제본을 삭제하도록 코딩합니다.
- 성공, 실패 신호에 따라 해당하는 명령을 실행하도록 코딩합니다.

• 예제 파일 : 02_배고픈 상어(예제).sb3   • 완성 파일 : 02_배고픈 상어(완성).sb3

 미션 문제 해결 과제

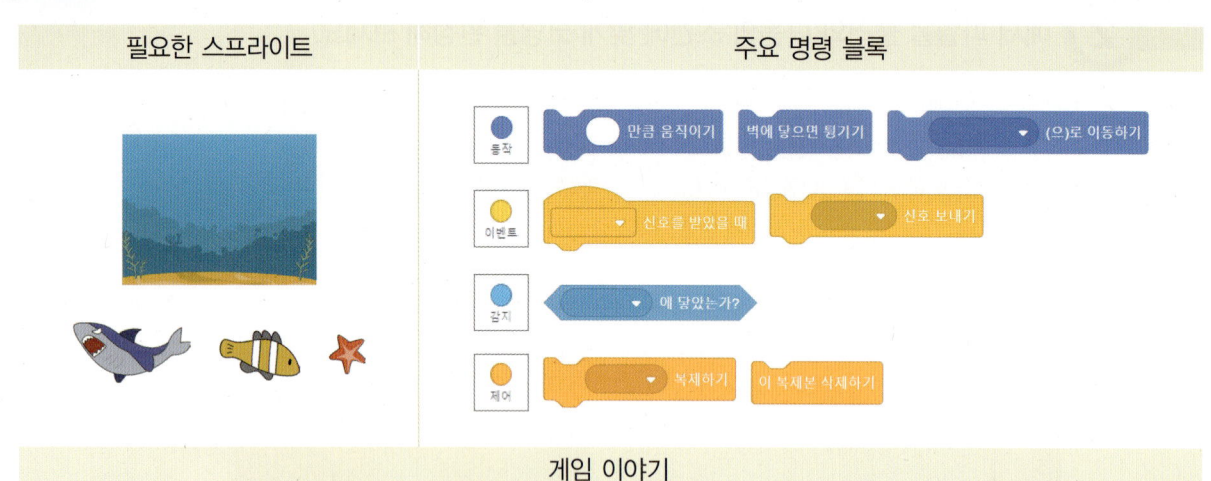

게임 이야기

배고픈 상어가 물고기를 잡아먹으려고 해요. 상어는 마우스 포인터를 따라 계속해서 움직이고 무작위 종류로 나타나는 물고기는 상어에 닿으면 사라진답니다. 상어가 불가사리에 닿으면 배를 채우지 못하고 게임이 종료되니, 상어가 30초 동안 불가사리를 피해 배불리 물고기를 먹을 수 있도록 해보세요. 과연 상어는 얼마나 많은 물고기를 먹을 수 있을까요?

1 게임 코딩하기

① 'Scrach 3.0' 프로그램을 실행한 후 '02_배고픈 상어(예제).sb3' 파일을 불러옵니다.

② '상어' 스프라이트를 선택한 후 프로그램이 시작되면 계속해서 마우스 포인터를 따라 이동하도록 하기 위해 [이벤트], [제어], [동작] 블록 팔레트에서 블록을 드래그하여 그림과 같이 코딩합니다.

③ 이어서 프로그램이 시작되고 '30'초가 지나면 '성공' 신호를 보내기 위해 [이벤트], [제어] 블록 팔레트에서 블록을 드래그하여 그림과 같이 코딩합니다.

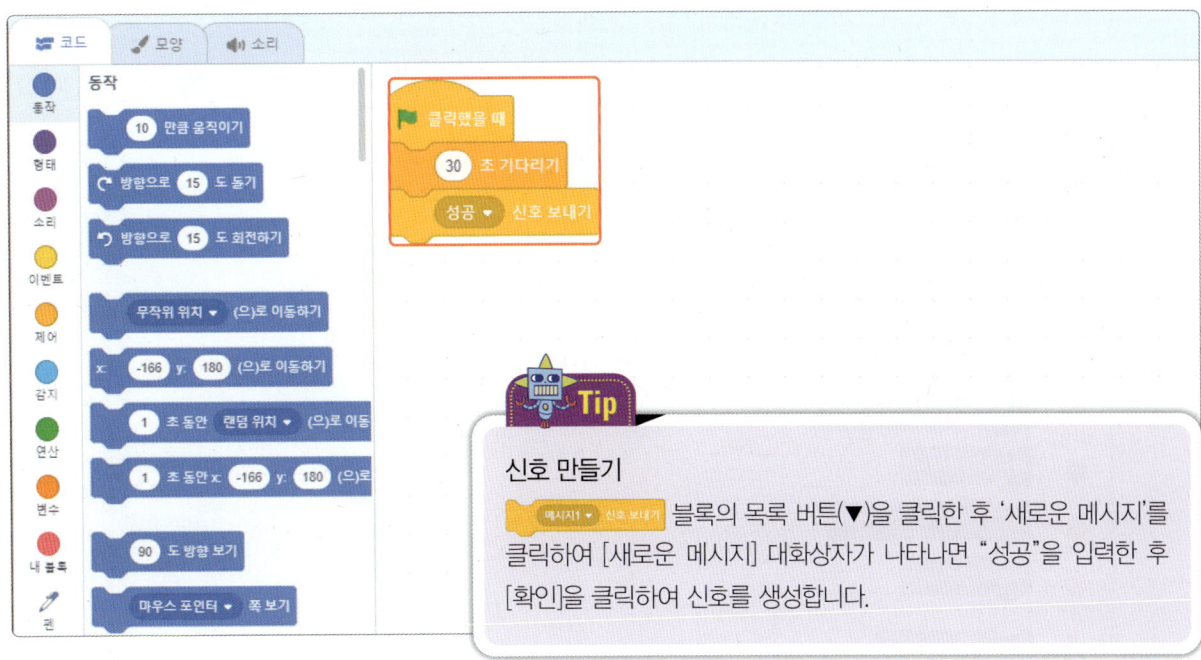

Tip

신호 만들기

메시지1 ▼ 신호 보내기 블록의 목록 버튼(▼)을 클릭한 후 '새로운 메시지'를 클릭하여 [새로운 메시지] 대화상자가 나타나면 "성공"을 입력한 후 [확인]을 클릭하여 신호를 생성합니다.

❹ '성공' 신호를 받으면 개체의 다른 스크립트를 종료하고 무대 아래쪽으로 이동한 후 "꺼억~ 배부르다!"를 말하고 프로그램을 종료하기 위해 [이벤트], [제어], [동작], [형태] 블록 팔레트에서 블록을 드래그하여 그림과 같이 코딩합니다.

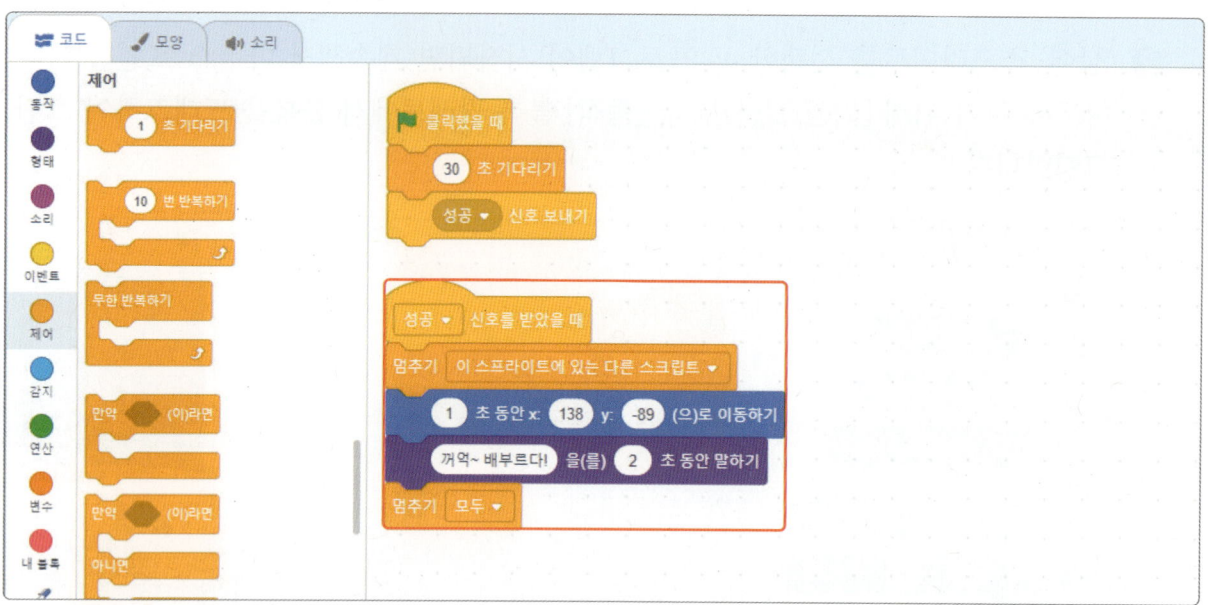

- 멈추기 이 스프라이트에 있는 다른 스크립트 블록은 선택된 스프라이트에 작성되어 있는 코드 중 해당 코드를 제외한 나머지 코드들을 중지하는 블록이고, 멈추기 모두 블록은 작성된 전체 코드를 모두 중지하는 블록입니다.
- 상어의 x, y좌푯값은 상어가 위치하길 원하는 위치의 좌푯값으로 입력하도록 합니다.

❺ '물고기' 스프라이트를 선택한 후 프로그램이 시작되면 개체를 무대에서 숨기기 위해 [이벤트], [형태] 블록 팔레트에서 블록을 드래그하여 그림과 같이 코딩합니다.

❻ 계속 반복하여 '1'초 간격으로 나 자신('물고기')을 복제하기 위해 [제어] 블록 팔레트에서 블록을 드래그하여 그림과 같이 코딩합니다.

'물고기'의 복제본을 생성하고 복제본이 무대에 나타나도록 하기 위해 원본 '물고기'는 무대에서 숨기도록 코딩합니다.

❼ 복제본이 생성되면 회전 방식을 '좌우'로 지정하고 임의의 위치로 이동한 후 무작위 종류의 물고기가 무대에 나타나도록 하기 위해 [제어], [동작], [형태], [연산] 블록 팔레트에서 블록을 드래그하여 그림과 같이 코딩합니다.

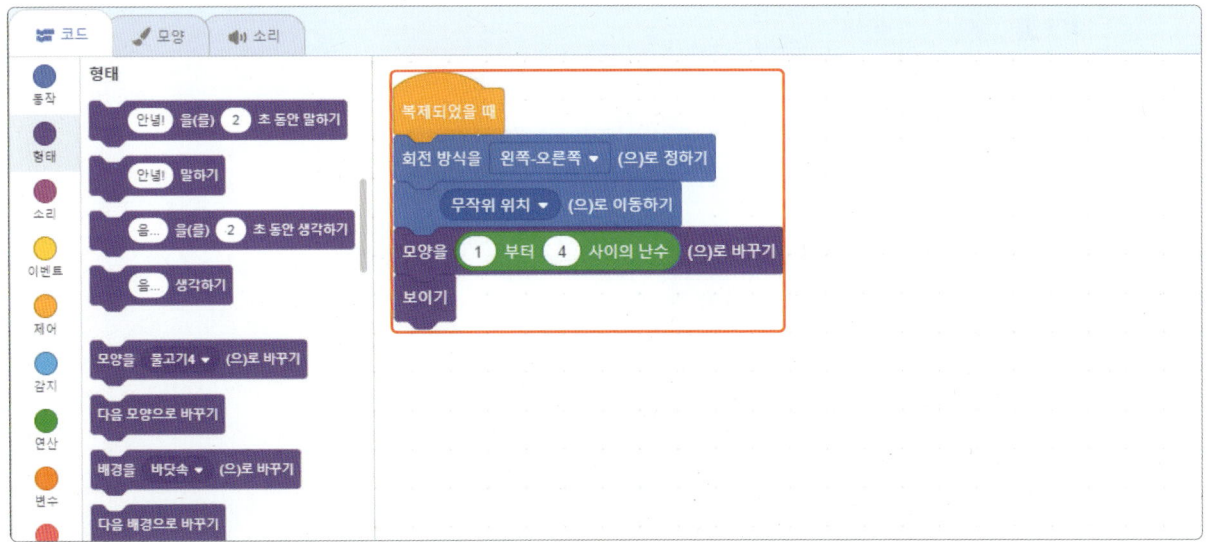

1 부터 10 사이의 난수 블록은 정해진 범위 안에서 임의의 정수를 무작위로 발생시킬 때 사용하는 블록으로, '물고기' 스프라이트의 [모양] 탭에서 총 '4'개의 모양을 확인할 수 있습니다. 따라서 범위를 1~4로 지정합니다.

❽ 계속 반복하여 이동 방향으로 '5'만큼 이동하다가 벽에 닿으면 방향을 변경하기 위해 [제어], [동작] 블록 팔레트에서 블록을 드래그하여 그림과 같이 코딩합니다.

❾ 이어서 '상어'에 닿으면 복제본을 삭제하기 위해 [제어], [감지] 블록 팔레트에서 블록을 드래그하여 그림과 같이 코딩합니다.

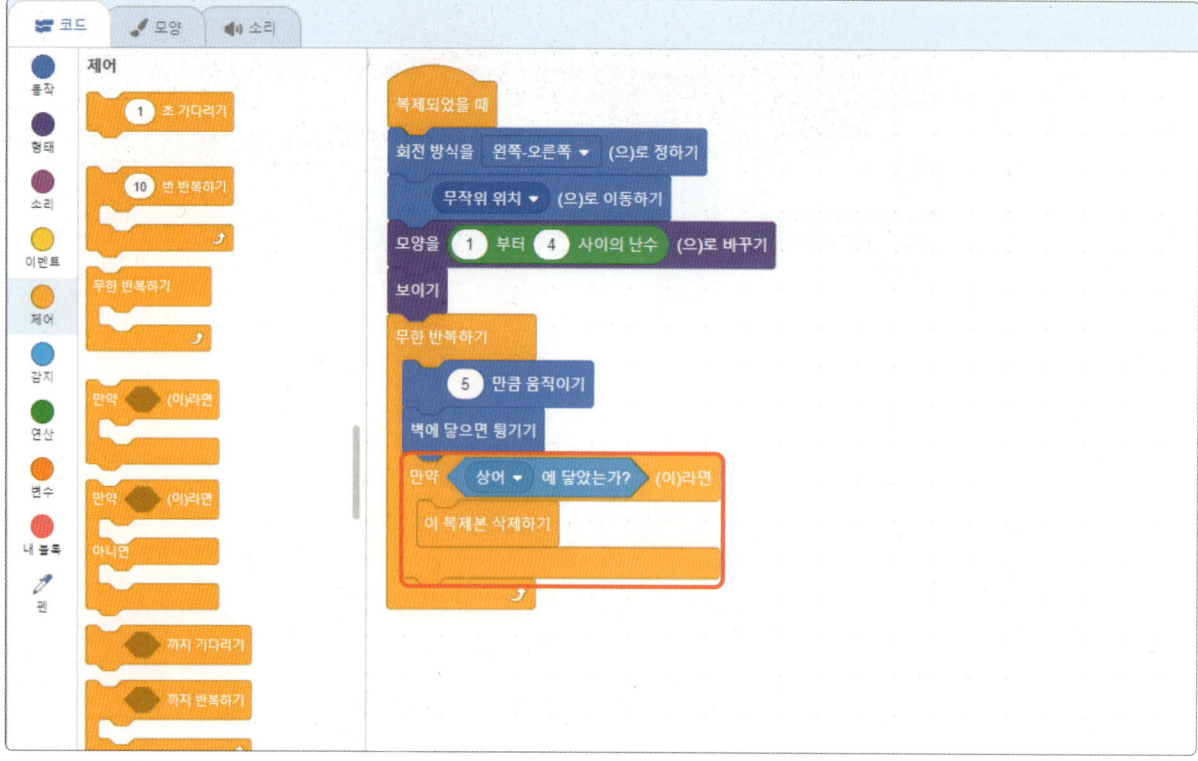

⑩ '불가사리' 스프라이트를 선택한 후 프로그램이 시작되면 개체를 무대에서 숨기고 '2'번 반복하여 나 자신('불가사리')을 복제하기 위해 [이벤트], [형태], [제어] 블록 팔레트에서 블록을 드래그하여 그림과 같이 코딩합니다.

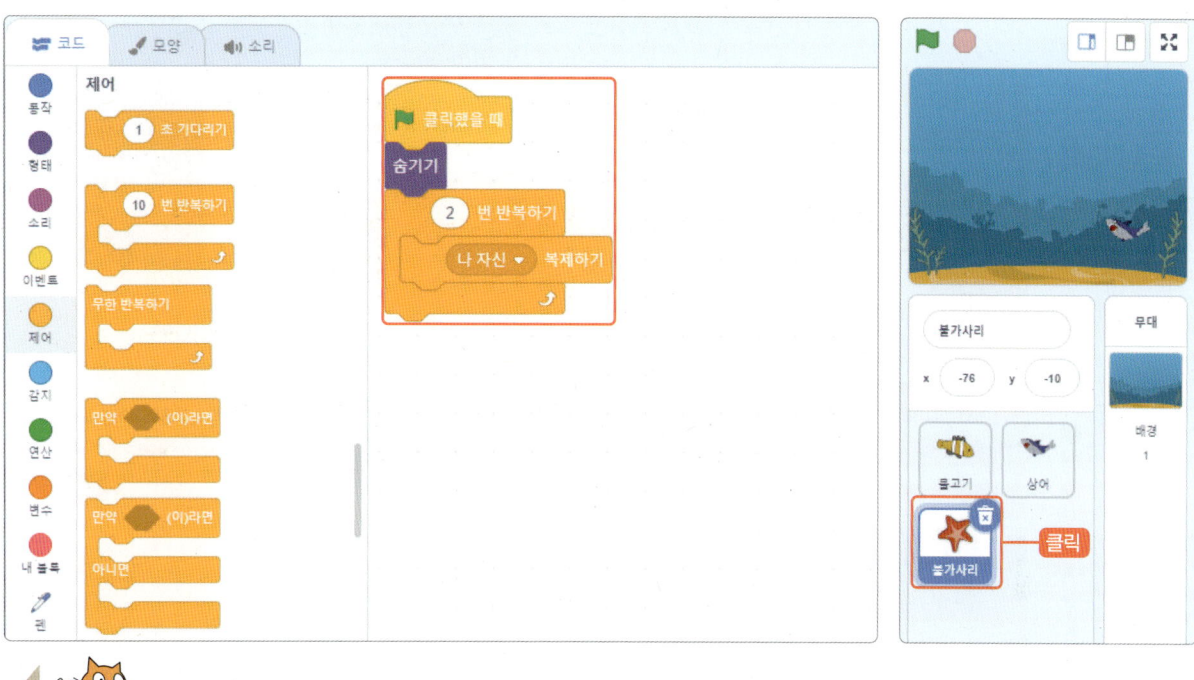

'물고기' 스프라이트는 계속해서 복제본을 생성하지만, '불가사리' 스프라이트는 '2'개의 복제본만 생성합니다.

⑪ 복제본이 생성되면 무대에 나타나 임의의 위치로 이동한 후 이동 방향으로 이동하다가 '상어'에 닿으면 '실패' 신호를 보내기 위해 [제어], [형태], [동작], [감지], [이벤트] 블록 팔레트에서 블록을 드래그하여 그림과 같이 코딩합니다.

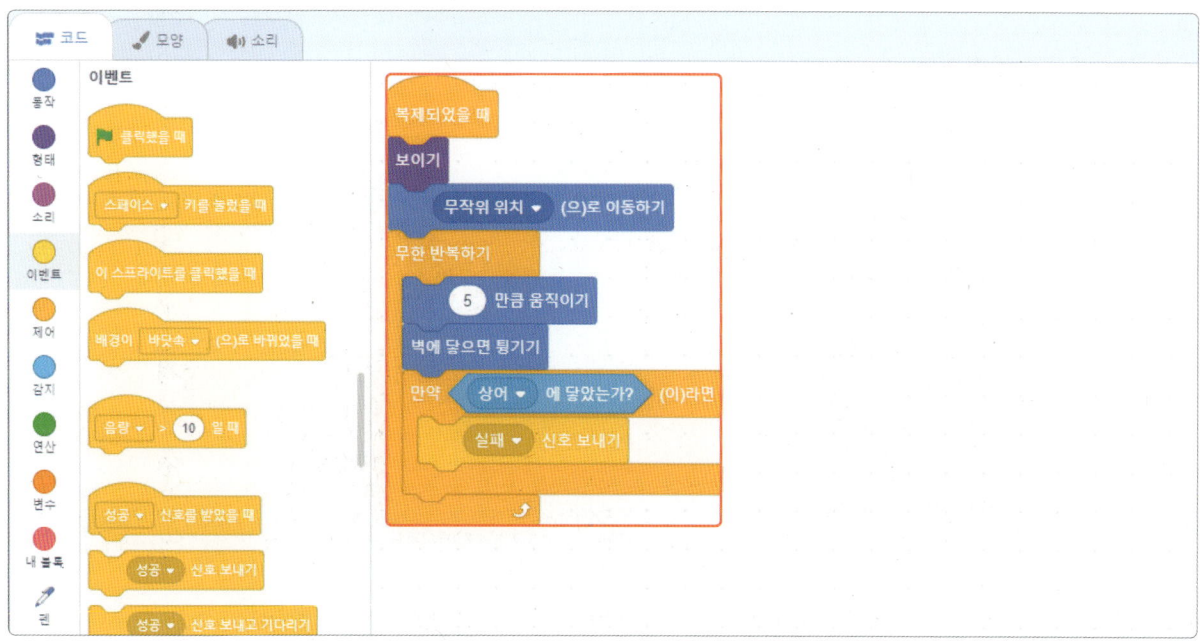

CHAPTER 02 배고픈 상어 _ 017

⑫ '상어' 스프라이트를 선택합니다. '실패' 신호를 받으면 개체의 다른 스크립트를 종료하고 무대 아래쪽으로 이동한 후 "나는 아직 배고프다!"를 말하고 프로그램을 종료하기 위해 [이벤트], [제어], [동작], [형태] 블록 팔레트에서 블록을 드래그하여 그림과 같이 코딩합니다.

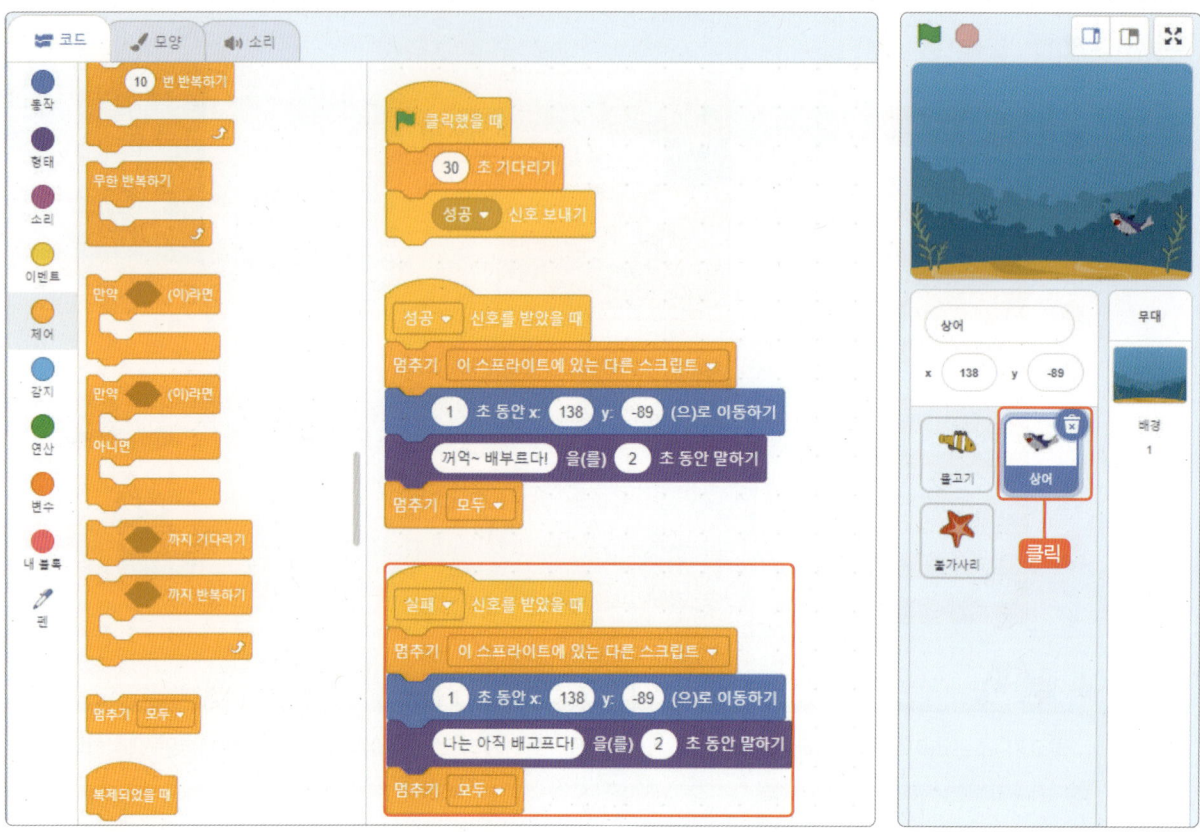

⑬ 이어서 '물고기', '불가사리' 스프라이트를 각각 선택한 후 '성공', '실패' 신호를 받으면 개체의 다른 스크립트를 종료하고 해당 복제본을 삭제하기 위해 [이벤트], [제어] 블록 팔레트에서 블록을 드래그하여 그림과 같이 코딩합니다.

⑭ 코딩이 완료되면 [시작하기(▶)]를 클릭하여 게임을 진행해 봅니다.

Chapter 02 더 만들어 보기

예제 1 예제 파일을 불러와 다음의 조건에 맞게 코딩을 완성해 보세요.

조건
① 프로그램이 시작되고 '20'초가 지나면 '성공' 신호를 보냅니다.
② '젓가락'은 계속해서 마우스 포인터를 따라 이동하고 '파리'에 닿으면 '실패' 신호를 보냅니다.
③ '초밥1'~'초밥5'는 '젓가락'에 닿고 마우스를 클릭하면 복제되어 '젓가락'을 따라 이동합니다.
④ '초밥1'~'초밥5'는 '간장'에 닿으면 복제본을 삭제합니다.
⑤ '파리'는 계속해서 모양을 변경해가며 임의의 방향을 바라보며 이동합니다.

• 예제 파일 : 02_초밥먹기(예제).sb3   • 완성 파일 : 02_초밥먹기(완성).sb3

예제 2 예제 파일을 불러와 다음의 조건에 맞게 코딩을 완성해 보세요.

조건
① '공'은 계속해서 이동 방향으로 이동하고 '손흥만', '황의찬'에 닿으면 반대쪽 임의의 방향으로 이동합니다.
② '손흥만'은 계속해서 마우스 포인터를 따라 이동합니다.
③ '공'은 '손흥만 골대'에 닿으면 '패배' 신호를 보내고 '황의찬 골대'에 닿으면 '승리' 신호를 보냅니다.
④ '손흥만'은 '승리', '패배' 신호를 받으면 해당 메시지를 말한 후 프로그램을 종료합니다.

• 예제 파일 : 02_축구게임(예제).sb3   • 완성 파일 : 02_축구게임(완성).sb3

Chapter 03

아케이드 게임

꼬꼬댁의 미로 탈출

학습목표

- 상하좌우 방향키를 이용하여 꼬꼬댁의 움직임을 제어하도록 코딩합니다.
- 꼬꼬댁이 특정 색이나 뱀에 닿으면 시작 위치로 이동하도록 코딩합니다.
- 프로그램이 시작되면 미로 임의의 위치에서 달걀이 나타나도록 코딩합니다.
- 꼬꼬댁이 미로 출구에 도착하면 병아리가 태어나도록 코딩합니다.

• 예제 파일 : 03_미로탈출(예제).sb3   • 완성 파일 : 03_미로탈출(완성).sb3

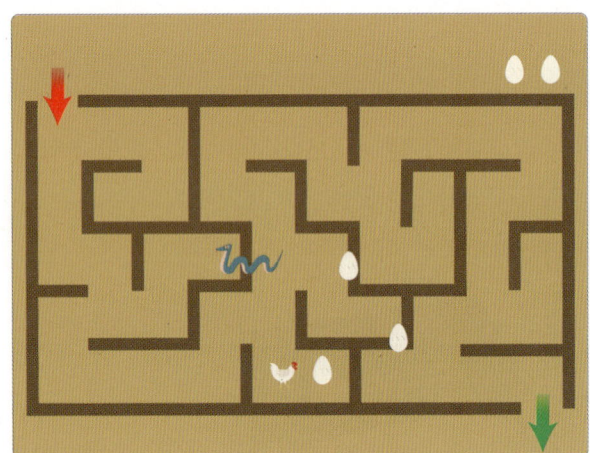 

 **문제 해결 과제**

필요한 스프라이트	주요 명령 블록

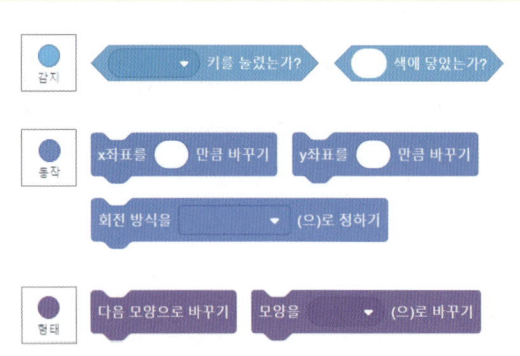

게임 이야기

엄마닭 꼬꼬댁에게 미션이 주어졌어요. 미로 안의 달걀 5개를 획득하고 미로를 안전하게 통과하여 병아리가 태어나도록 하는 미션이랍니다. 키보드의 방향키를 이용하면 꼬꼬댁을 상하좌우로 이동시킬 수 있고, 미로의 벽이나 뱀에 닿으면 시작 위치로 돌아가 처음부터 게임을 진행하게 돼요. 움직이는 뱀을 피해 조심 조심 미로를 탈출해 귀여운 병아리를 만날 수 있게 해주세요.

1 게임 코딩하기

❶ 'Scrach 3.0' 프로그램을 실행한 후 '03_미로탈출(예제).sb3' 파일을 불러옵니다.

❷ '꼬꼬댁' 스프라이트를 선택한 후 프로그램이 시작되면 회전 방식을 좌우로 지정하고 크기와 시작 위치를 지정하기 위해 [이벤트], [동작], [형태] 블록 팔레트에서 블록을 드래그하여 그림과 같이 코딩합니다.

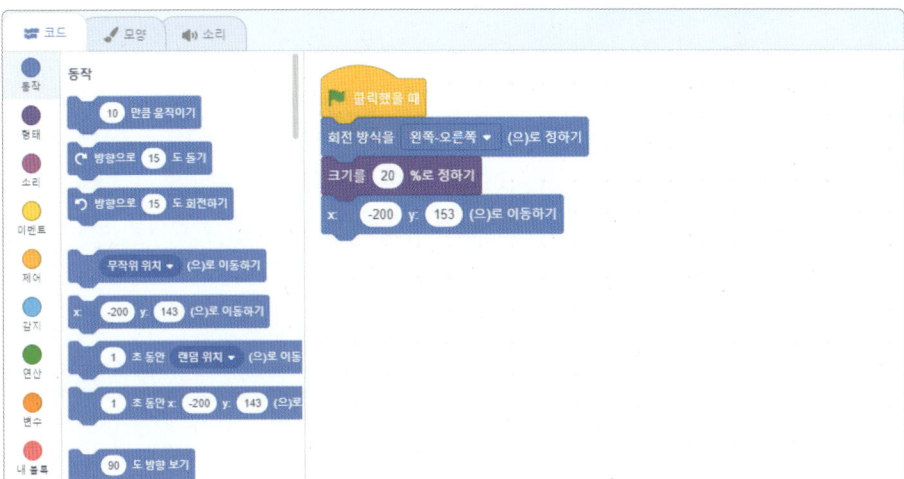

시작 위치 설정하기
실행화면에서 '꼬꼬댁' 스프라이트를 미로의 시작 위치로 이동시키고 [동작] 블록 팔레트에서 x ◯ y ◯ (으)로 이동하기 블록을 확인하여 현재 '꼬꼬댁'의 위치 좌푯값이 표시되는 것을 확인한 후 블록을 드래그하여 코딩합니다.

❸ 계속 반복하여 '위쪽 화살표', '아래쪽 화살표' 키를 누르면 해당 방향으로 '3'만큼 이동하기 위해 [제어], [감지], [동작] 블록 팔레트에서 블록을 드래그하여 그림과 같이 코딩합니다.

❹ '오른쪽 화살표', '왼쪽 화살표' 키를 누르면 해당 방향을 바라보고 해당 방향으로 '3'만큼 이동하기 위해 [제어], [감지], [동작] 블록 팔레트에서 블록을 드래그하여 그림과 같이 코딩 합니다.

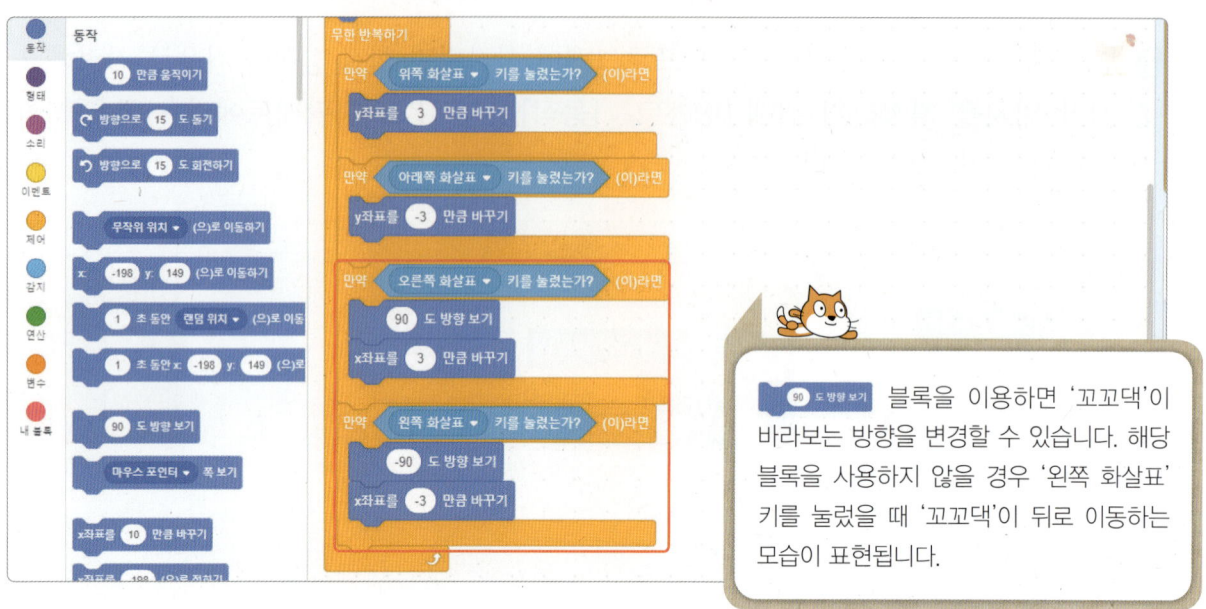

❺ 미로의 벽(짙은 갈색) 또는 '뱀'에 닿으면 '꼬꼬댁'이 시작 위치로 이동하도록 하기 위해 [제어], [연산], [감지], [동작] 블록 팔레트에서 블록을 드래그하여 그림과 같이 코딩합니다.

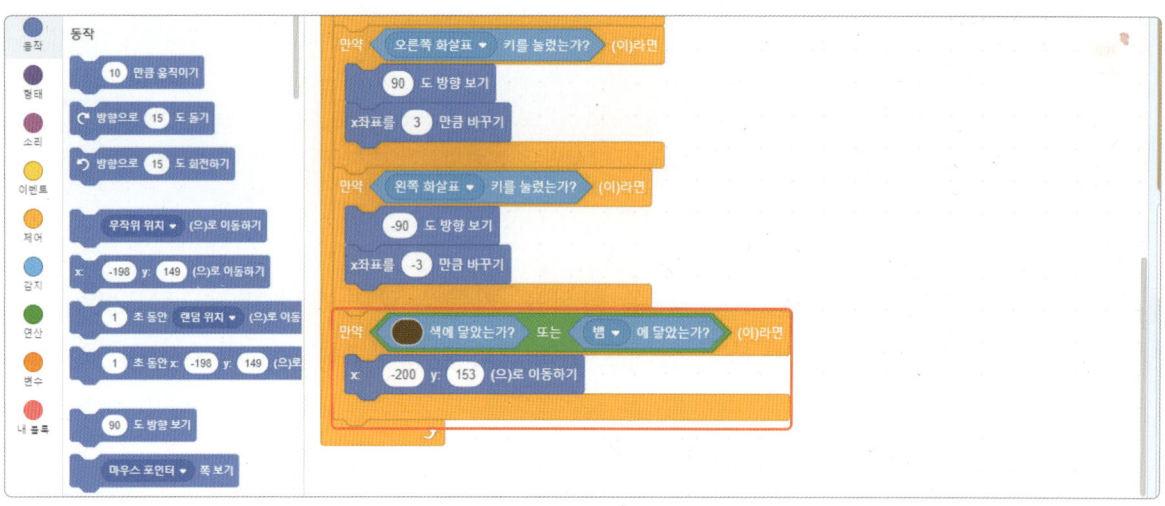

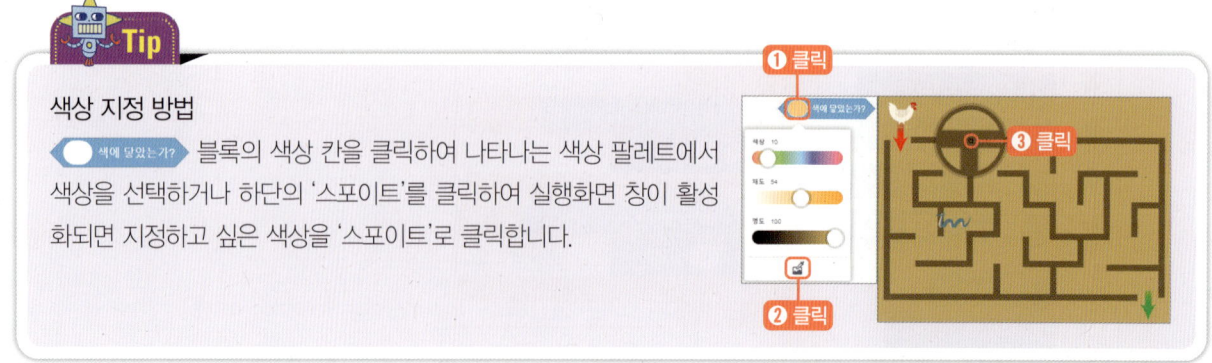

❻ 미로의 도착 지점(초록색)에 닿으면 '도착' 신호를 보내기 위해 [제어], [감지], [이벤트] 블록 팔레트에서 블록을 드래그하여 그림과 같이 코딩합니다.

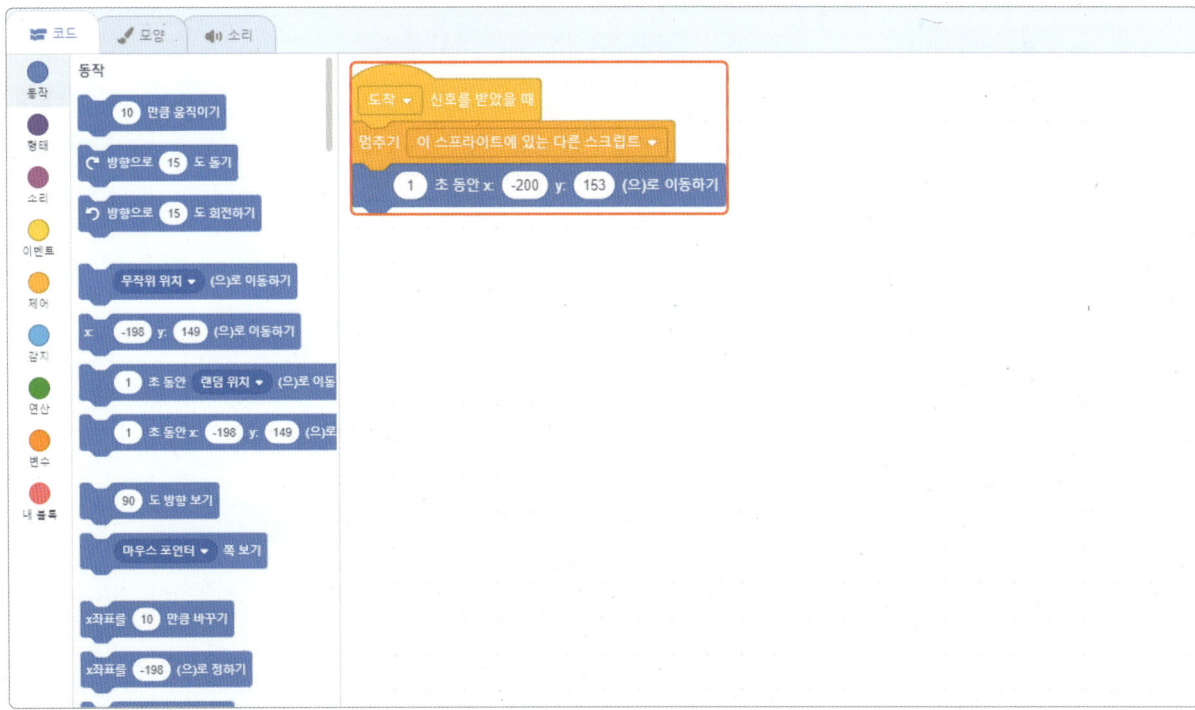

❼ '도착' 신호를 받으면 개체의 다른 스크립트를 종료하고 시작 위치로 이동하기 위해 [이벤트], [제어], [동작] 블록 팔레트에서 블록을 드래그하여 그림과 같이 코딩합니다.

⑧ '10'번 반복하여 크기를 '2'만큼 키우고 "무사히 태어났구나~!"를 말한 후 프로그램을 종료하기 위해 [제어], [형태] 블록 팔레트에서 블록을 드래그하여 그림과 같이 코딩합니다.

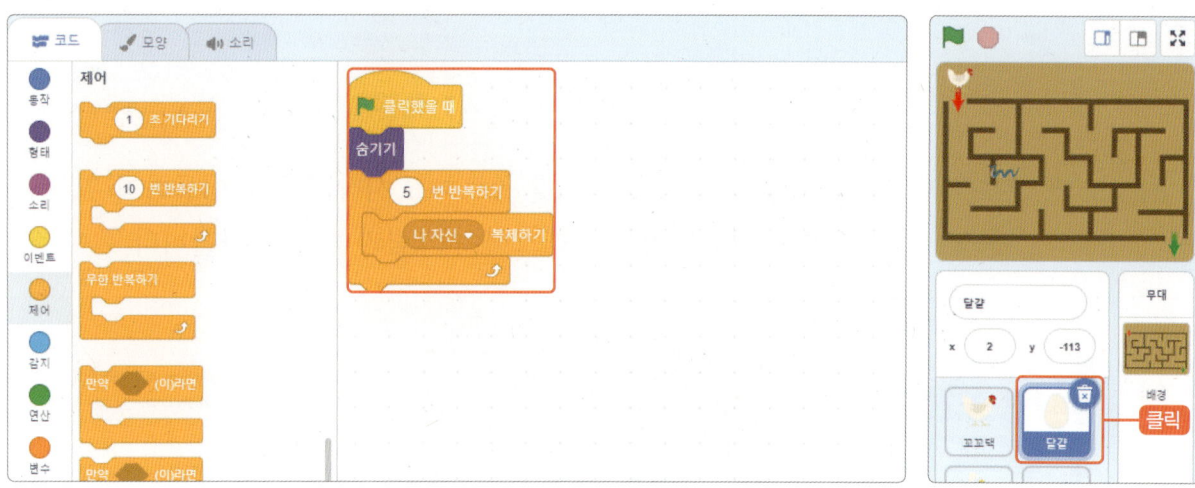

⑨ '달걀' 스프라이트를 선택한 후 프로그램이 시작되면 개체를 무대에서 숨기고 나 자신('달걀')을 '5'번 복제하기 위해 [이벤트], [형태], [제어] 블록 팔레트에서 블록을 드래그하여 그림과 같이 코딩합니다.

⑩ 복제본이 생성되면 임의의 위치로 이동한 후 무대에 나타나 '꼬꼬댁'에 닿으면 '획득' 신호를 보내고 복제본을 삭제하기 위해 [제어], [동작], [연산], [형태], [감지], [이벤트] 블록 팔레트에서 블록을 드래그하여 그림과 같이 코딩합니다.

⓫ '병아리' 스프라이트를 선택한 후 '획득' 신호를 받으면 나 자신('병아리')을 복제하기 위해 [이벤트], [제어] 블록 팔레트에서 블록을 드래그하여 그림과 같이 코딩합니다.

⓬ 복제본이 생성되면 왼쪽으로 '30'만큼 이동한 후 무대에 나타나도록 하기 위해 [제어], [동작], [형태] 블록 팔레트에서 블록을 드래그하여 그림과 같이 코딩합니다.

'획득' 신호를 받으면 무대 오른쪽 상단에서 '병아리'가 한 마리씩 추가되는 모습을 표현하기 위해 복제본의 x좌푯값을 변경합니다.

CHAPTER 03 꼬꼬댁의 미로 탈출 _ 025

⑬ '도착' 신호를 받으면 모양을 '2'번 변경하여 병아리가 태어나는 모습을 표현하기 위해 [이벤트], [제어], [형태] 블록 팔레트에서 블록을 드래그하여 그림과 같이 코딩합니다.

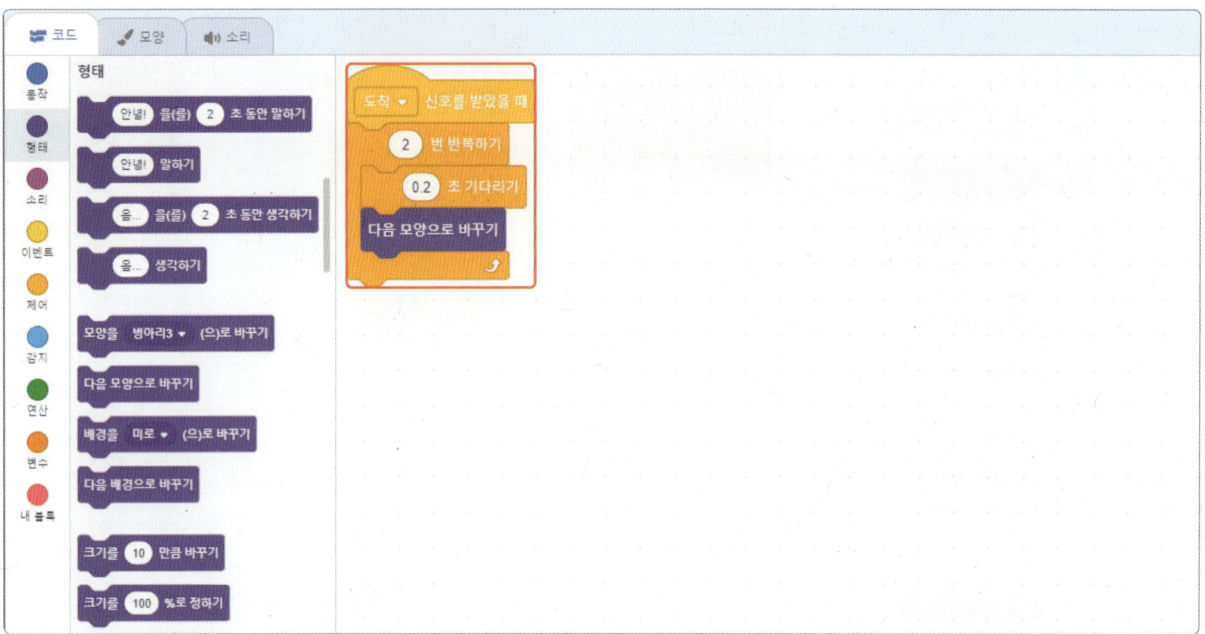

⑭ '뱀' 스프라이트를 선택한 후 '도착' 신호를 받으면 개체의 다른 스크립트를 종료하기 위해 [이벤트], [제어] 블록 팔레트에서 블록을 드래그하여 그림과 같이 코딩합니다.

⑮ 코딩이 완료되면 [시작하기(🏁)]를 클릭하여 게임을 진행해 봅니다.

Chapter 03 더 만들어 보기

예제 1 예제 파일을 불러와 다음의 조건에 맞게 코딩을 완성해 보세요.

조건
① '꿀벌'은 키보드의 방향키를 이용하여 상하좌우로 이동합니다.
② '꿀벌'이 '꿀통'에 닿으면 '성공', '말벌'에 닿으면 '실패' 신호를 보냅니다.
③ '말벌'은 '3'마리 복제되어 '꿀벌'을 따라 이동합니다.
④ '꿀통'은 계속해서 임의의 위치로 이동합니다.

• 예제 파일 : 03_꿀통잡기(예제).sb3   • 완성 파일 : 03_꿀통잡기(완성).sb3

예제 2 예제 파일을 불러와 다음의 조건에 맞게 코딩을 완성해 보세요.

조건
① '생쥐'는 키보드의 방향키를 이용하여 상하좌우로 이동하고 '고양이'에 닿으면 임의의 위치로 이동합니다.
② '고양이'는 '3'마리 복제되어 임의의 위치로 이동하여 '생쥐'를 따라 이동합니다.
③ '치즈'는 '5'번 복제되어 임의의 위치로 이동하고 '생쥐'에 닿으면 복제본을 삭제합니다.
④ '생쥐'가 도착 지점(회색)에 닿으면 "성공!"을 말하고 프로그램을 종료합니다.

• 예제 파일 : 03_치즈먹기(예제).sb3   • 완성 파일 : 03_치즈먹기(완성).sb3

Chapter 04 고스트 헌터

슈팅 게임

학습목표
- 변수를 생성하고 초기 값을 지정하도록 코딩합니다.
- 고스트가 투명도 효과를 변경해 가며 임의의 위치에서 나타나도록 코딩합니다.
- 타겟이 계속해서 마우스 포인터를 따라 이동하도록 코딩합니다.
- 타겟이 고스트에 닿고 마우스를 클릭하면 변숫값을 증가하고 색깔 효과를 지정하도록 코딩합니다.

• 예제 파일 : 04_고스트 헌터(예제).sb3   • 완성 파일 : 04_고스트 헌터(완성).sb3

 **문제 해결 과제**

필요한 스프라이트	주요 명령 블록

게임 이야기

늦은 밤, 도심에 고스트가 출몰했어요! 주어진 타겟으로 고스트를 조준하고 마우스를 클릭하면 고스트를 포획할 수 있지만, 심술궂은 고스트는 도심 속 여기 저기에서 나타났다 사라져 잡기가 쉽지 않아요. 주어진 20초 동안 마우스를 따라 이동하는 타겟으로 고스트를 정확히 조준해서 최대한 많은 고스트를 포획해 보세요.

1 게임 코딩하기

❶ 'Scrach 3.0' 프로그램을 실행한 후 '04_고스트 헌터(예제).sb3' 파일을 불러옵니다.

❷ '고스트' 스프라이트를 선택한 후 프로그램이 시작되면 계속 반복하여 임의의 위치로 이동하기 위해 [이벤트], [제어], [동작] 블록 팔레트에서 블록을 드래그하여 그림과 같이 코딩합니다.

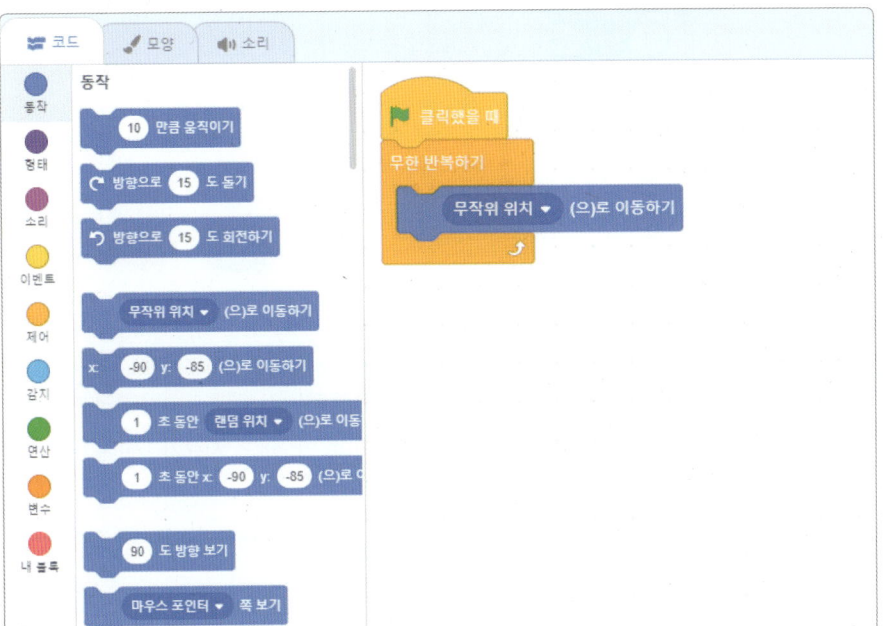

❸ '고스트'가 임의의 값으로 투명도를 지정하고 모양을 변경하도록 하기 위해 [형태], [연산], [제어] 블록 팔레트에서 블록을 드래그하여 그림과 같이 코딩합니다.

❹ 이어서 변수를 생성하기 위해 [변수] 블록 팔레트에서 [변수 만들기]를 클릭하여 [새로운 변수] 대화상자가 나타나면 "남은 시간"을 입력하고 [확인]을 클릭합니다.

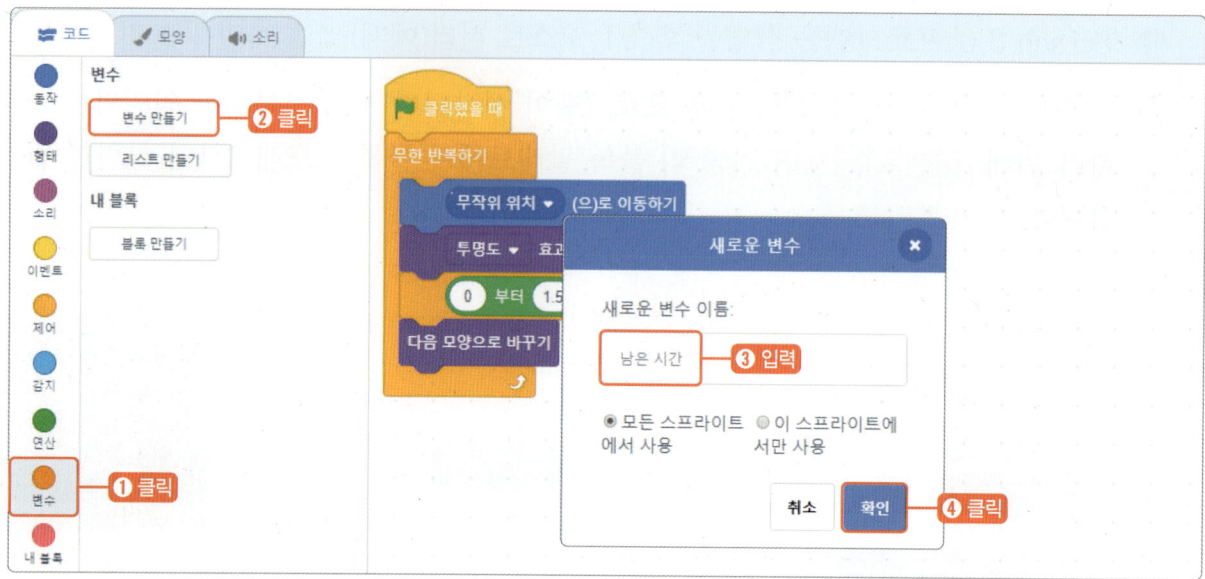

변수(Variable)란 자료가 저장되는 공간으로, 수뿐만 아니라 문자를 저장합니다. 변수에는 자료가 1개 들어갈 수 있으며, 값을 수정할 수 있습니다.

❺ 프로그램이 시작되면 '남은 시간' 변수의 초기 값을 '20'으로 지정하기 위해 [이벤트], [변수] 블록 팔레트에서 블록을 드래그하여 그림과 같이 코딩합니다.

실행화면에 나타난 '남은 시간' 변수를 클릭한 상태로 드래그하면 무대 원하는 위치에 변수를 위치시킬 수 있습니다.

030 _ 스크래치 3.0 게임만들기 with 모션플레이

❻ '20'번 반복하여 '남은 시간' 변수가 '1'초 간격으로 '1'만큼 줄어들도록 하기 위해 [제어], [변수] 블록 팔레트에서 블록을 드래그하여 그림과 같이 코딩합니다.

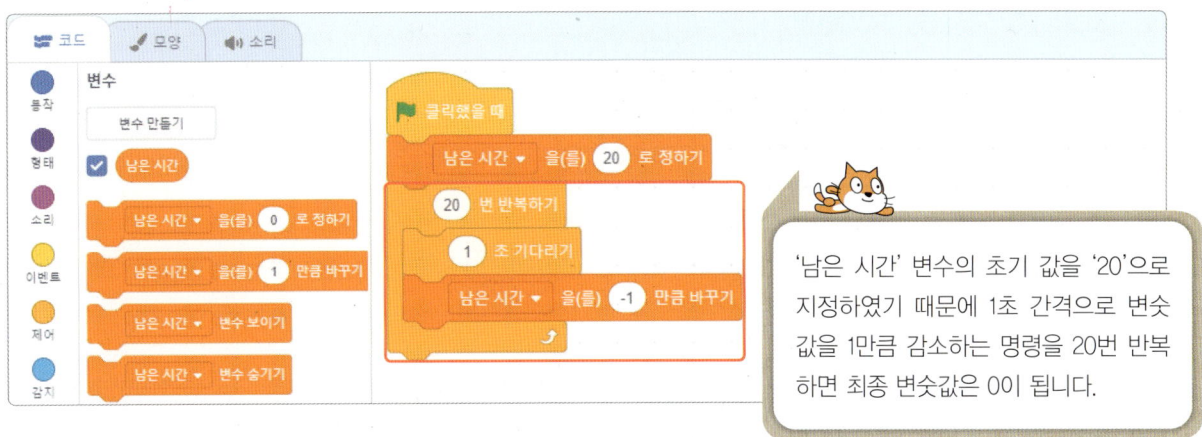

'남은 시간' 변수의 초기 값을 '20'으로 지정하였기 때문에 1초 간격으로 변숫값을 1만큼 감소하는 명령을 20번 반복하면 최종 변숫값은 0이 됩니다.

❼ '20'번의 반복 명령을 모두 실행한 후 프로그램을 종료하기 위해 [제어] 블록 팔레트에서 블록을 드래그하여 그림과 같이 코딩합니다.

❽ '타겟' 스프라이트를 선택한 후 프로그램이 시작되면 맨 앞쪽으로 순서를 변경하고 계속해서 마우스 포인터를 따라 이동하도록 하기 위해 [이벤트], [형태], [제어], [동작] 블록 팔레트에서 블록을 드래그하여 그림과 같이 코딩합니다.

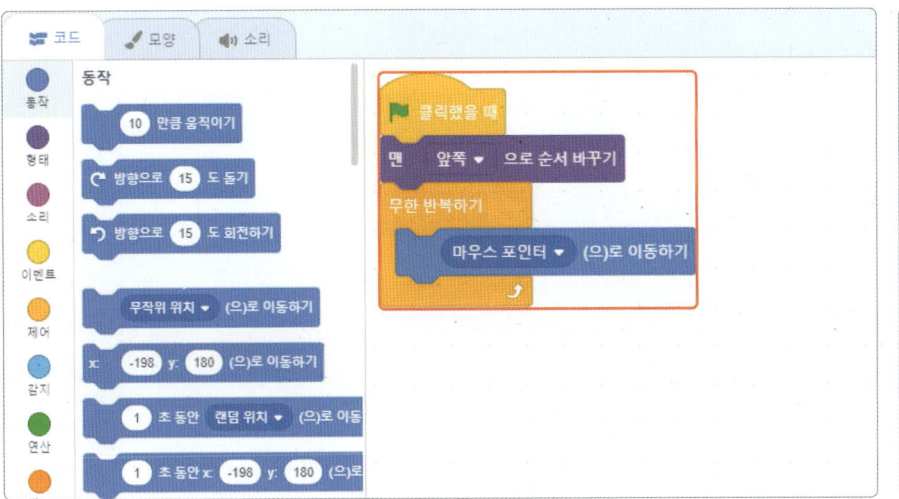
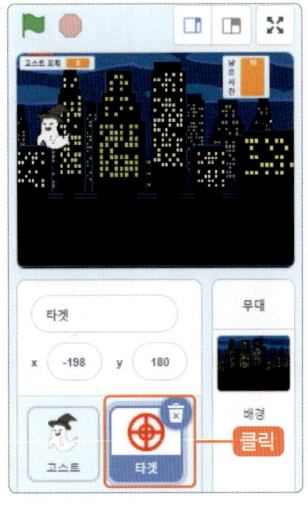

CHAPTER 04 고스트 헌터 _ **031**

❾ ❹와 같은 방법으로 '고스트 포획' 변수를 생성한 후 프로그램이 시작되면 '고스트 포획' 변수의 초기 값을 '0'으로 지정하기 위해 [이벤트], [제어] 블록 팔레트에서 블록을 드래그하여 그림과 같이 코딩합니다.

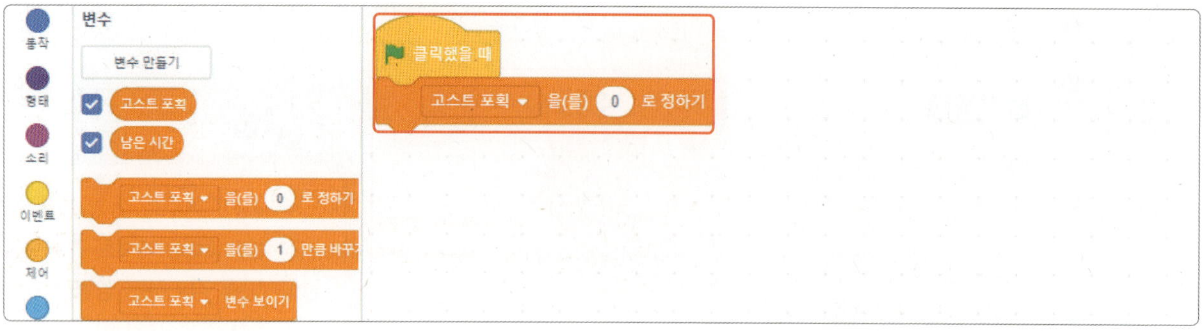

❿ 계속 반복하여 '고스트'에 닿고 마우스를 클릭하면 '고스트 포획' 변숫값을 '1'만큼 증가하기 위해 [제어], [연산], [감지], [변수] 블록 팔레트에서 블록을 드래그하여 그림과 같이 코딩합니다.

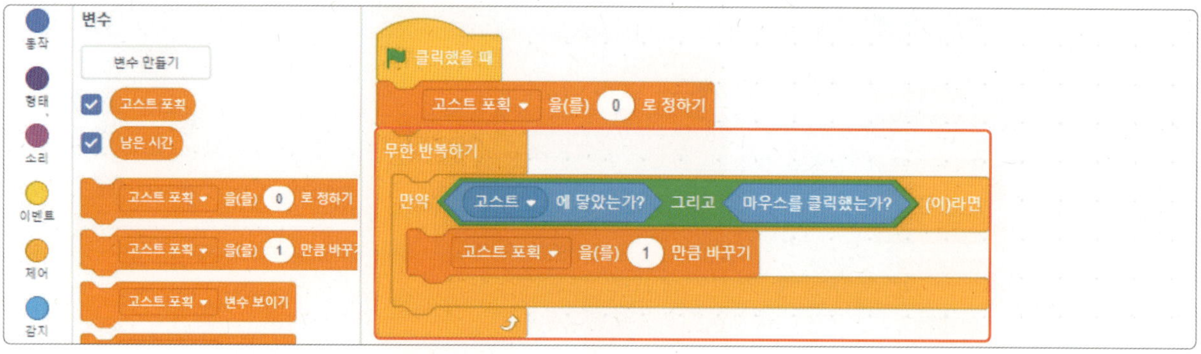

⓫ 이어서 '고스트'에 닿고 마우스를 클릭하면 '색깔' 효과를 변경하기 위해 [형태], [제어] 블록 팔레트에서 블록을 드래그하여 그림과 같이 코딩합니다.

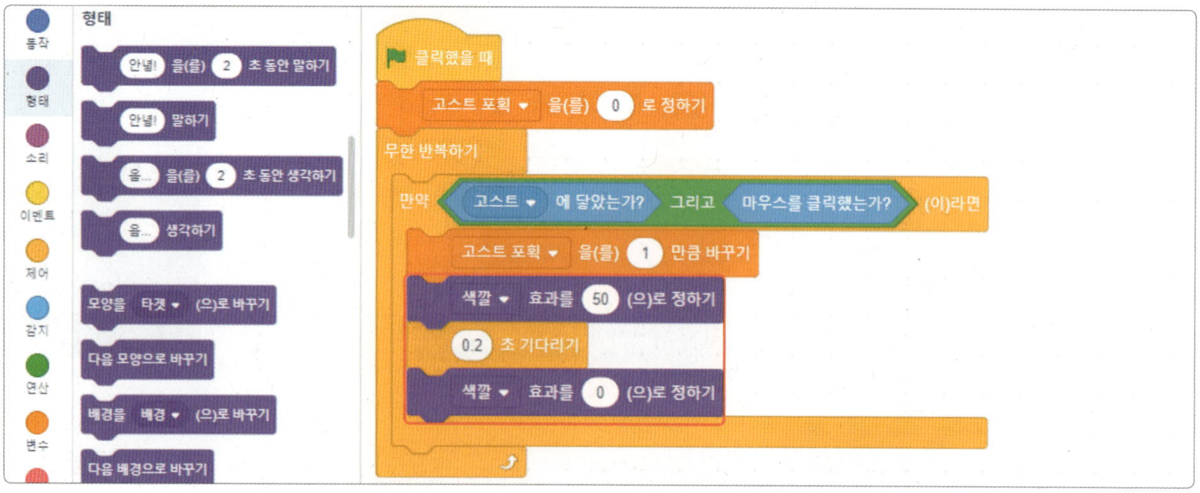

⓬ 코딩이 완료되면 [시작하기(🚩)]를 클릭하여 게임을 진행해 봅니다.

Chapter 04 더 만들어 보기

예제 1 예제 파일을 불러와 다음의 조건에 맞게 코딩을 완성해 보세요.

조건
① '두더지'는 계속해서 임의의 위치로 이동하고 '뽕망치'에 맞으면 모양을 변경합니다.
② '뽕망치'는 마우스 포인터를 따라 이동하고 마우스를 클릭하면 회전하여 때리는 모습을 표현합니다.
③ '뽕망치'는 '두더지'에 닿고 마우스를 클릭하면 '점수' 변숫값을 1만큼 증가합니다.
④ '15'번 반복하여 1초 간격으로 '남은 시간' 변숫값을 1만큼 감소하고 프로그램을 종료합니다.

• 예제 파일 : 04_두더지 잡기(예제).sb3   • 완성 파일 : 04_두더지 잡기(완성).sb3

예제 2 예제 파일을 불러와 다음의 조건에 맞게 코딩을 완성해 보세요.

조건
① '선물'은 계속해서 임의의 위치로 이동하고 '손'에 잡히면 모양을 변경합니다.
② '손'은 계속해서 마우스 포인터를 따라 이동합니다.
③ '손'은 '두더지'에 닿고 마우스를 클릭하면 모양을 변경하고 '선물 개수' 변숫값을 1만큼 증가합니다.
④ '15'번 반복하여 1초 간격으로 '남은 시간' 변숫값을 1만큼 감소하고 프로그램을 종료합니다.

• 예제 파일 : 04_선물잡기(예제).sb3   • 완성 파일 : 04_선물잡기(완성).sb3

Chapter 05 곤충채집

학습목표
- 변수를 생성하고 초기 값을 지정하도록 코딩합니다.
- 곤충의 복제본이 무작위로 모양을 변경하도록 코딩합니다.
- 곤충이 채집망에 닿았을 때 곤충의 모양 번호에 따라 나비, 잠자리 변숫값이 증가하도록 코딩합니다.
- 곤충의 모양이 모기일 때, 채집망에 닿으면 프로그램이 종료되도록 코딩합니다.

• 예제 파일 : 05_곤충채집(예제).sb3   • 완성 파일 : 05_곤충채집(완성).sb3

 **문제 해결 과제**

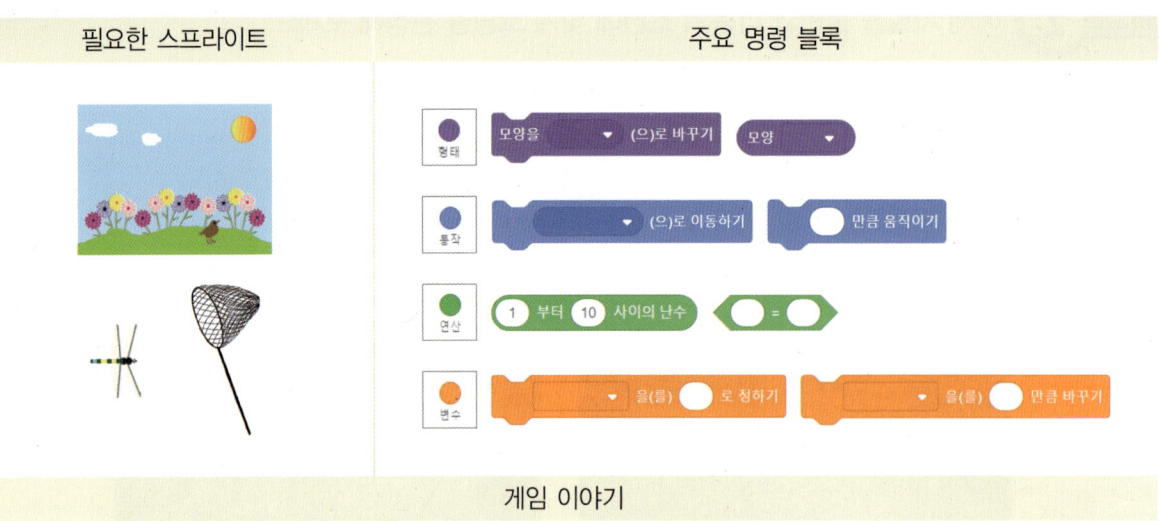

게임 이야기

꽃이 가득한 동산으로 곤충채집을 하러 나왔어요. 동산의 왼쪽에서 나타나는 여러 곤충들 중 잠자리와 나비를 채집망으로 채집하고 잠자리를 더 많이 잡았는지, 나비를 더 많이 잡았는지 확인해 봐요. 참, 모기를 잡으면 곤충채집을 종료하고 집으로 돌아가야 하니, 모기를 피해 곤충을 채집해 보세요!

 **게임 코딩하기**

❶ 'Scrach 3.0' 프로그램을 실행한 후 '05_곤충채집(예제).sb3' 파일을 불러옵니다.

❷ '곤충' 스프라이트를 선택한 후 프로그램이 시작되면 '나비', '잠자리' 변수를 생성하고 초기값을 각각 '0'으로 지정한 후 개체를 무대에서 숨기기 위해 [이벤트], [변수], [형태] 블록 팔레트에서 블록을 드래그하여 그림과 같이 코딩합니다.

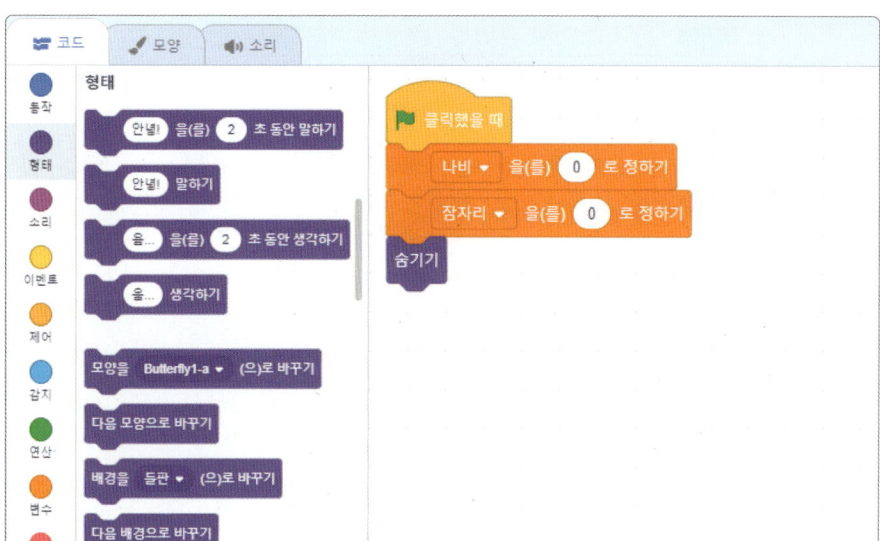

 무대의 원하는 위치에 '나비', '잠자리' 변수를 위치시켜 봅니다.

❸ 임의의 시간 간격으로 나 자신('곤충')을 계속해서 복제하기 위해 [제어], [연산] 블록 팔레트에서 블록을 드래그하여 그림과 같이 코딩합니다.

④ 복제본이 생성되면 임의의 위치로 이동하고 무작위로 모양을 변경한 후 무대에 나타나도록 하기 위해 [제어], [동작], [연산], [형태] 블록 팔레트에서 블록을 드래그하여 그림과 같이 코딩합니다.

> 모양을 1 부터 3 사이의 난수 로 변경하는 이유는 '곤충' 스프라이트가 '잠자리', '나비', '모기' 총 3개의 모양을 가지고 있기 때문입니다.

⑤ 계속 반복하여 이동 방향으로 임의의 속도로 이동하다가 무대의 '벽'에 닿으면 방향을 변경하기 위해 [제어], [동작], [연산] 블록 팔레트에서 블록을 드래그하여 그림과 같이 코딩합니다.

❻ '채집망'에 닿았을 때 개체의 모양 번호가 '1'이면 '채집종료' 신호를 보내기 위해 [제어], [감지], [연산], [형태], [이벤트] 블록 팔레트에서 블록을 드래그하여 그림과 같이 코딩합니다.

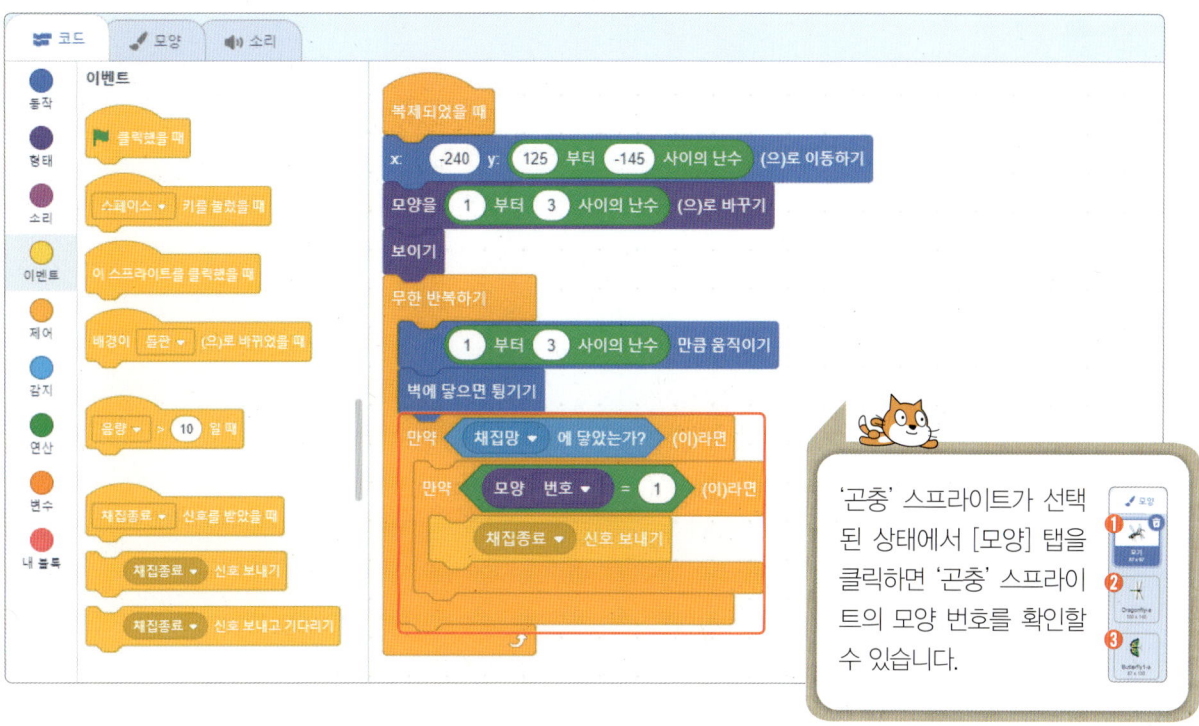

❼ 개체의 모양 번호가 '2'면 '잠자리' 변숫값을 '1'만큼 증가한 후 복제본을 삭제하고 모양 번호가 '3'이면 '나비' 변숫값을 '1'만큼 증가한 후 복제본을 삭제하기 위해 [제어], [연산], [형태], [변수] 블록 팔레트에서 블록을 드래그하여 그림과 같이 코딩합니다.

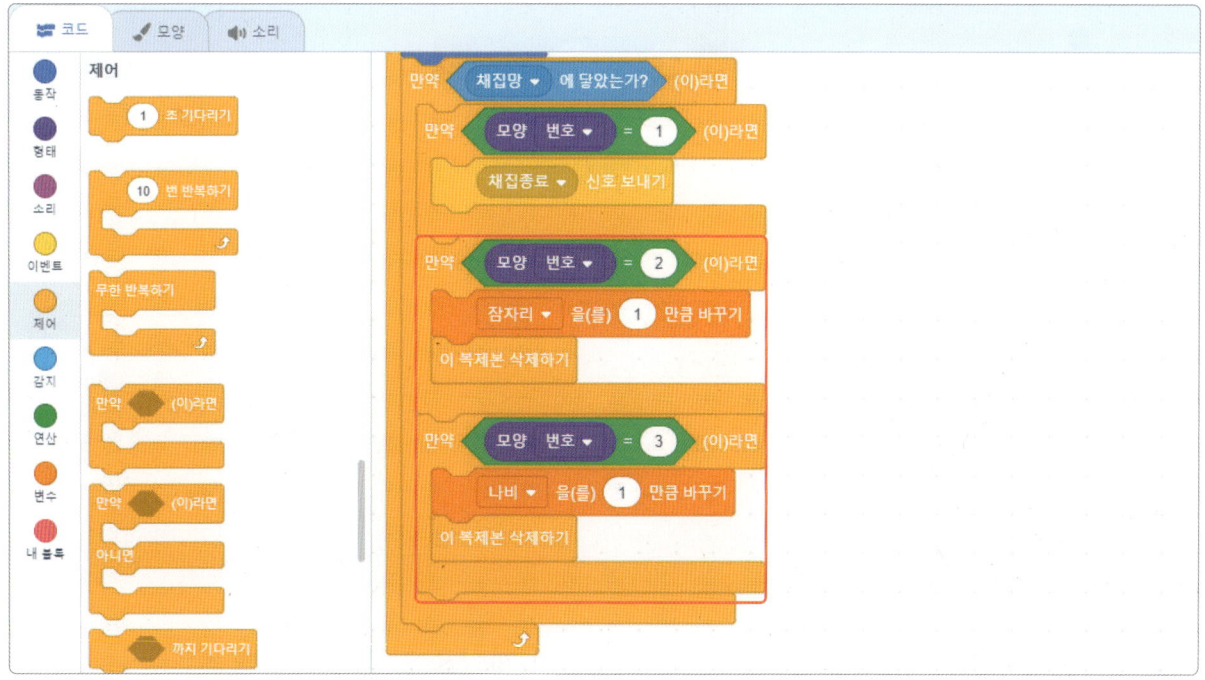

❽ '채집종료' 신호를 받으면 개체의 다른 스크립트를 종료하기 위해 [이벤트], [제어] 블록 팔레트에서 블록을 드래그하여 그림과 같이 코딩합니다.

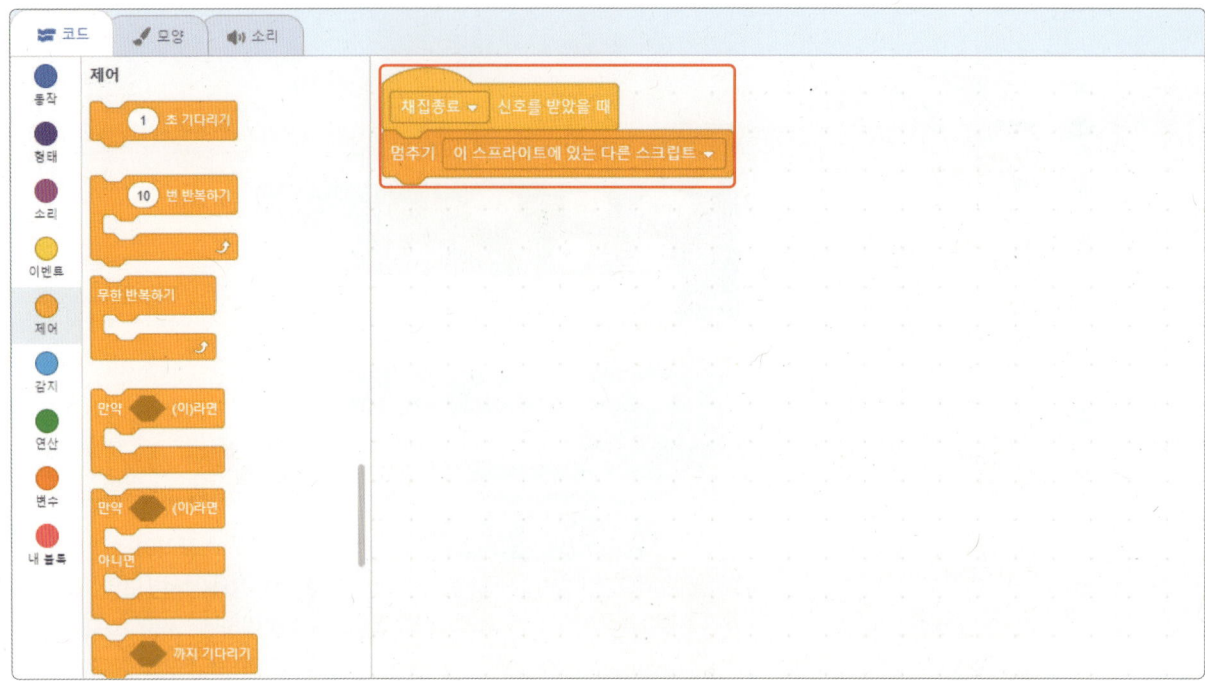

❾ '채집망' 스프라이트를 선택한 후 '채집종료' 신호를 받으면 "윽..!"을 말하고 프로그램을 종료하기 위해 [이벤트], [형태], [제어] 블록 팔레트에서 블록을 드래그하여 그림과 같이 코딩합니다.

❿ 코딩이 완료되면 [시작하기(🏁)]를 클릭하여 게임을 진행해 봅니다.

Chapter 05  만들어 보기

예제 1 예제 파일을 불러와 다음의 조건에 맞게 코딩을 완성해 보세요.

조건
① '벌레'는 임의의 시간 간격으로 복제되어 무작위로 모양을 변경하며 이동합니다.
② '벌레'가 '개구리'에 닿았을 때 모양 번호가 '1'이면 '잡은 파리' 변숫값을 증가합니다.
③ '벌레'가 '개구리'에 닿았을 때 모양 번호가 '2'면 프로그램을 종료합니다.
④ '잡은 파리' 변숫값이 '5'면 "꺼억~ 배부르다!"를 말하고 프로그램을 종료합니다.

• 예제 파일 : 05_파리사냥(예제).sb3   • 완성 파일 : 05_파리사냥(완성).sb3

예제 2 예제 파일을 불러와 다음의 조건에 맞게 코딩을 완성해 보세요.

조건
① '호박'은 임의의 시간 간격으로 복제되어 무작위로 모양을 변경하며 이동합니다.
② '호박'이 '곡괭이'에 닿았을 때 모양 이름이 '웃는호박'이면 '점수' 변숫값을 증가합니다.
③ '호박'이 '곡괭이'에 닿았을 때 모양 이름이 '화난호박'이면 '점수' 변숫값을 감소합니다.
④ '곡괭이'는 마우스 포인터를 따라 이동하고, '점수' 변숫값이 '9'보다 크면 프로그램을 종료합니다.

• 예제 파일 : 05_웃는호박포획(예제).sb3   • 완성 파일 : 05_웃는호박포획(완성).sb3

Chapter 06 즐거운 게임 코딩 ①
테트리스 게임

다음의 조건을 이용해 코딩을 완성해 보세요.

① '조각'은 프로그램이 시작되면 무작위로 모양을 변경하고 특정 색상에 닿을 때까지 아래쪽으로 이동하여 도장을 찍습니다.
② '왼쪽', '오른쪽 화살표' 키를 누르면 해당 방향으로 이동하고 '스페이스' 키를 누르면 아래쪽으로 이동합니다.
③ '위쪽' 화살표 키를 누르면 방향을 회전하고 특정 색상에 닿으면 일정 값만큼 좌푯값을 변경합니다.
④ '게임시간' 변수를 생성한 후 '1'초마다 변숫값을 '1'씩 증가하고 '조각'이 '라인'에 닿으면 프로그램을 종료합니다.

• 예제 파일 : 06_테트리스(예제).ent   • 완성 파일 : 06_테트리스(완성).ent

⭐ 게임 코딩 이야기

❶ '조각' 스프라이트를 선택한 후 프로그램이 시작되면 펜을 모두 삭제하고 계속 반복하여 모양을 무작위로 변경하도록 코딩합니다.

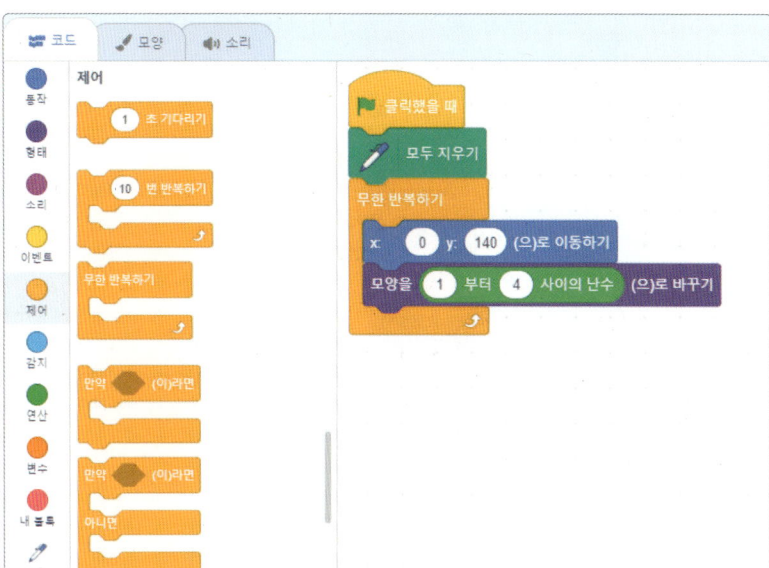

❷ '조각'이 게임 공간의 바닥 또는 '조각'의 외곽선에 닿을 때까지 아래쪽으로 이동하다가 위쪽으로 '20'만큼 이동한 후 도장을 찍도록 코딩합니다.

❸ '조각'이 '라인'에 닿으면 "게임 끝!"을 말한 후 프로그램을 종료하도록 코딩합니다.

❹ '왼쪽 화살표', '오른쪽 화살표' 키를 누르면 해당 방향으로 이동하다가 게임 공간의 왼쪽, 오른쪽 벽에 닿으면 반대 방향으로 '20'만큼 이동하도록 코딩합니다.

❺ '스페이스' 키를 누르면 아래쪽으로 이동하다가 게임 공간의 바닥 또는 '조각'의 외곽선에 닿으면 위쪽으로 '20'만큼 이동하도록 코딩합니다.

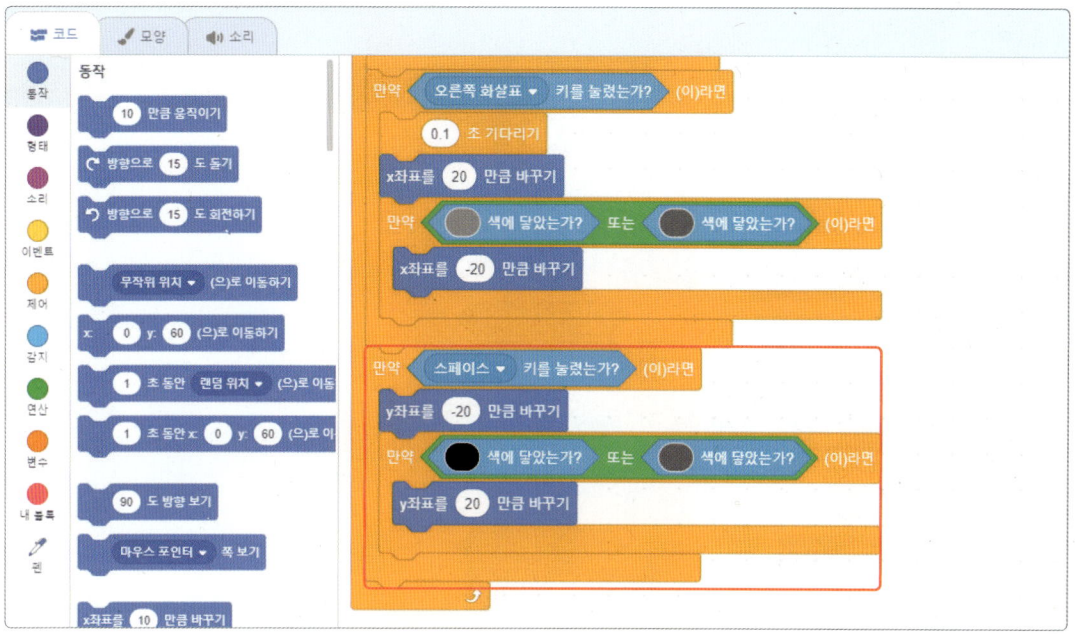

❻ '위쪽 화살표' 키를 누르면 시계 방향으로 '90'도만큼 회전하고 게임 공간의 바닥 또는 '조각'의 외곽선에 닿으면 반시계 방향으로 '90'도만큼 회전하도록 코딩합니다.

❼ '조각'이 회전할 때 게임 공간 밖으로 벗어나는 것을 방지하기 위해 게임 공간의 양쪽 벽과 배경에 닿으면 반대 방향으로 일정 값만큼 이동하도록 코딩합니다.

❽ '라인' 스프라이트를 선택한 후 프로그램이 시작되면 '게임시간' 변수의 초기 값을 지정하고 계속해서 '1'초마다 '게임시간' 변숫값을 '1'만큼 증가하도록 코딩합니다.

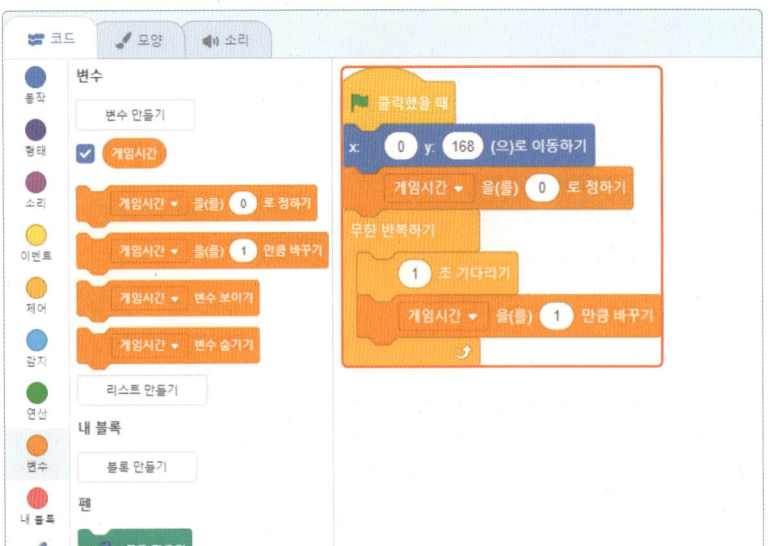

Chapter 07 박쥐의 보물 찾기

아케이드 게임

학습목표
- 변숫값에 따라 게임이 종료되도록 코딩합니다.
- 박쥐는 계속해서 마우스 포인터 쪽으로 이동하도록 코딩합니다.
- 시작 신호를 받으면 별과 종유석이 복제되도록 코딩합니다.
- 별이 박쥐에 닿으면 별 변숫값을 증가하고 종유석이 박쥐에 닿으면 목숨 변숫값을 감소하도록 코딩합니다.

• 예제 파일 : 07_보물찾기(예제).sb3   • 완성 파일 : 07_보물찾기(완성).sb3

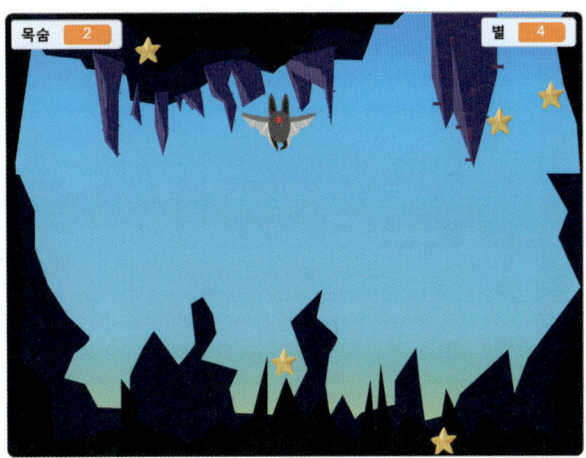

 미션 문제 해결 과제

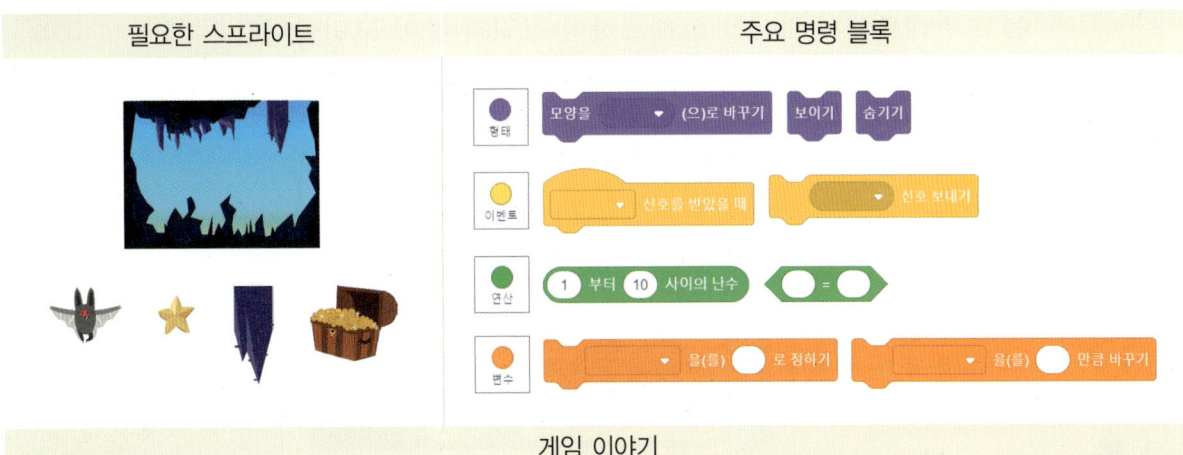

게임 이야기

박쥐의 동굴 탐험! 박쥐가 보물 상자가 숨겨진 동굴 속을 탐험하고 있어요. 믿기지는 않겠지만 이 동굴에서는 곳곳에서 빛나는 별을 발견할 수 있는데, 박쥐가 별을 10개 획득하면 숨겨져 있던 보물 상자가 나타나고, 동굴 위쪽에서 떨어지는 종유석에 5번 맞으면 게임이 종료돼요. 기회는 단 5번! 종유석을 피해 반짝이는 별을 획득하여 금은보화로 가득 찬 보물 상자를 획득해 보세요!

1 게임 코딩하기

① 'Scrach 3.0' 프로그램을 실행한 후 '07_보물찾기(예제).sb3' 파일을 불러옵니다.

② '박쥐' 스프라이트를 선택한 후 프로그램이 시작되면 '목숨', '별' 변수를 생성하고 초기 값을 각각 '5', '0'으로 지정한 후 시작 위치로 이동하기 위해 [이벤트], [변수], [동작] 블록 팔레트에서 블록을 드래그하여 그림과 같이 코딩합니다.

③ 모양을 변경하고 "별을 모아 보물을 찾을 거야!"를 말한 후 '시작' 신호를 보내기 위해 [형태], [이벤트] 블록 팔레트에서 블록을 드래그하여 그림과 같이 코딩합니다.

❹ '시작' 신호를 받으면 계속해서 모양을 변경하기 위해 [이벤트], [제어], [형태] 블록 팔레트에서 블록을 드래그하여 그림과 같이 코딩합니다.

❺ 이어서 '시작' 신호를 받으면 계속해서 마우스 포인터 쪽을 바라보며 이동하다가 '보물'에 닿으면 "성공"을 말한 후 프로그램을 종료하기 위해 [이벤트], [제어], [동작], [감지], [형태] 블록 팔레트에서 블록을 드래그하여 그림과 같이 코딩합니다.

❻ '목숨' 변숫값이 '0'이면 "실패"를 말한 후 프로그램을 종료하고, '별' 변숫값이 '10'이면 '보물' 신호를 보내기 위해 [제어], [연산], [변수], [형태], [이벤트] 블록 팔레트에서 블록을 드래그하여 그림과 같이 코딩합니다.

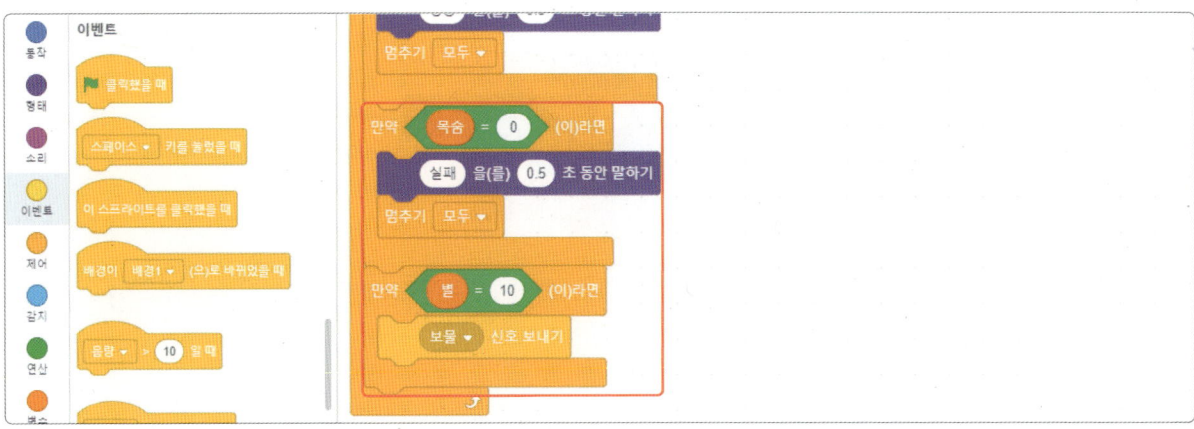

❼ '시작' 신호를 받으면 계속해서 '별'과 '종유석'을 복제하기 위해 [이벤트], [제어], [연산] 블록 팔레트에서 블록을 드래그하여 그림과 같이 코딩합니다.

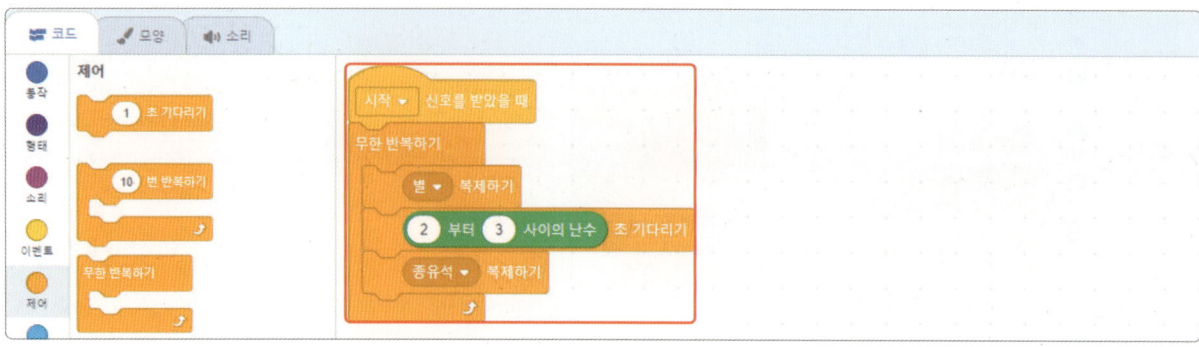

❽ '종유석' 스프라이트를 선택합니다. '종유석'의 복제본이 생성되면 무대 위쪽 임의의 위치로 이동한 후 '벽'에 닿을 때까지 임의의 속도로 이동하기 위해 [제어], [동작], [연산], [형태], [감지] 블록 팔레트에서 블록을 드래그하여 그림과 같이 코딩합니다.

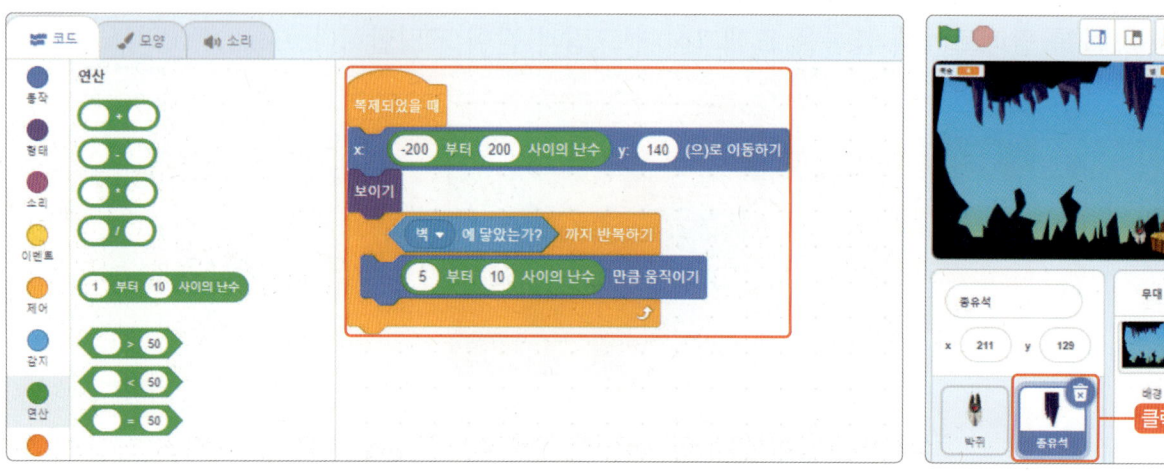

❾ '박쥐'에 닿으면 '목숨' 변숫값을 감소한 후 복제본을 삭제하고 '벽'에 닿으면 복제본을 삭제하기 위해 [제어], [감지], [변수] 블록 팔레트에서 블록을 드래그하여 그림과 같이 코딩합니다.

❿ 이어서 '보물' 신호를 받으면 개체의 다른 스크립트를 종료하기 위해 [이벤트], [제어] 블록 팔레트에서 블록을 드래그하여 그림과 같이 코딩합니다.

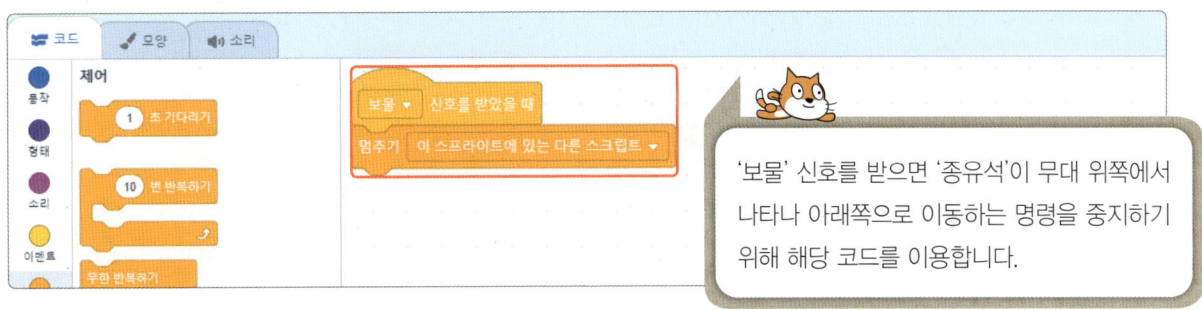

'보물' 신호를 받으면 '종유석'이 무대 위쪽에서 나타나 아래쪽으로 이동하는 명령을 중지하기 위해 해당 코드를 이용합니다.

⓫ '별' 스프라이트를 선택한 후 '별'의 복제본이 생성되면 임의의 위치로 이동한 후 무대에 나타나도록 하기 위해 [제어], [동작], [형태] 블록 팔레트에서 블록을 드래그하여 그림과 같이 코딩합니다.

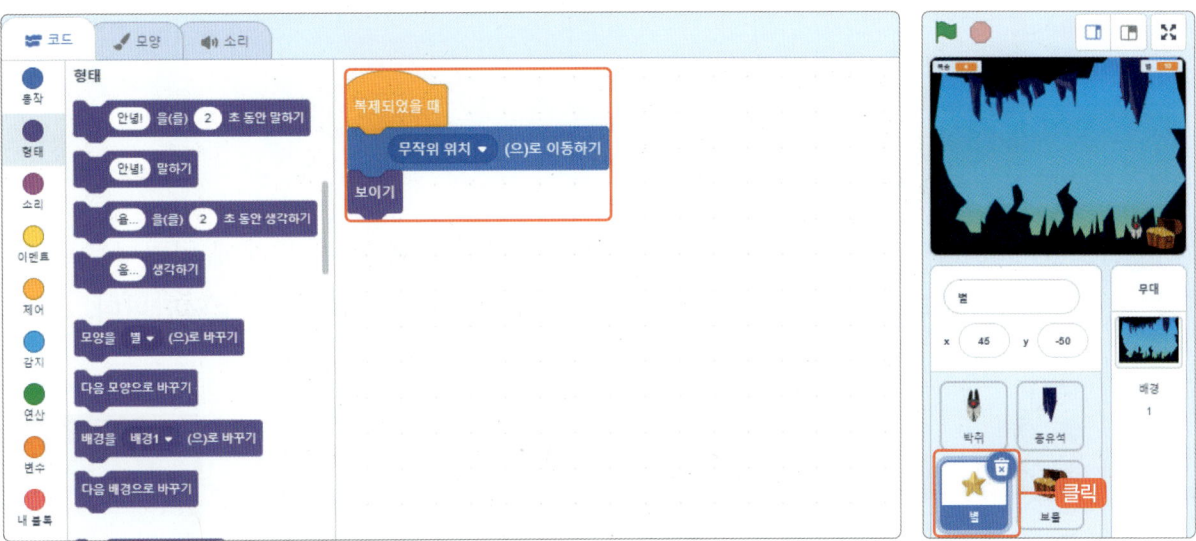

⓬ 계속 반복하여 '박쥐'에 닿으면 '별' 변숫값을 증가한 후 복제본을 삭제하기 위해 [제어], [감지], [변수] 블록 팔레트에서 블록을 드래그하여 그림과 같이 코딩합니다.

⑬ 이어서 '보물' 신호를 받으면 개체의 다른 스크립트를 종료하고 복제본을 삭제하기 위해 [이벤트], [제어] 블록 팔레트에서 블록을 드래그하여 그림과 같이 코딩합니다.

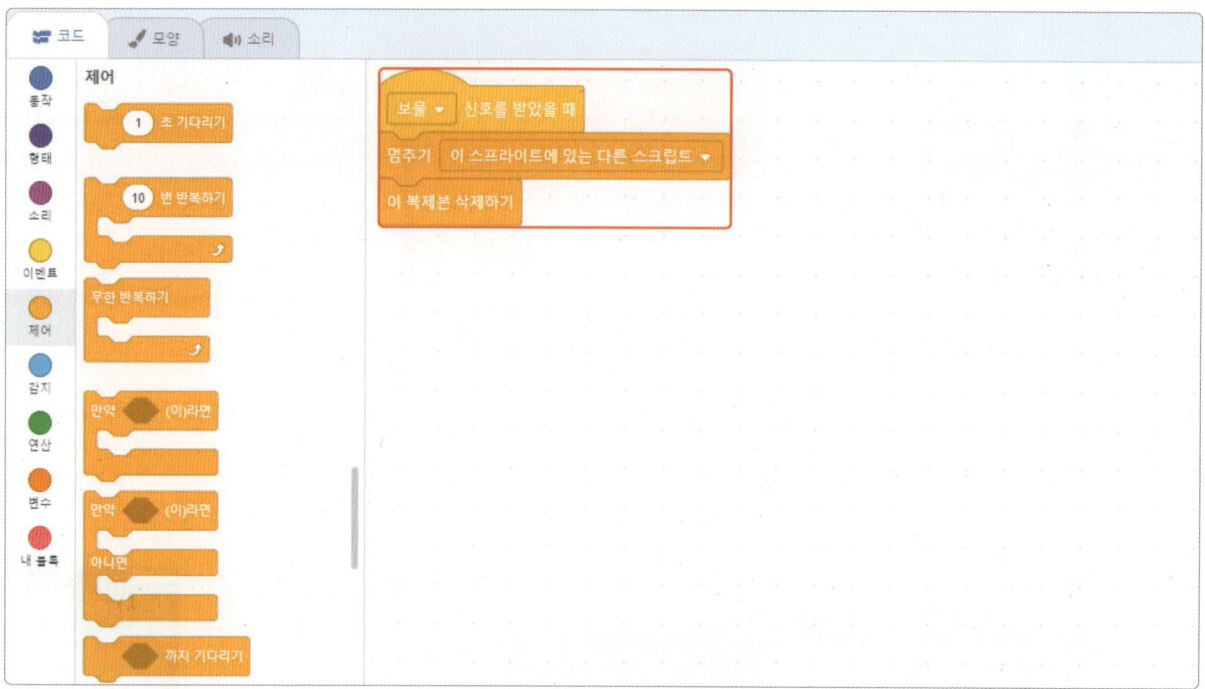

⑭ '보물' 스프라이트를 선택한 후 '보물' 신호를 받으면 '보물'이 무대에 나타나도록 하기 위해 [이벤트], [형태] 블록 팔레트에서 블록을 드래그하여 그림과 같이 코딩합니다.

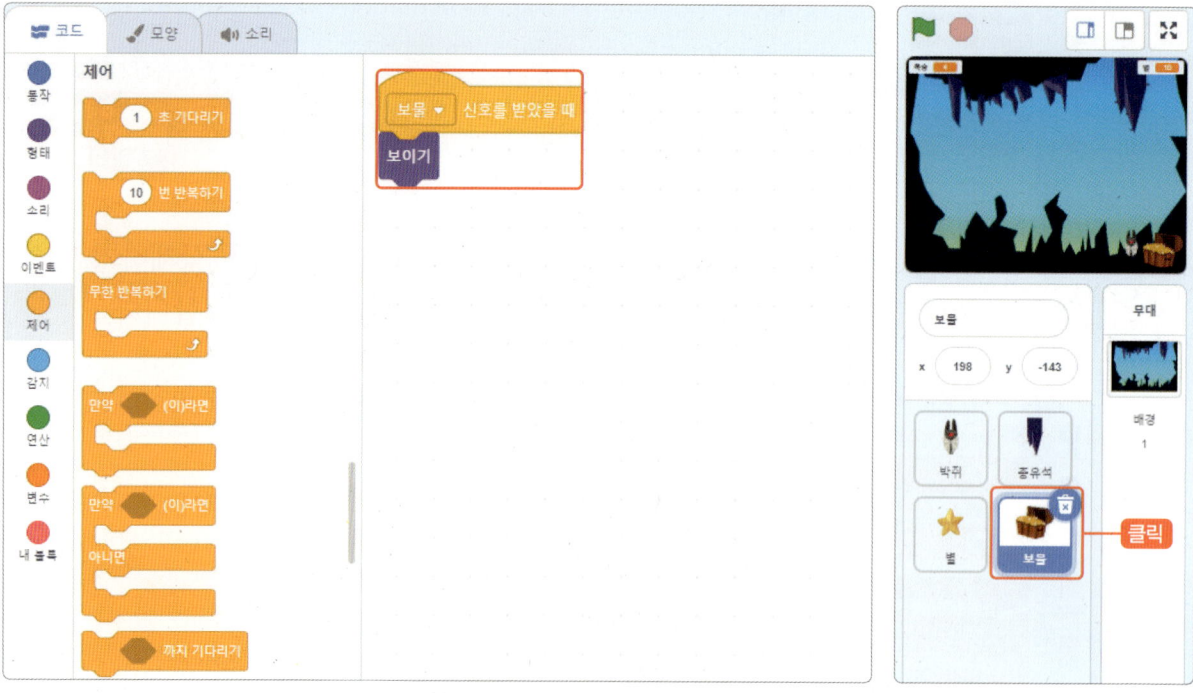

⑮ 코딩이 완료되면 [시작하기(🏳)]를 클릭하여 게임을 진행해 봅니다.

Chapter 07 더 만들어 보기

예제 1 예제 파일을 불러와 다음의 조건에 맞게 코딩을 완성해 보세요.

조건
① '과일', '인스턴트' 변수를 생성하고 변숫값을 각각 '0'으로 지정합니다.
② '입'은 계속해서 모양을 변경하며 마우스 포인터를 따라 이동하고 '인스턴트', '과일'을 복제합니다.
③ '과일', '인스턴트'의 복제본은 모양을 변경하며 이동하고 '입'에 닿으면 해당 변숫값을 증가합니다.
④ '과일', '인스턴트' 변숫값이 '10'이 되면 '정상', '비만' 신호를 각각 보내고 '아이'가 해당 메시지를 말합니다.

• 예제 파일 : 07_음식먹기(예제).sb3   • 완성 파일 : 07_음식먹기(완성).sb3

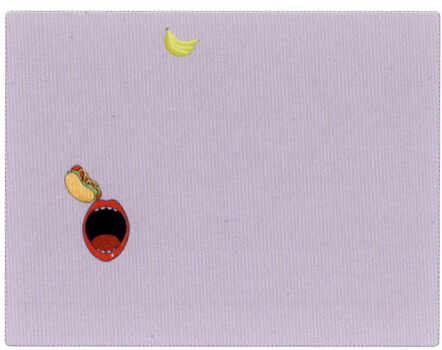 

예제 2 예제 파일을 불러와 다음의 조건에 맞게 코딩을 완성해 보세요.

조건
① '시도횟수', '물약' 변수를 생성하고 변숫값을 각각 '5', '0'으로 지정합니다.
② '마법사'는 마우스 포인터를 따라 이동하고 '아침' 신호를 받으면 "아침이 왔다!!"를 말합니다.
③ '번개'의 복제본은 무대 위쪽에서 아래쪽으로 이동하다 '마법사'에 닿으면 '시도횟수' 변숫값을 감소합니다.
④ '물약'의 복제본은 임의의 위치에서 나타나 '마법사'에 닿으면 '물약' 변숫값을 증가합니다.
⑤ '물약' 변숫값이 '20'보다 크면 '아침' 신호를 보내고 '시도횟수' 변숫값이 '0'이면 프로그램을 종료합니다.

• 예제 파일 : 07_물약획득(예제).sb3   • 완성 파일 : 07_물약획득(완성).sb3

타자 게임

Chapter 08

동물 타자 게임

학습목표

- 점수 변수를 생성한 후 초기 값을 지정하도록 코딩합니다.
- 동물은 무작위 모양으로 나타나 아래쪽으로 이동하도록 코딩합니다.
- 대답을 기다리고 대답이 동물의 모양 이름과 같다면 점수 변숫값을 증가하도록 코딩합니다.
- 대답이 동물의 모양 이름과 다르다면 점수 변숫값이 감소하도록 코딩합니다.

• 예제 파일 : 08_동물타자(예제).sb3   • 완성 파일 : 08_동물타자(완성).sb3

 문제 해결 과제

| 필요한 스프라이트 | 주요 명령 블록 |

게임 이야기

풀이 무성한 목장 하늘에서 동물들이 떨어지고 있어요. 동물이 바닥에 떨어지기 전에 동물의 이름을 입력하면 동물을 구출할 수 있는데요. 각 동물의 이름을 지정하고 화면에 입력창이 나타나면 동물의 이름을 정확히 입력해 하늘에서 떨어지는 동물들을 구출해 보세요. 10마리의 동물을 구출해야 게임에 성공하니, 정확하고 빠르게 동물의 이름을 입력하세요!

1 게임 코딩하기

① 'Scrach 3.0' 프로그램을 실행한 후 '08_동물타자(예제).sb3' 파일을 불러옵니다.

② '지렁이' 스프라이트를 선택한 후 프로그램이 시작되면 "떨어지는 동물을 구출해 주세요!"를 말한 후 '동물' 신호를 보내고 계속해서 무대의 좌우로 이동하기 위해 **[이벤트]**, **[동작]**, **[형태]**, **[제어]** 블록 팔레트에서 블록을 드래그하여 그림과 같이 코딩합니다.

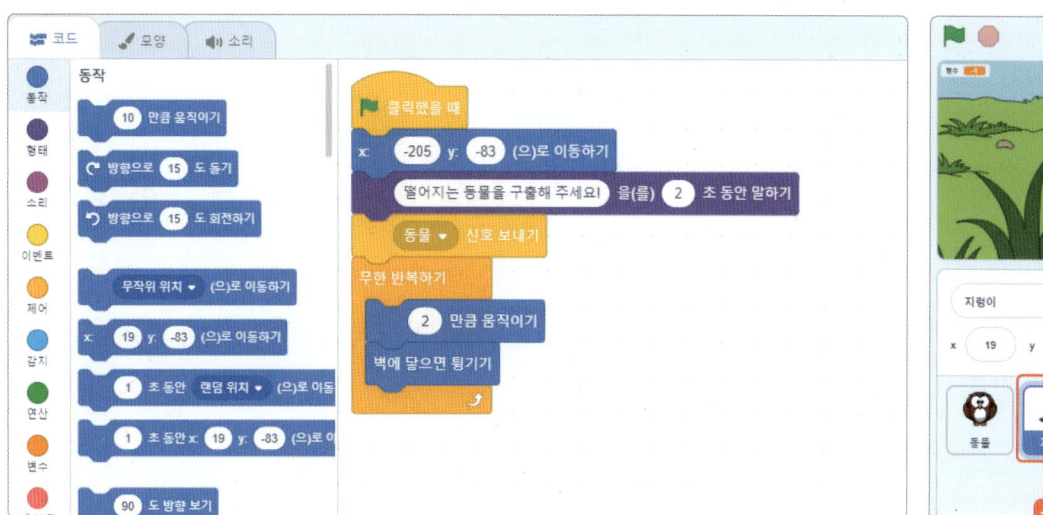

③ '동물' 스프라이트를 선택한 후 [모양] 탭을 클릭합니다. '동물1' 모양을 선택한 후 모양 이름을 '젖소'로 변경합니다. 같은 방법으로 '동물2'~'동물10'의 모양 이름도 각 동물에 맞게 변경합니다.

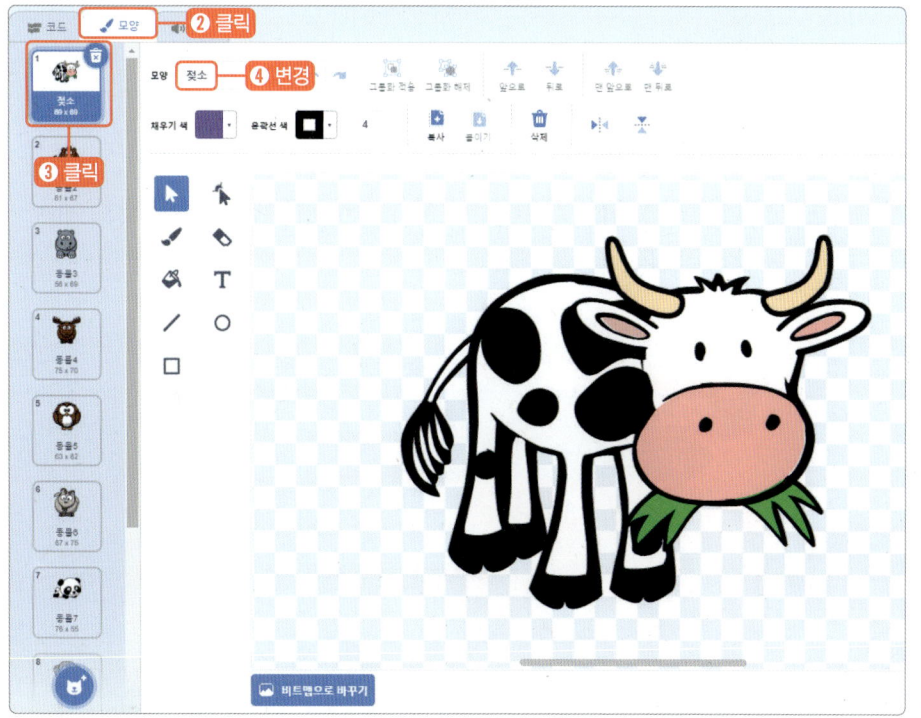

CHAPTER 08 동물 타자 게임 _ **053**

❹ 다시 [코드] 탭을 클릭한 후 '배경' 스프라이트를 선택합니다. 프로그램이 시작되면 '점수' 변수를 생성한 후 '2'초 동안 기다리기 위해 [이벤트], [변수], [제어] 블록 팔레트에서 블록을 드래그하여 그림과 같이 코딩합니다.

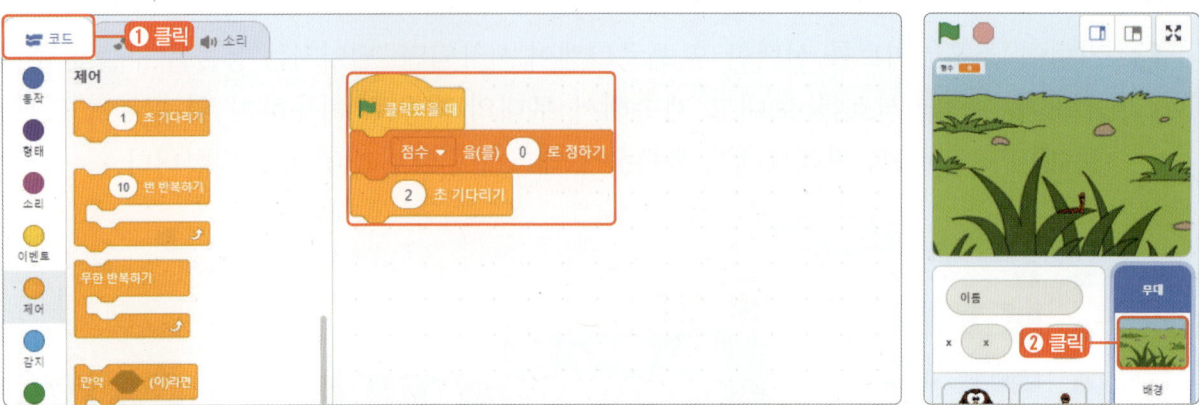

❺ 계속 반복하여 "동물을 입력하세요."를 묻고 입력한 대답이 앞서 지정한 '동물'의 '모양 이름'과 같은지 확인하기 위해 [제어], [감지], [연산] 블록 팔레트에서 블록을 드래그하여 그림과 같이 코딩합니다.

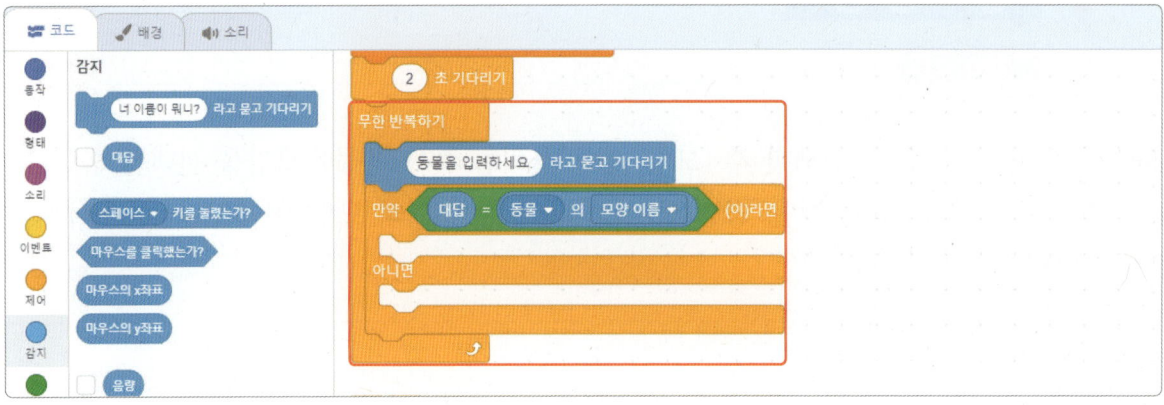

❻ 입력한 대답이 '동물'의 '모양 이름'과 같다면 '점수' 변숫값을 증가한 후 '동물' 신호를 보내고 그렇지 않으면 '점수' 변숫값을 감소하기 위해 [변수], [이벤트] 블록 팔레트에서 블록을 드래그하여 그림과 같이 코딩합니다.

❼ '동물' 스프라이트를 선택한 후 '동물' 신호를 받으면 모양을 무작위로 변경하고 무대 위쪽 임의의 위치로 이동한 후 무대에 나타나도록 하기 위해 [이벤트], [형태], [연산], [동작] 블록 팔레트에서 블록을 드래그하여 그림과 같이 코딩합니다.

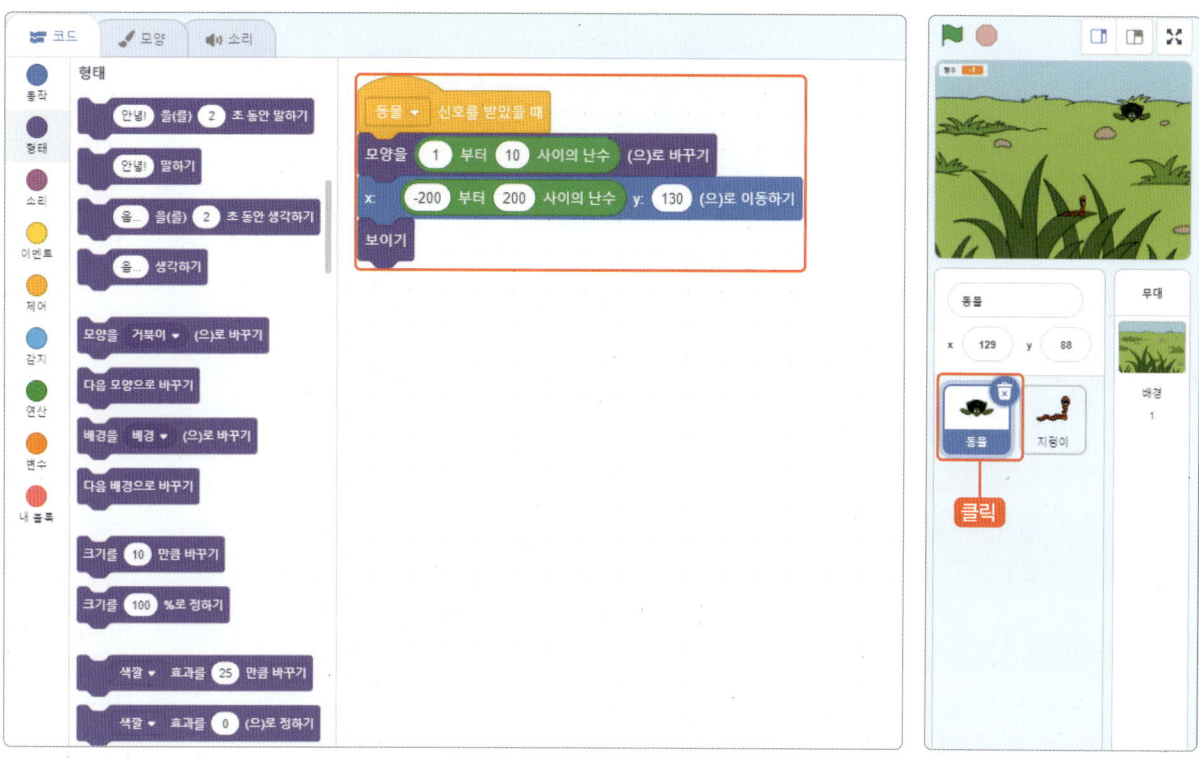

❽ 무대의 '벽'에 닿을 때까지 반복하여 아래쪽으로 '3'만큼 이동하기 위해 [제어], [감지], [동작] 블록 팔레트에서 블록을 드래그하여 그림과 같이 코딩합니다.

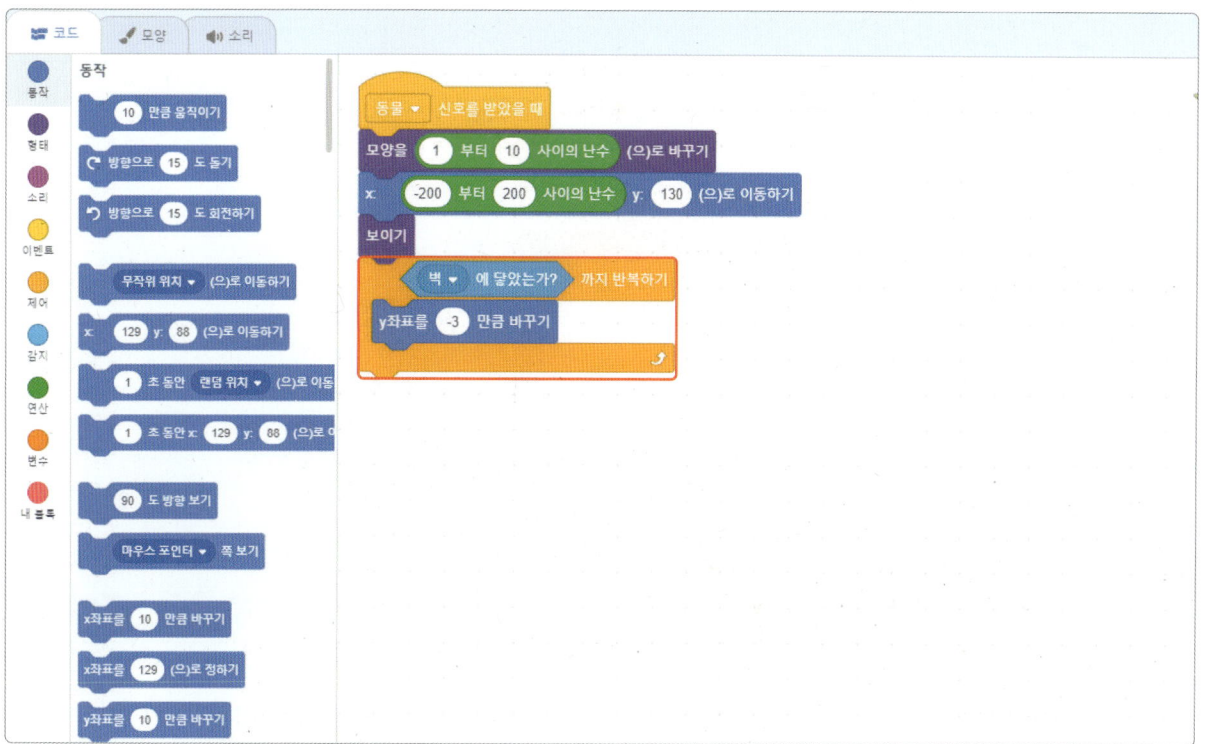

❾ 무대의 '벽'에 닿으면 개체를 무대에서 숨기고 '점수' 변숫값을 감소한 후 '동물' 신호를 보내기 위해 [형태], [변수], [이벤트] 블록 팔레트에서 블록을 드래그하여 그림과 같이 코딩합니다.

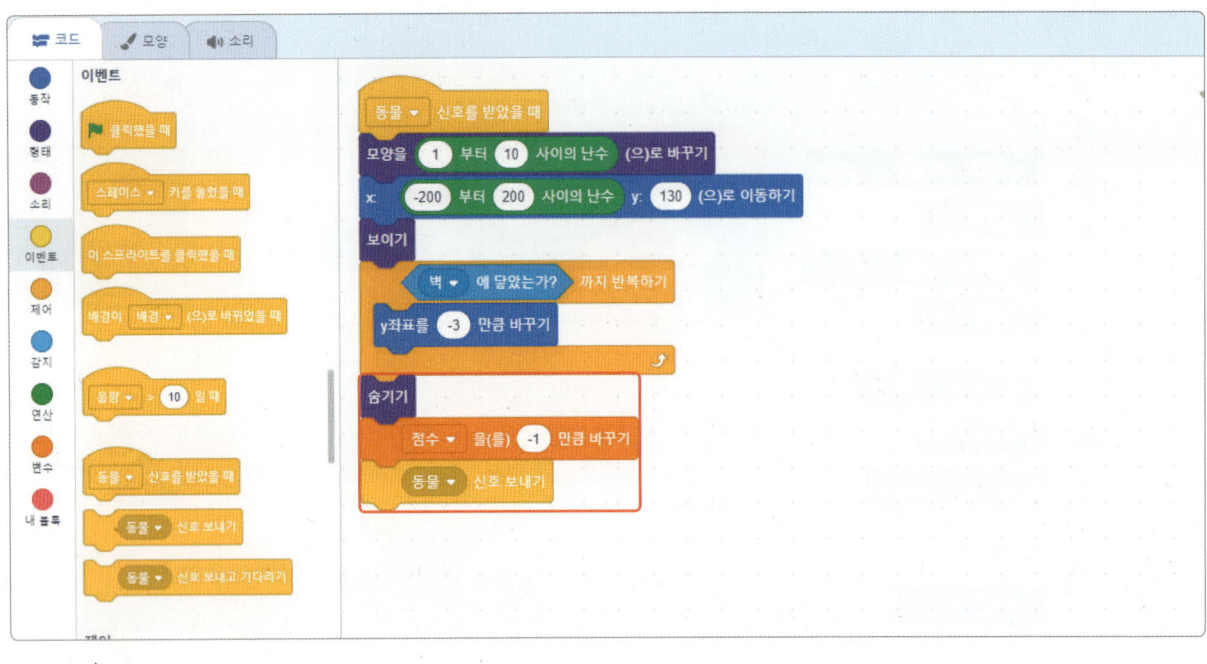

'동물'이 무대 바닥('벽')에 닿으면 모습을 숨긴 후 다시 무대 위쪽에서 나타나도록 하기 위해 '동물' 신호를 보냅니다.

❿ '동물' 신호를 받았을 때 '점수' 변숫값이 '9'보다 크면 프로그램을 종료하기 위해 [이벤트], [제어], [연산], [변수] 블록 팔레트에서 블록을 드래그하여 그림과 같이 코딩합니다.

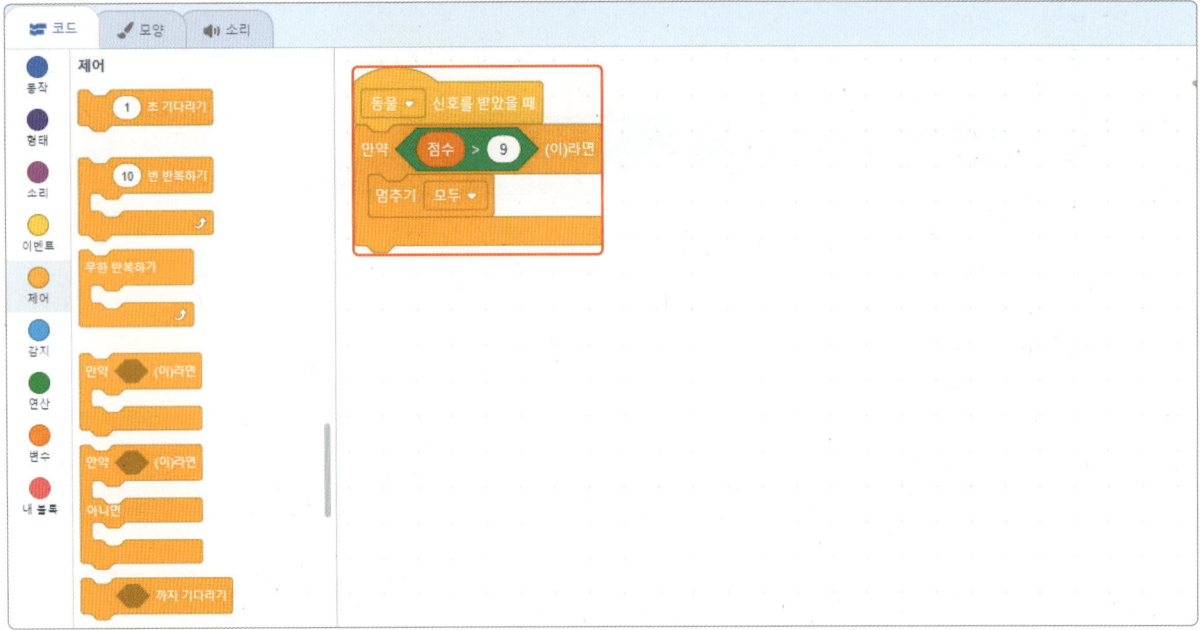

⓫ 코딩이 완료되면 [시작하기(🏁)]를 클릭하여 게임을 진행해 봅니다.

Chapter 08 더 만들어 보기

예제 1 예제 파일을 불러와 다음의 조건에 맞게 코딩을 완성해 보세요.

조건
① '놓친 풍선', '점수' 변수를 생성하고 변숫값을 각각 '0'으로 지정합니다.
② '소녀'는 게임 방법을 안내하고 '풍선' 신호를 보낸 후 계속해서 모양을 변경합니다.
③ 대답을 기다리고 입력한 대답이 '풍선'의 '모양 이름'과 같으면 '점수' 변숫값을 증가합니다.
④ '풍선'이 무대의 '벽'에 닿으면 '놓친 풍선' 변숫값을 증가합니다.
⑤ '놓친 풍선' 변숫값이 '4'보다 크면 프로그램을 종료합니다.

• 예제 파일 : 08_풍선타자(예제).sb3   • 완성 파일 : 08_풍선타자(완성).sb3

예제 2 예제 파일을 불러와 다음의 조건에 맞게 코딩을 완성해 보세요.

조건
① '점수' 변수를 생성하고 변숫값을 '3'으로 지정합니다.
② '화산'은 게임 방법을 안내하고 '화산' 신호를 보낸 후 계속해서 크기가 커졌다 작아졌다 합니다.
③ 입력한 대답이 '마그마'의 '모양 이름'과 같을 때 '마그마'의 '모양 번호'가 '4' 또는 '10'이면 '점수' 변숫값을 '5'만큼, 그렇지 않으면 '1'만큼 증가합니다.
④ '점수' 변숫값이 '19'보다 크거나 '0'이면 프로그램을 종료합니다.

• 예제 파일 : 08_화산타자(예제).sb3   • 완성 파일 : 08_화산타자(완성).sb3

Chapter 09 가을 알밤 수확하기

학습목표

아케이드 게임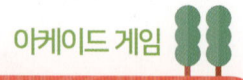

- 시간, 알밤 변수를 생성한 후 시간 변수를 숨기도록 코딩합니다.
- 알밤은 자신의 x좌푯값을 유지하며 무대 아래쪽으로 이동하도록 코딩합니다.
- 복제된 알밤이 마우스 포인터에 닿고 마우스를 클릭하면 알밤 변숫값이 증가하도록 코딩합니다.
- 알밤 변숫값이 30이면 시간 변수가 나타나고 프로그램이 종료되도록 코딩합니다.

• 예제 파일 : 09_알밤수확(예제).sb3   • 완성 파일 : 09_알밤수확(완성).sb3

 미션 문제 해결 과제

필요한 스프라이트	주요 명령 블록
	형태: 배경을 ▼ (으)로 바꾸기 / 모양을 ▼ (으)로 바꾸기
	동작: ( ) 도 방향 보기 / x좌표
	감지: 마우스를 클릭했는가? / ▼ 에 닿았는가?
	변수: ▼ 변수 보이기 / ▼ 변수 숨기기

게임 이야기

밤송이가 가득 열린 밤나무에서 밤송이들이 하나씩 떨어지고 있어요. 밤송이가 바닥 이리 저리 떨어지며 밤송이 속에 있는 알밤들이 튀어 오르는데요. 1개의 밤송이 안에는 여러 개의 알밤이 숨겨져 있답니다. 튀어 오르는 알밤들을 클릭하여 알밤을 수확해 보세요. 짧은 시간 안에 30개의 알밤을 수확하면 성공하는 게임입니다. 떨어지는 밤송이에 맞으면 따끔하니, 조심하세요!

1 게임 코딩하기

❶ 'Scrach 3.0' 프로그램을 실행한 후 '09_알밤수확(예제).sb3' 파일을 불러옵니다.

❷ '배경' 스프라이트를 선택합니다. 프로그램이 시작되면 배경을 변경하고 '시간' 변수를 생성하여 초기 값을 지정한 후 변수를 무대에서 숨기기 위해 [이벤트], [형태], [변수] 블록 팔레트에서 블록을 드래그하여 그림과 같이 코딩합니다.

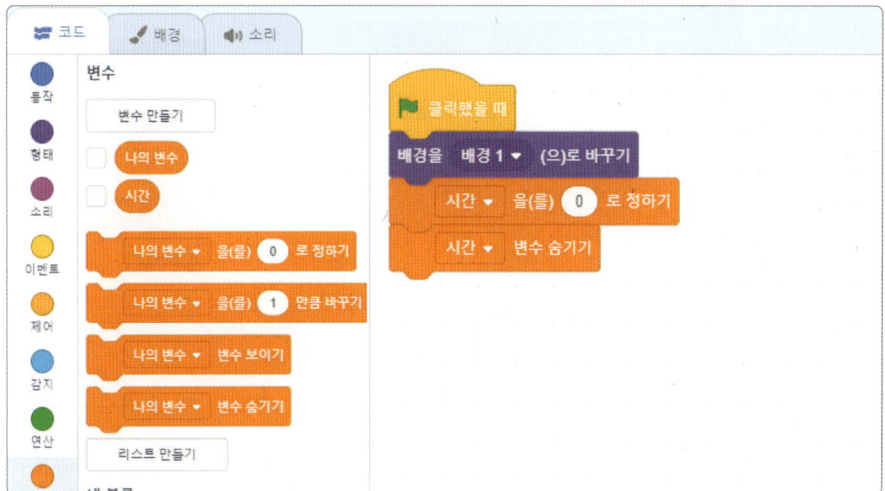

Tip

변수 보기 설정

① 무대 왼쪽 상단의 '시간' 변수를 마우스 오른쪽 버튼으로 클릭한 후 [변수값 크게 보기]를 클릭합니다.

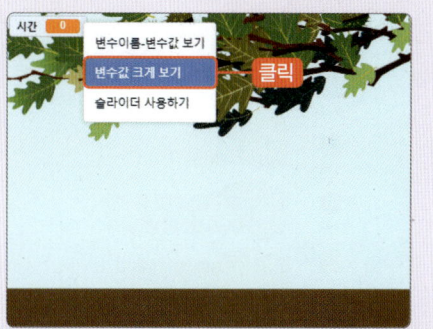

② '배경' 스프라이트를 선택하고 [모양] 탭을 클릭한 후 '배경 2'를 선택합니다.

③ '시간' 변수를 클릭한 상태로 드래그하여 변수의 위치를 조절합니다.

❸ '알밤' 스프라이트를 선택한 후 프로그램이 시작되면 시작 위치를 지정하고 무대에 나타나 "알밤 수확 시~~작!!"을 말하기 위해 [이벤트], [동작], [형태] 블록 팔레트에서 블록을 드래그하여 그림과 같이 코딩합니다.

❹ '알밤' 변수를 생성하고 초기 값을 '0'으로 지정한 후 '시간체크' 신호를 보내기 위해 [변수], [이벤트] 블록 팔레트에서 블록을 드래그하여 그림과 같이 코딩합니다.

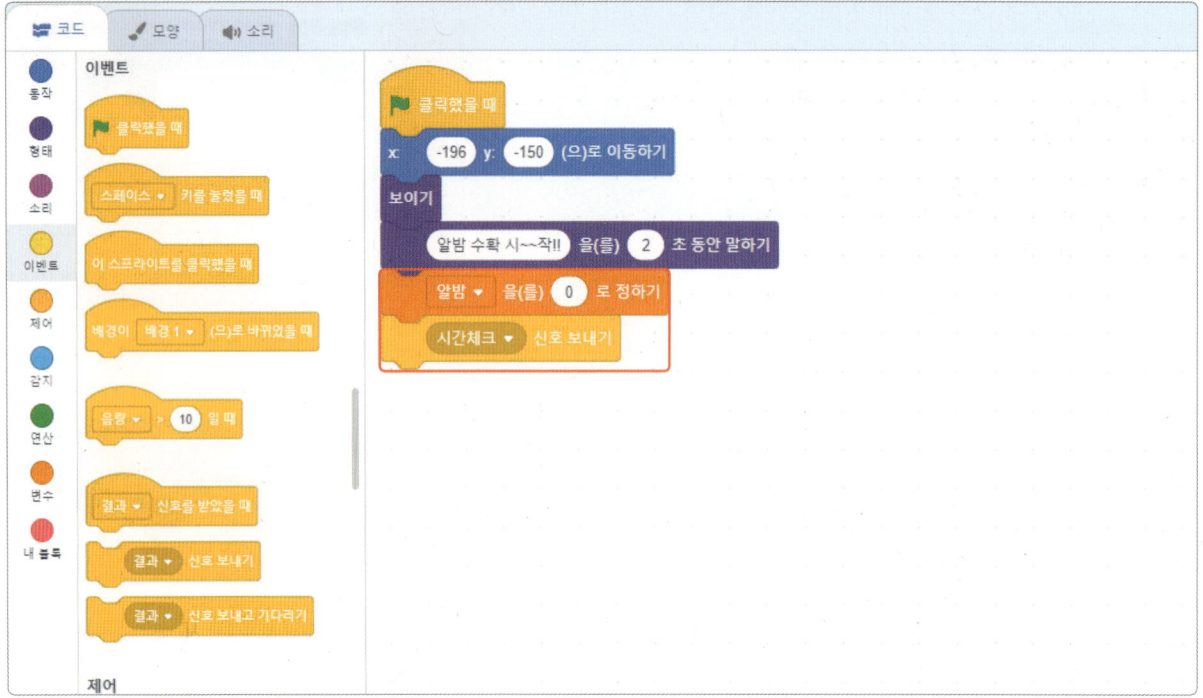

❺ 계속 반복하여 모양을 변경하고 임의의 위치로 이동한 후 임의의 방향을 바라보고 개체를 무대에 보이기 위해 [제어], [형태], [동작], [연산] 블록 팔레트에서 블록을 드래그하여 그림과 같이 코딩합니다.

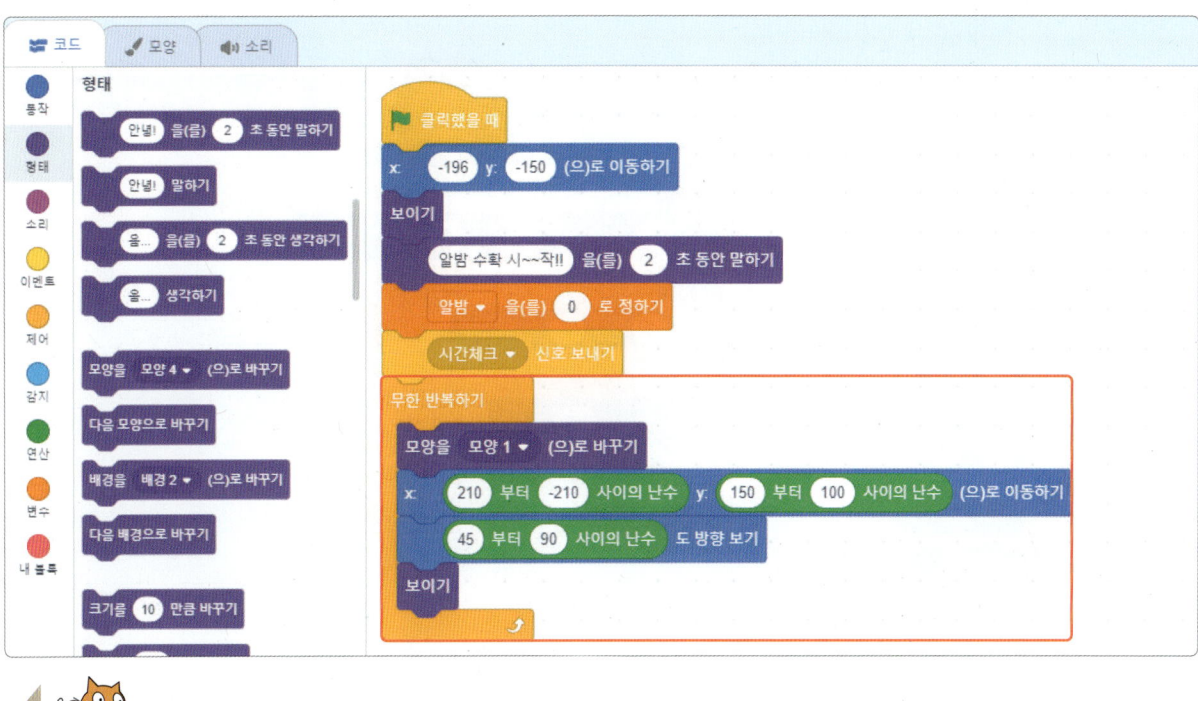

배경의 밤나무 범위 내 임의의 위치에서 '알밤'이 나타나도록 하기 위해 위치 난수 값을 그림과 같이 지정합니다.

❻ '1'초 동안 '알밤'의 x좌푯값을 유지하며 무대의 아래쪽으로 이동하여 바닥에 떨어지는 모습을 표현한 후 개체를 무대에서 숨기기 위해 [동작], [형태] 블록 팔레트에서 블록을 드래그하여 그림과 같이 코딩합니다.

❼ 임의의 횟수만큼 반복하여 나 자신('알밤')을 복제하고 시계 방향으로 회전한 후 임의의 시간만큼 기다리기 위해 [제어], [연산], [동작] 블록 팔레트에서 블록을 드래그하여 그림과 같이 코딩합니다.

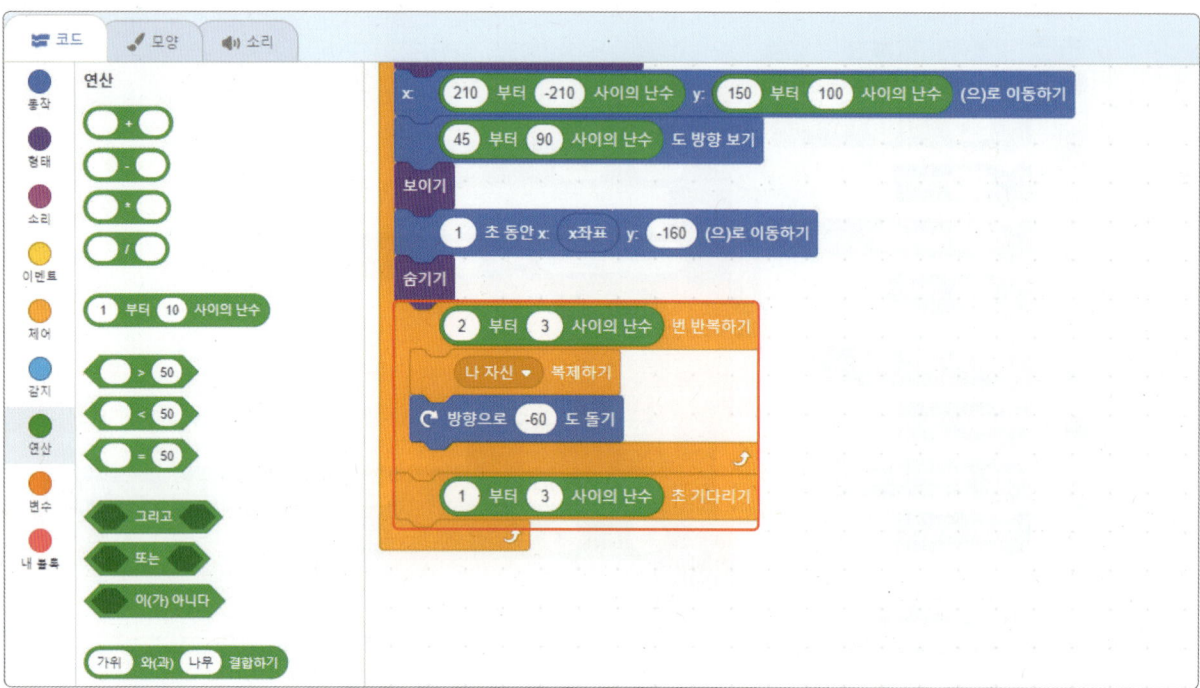

❽ 복제본이 생성되면 무작위로 모양을 변경하고 개체를 무대에 보인 후 계속 반복하여 이동 방향으로 '3'만큼 이동하도록 하기 위해 [제어], [형태], [연산], [동작] 블록 팔레트에서 블록을 드래그하여 그림과 같이 코딩합니다.

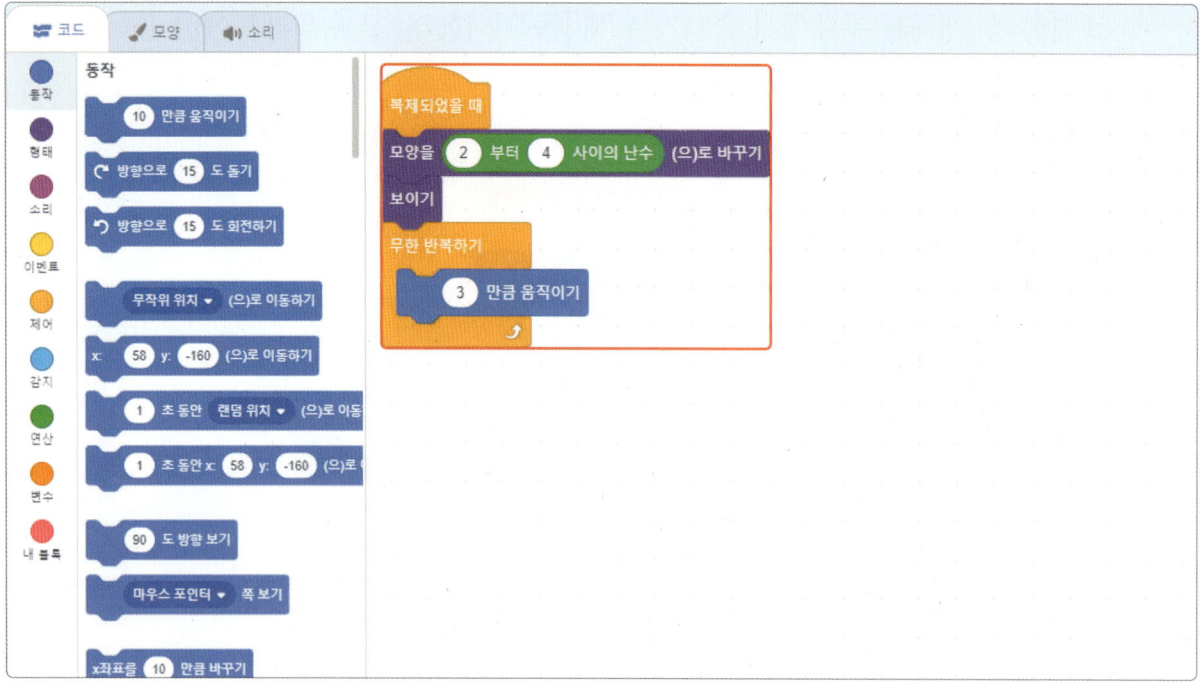

❾ '알밤'에 마우스 포인터가 닿고 마우스를 클릭하면 '알밤' 변숫값을 증가하고 '알밤' 변숫값이 '30'이면 '결과' 신호를 보낸 후 복제본을 삭제하기 위해 [제어], [연산], [감지], [변수], [이벤트] 블록 팔레트에서 블록을 드래그하여 그림과 같이 코딩합니다.

❿ '알밤'이 무대의 '벽'에 닿으면 복제본을 삭제하기 위해 [제어], [감지] 블록 팔레트에서 블록을 드래그하여 그림과 같이 코딩합니다.

⑪ '배경' 스프라이트를 선택한 후 '시간체크' 신호를 받으면 계속 반복하여 '1'초마다 '시간' 변숫값을 '1'만큼 증가하기 위해 [이벤트], [제어], [변수] 블록 팔레트에서 블록을 드래그하여 그림과 같이 코딩합니다.

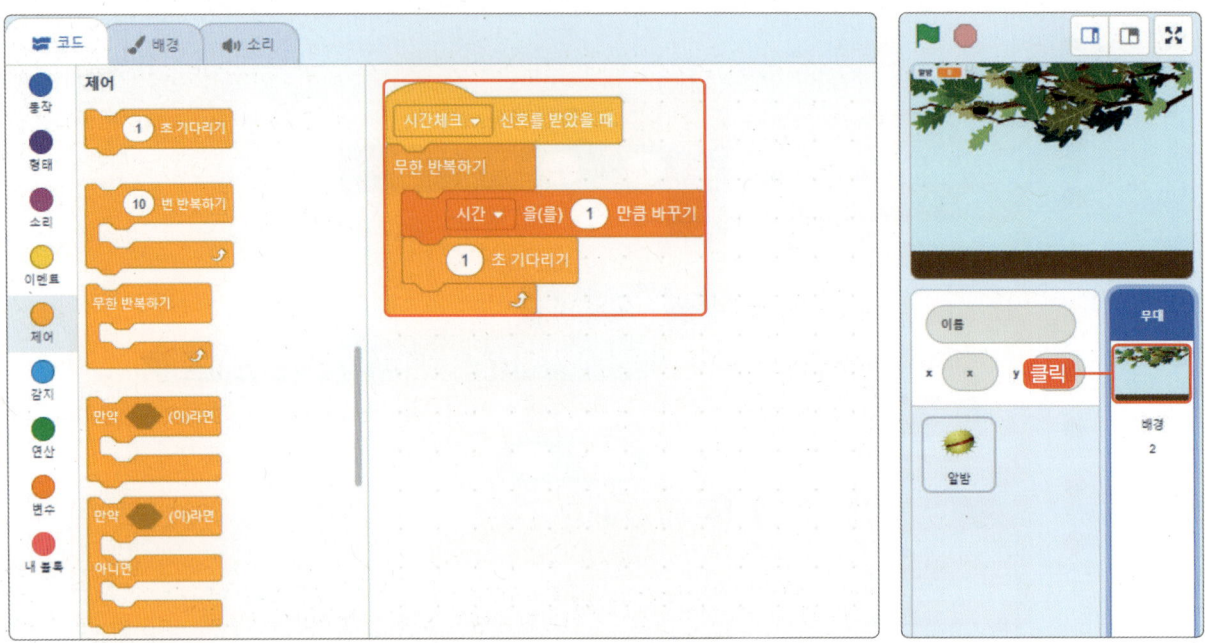

⑫ '결과' 신호를 받으면 배경을 변경하고 '시간' 변수를 무대에 보인 후 프로그램을 종료하기 위해 [이벤트], [형태], [변수], [제어] 블록 팔레트에서 블록을 드래그하여 그림과 같이 코딩합니다.

⑬ 코딩이 완료되면 [시작하기(🏁)]를 클릭하여 게임을 진행해 봅니다.

Chapter 09 더 만들어 보기

예제 1 예제 파일을 불러와 다음의 조건에 맞게 코딩을 완성해 보세요.

조건

① '꽃게', '시간' 변수를 생성하고 초기 값을 각각 '0'으로 지정한 후 '꽃게' 변수를 숨깁니다.
② '꽃게'는 바닷속 임의의 위치로 이동한 후 임의의 방향으로 회전하며 3번 복제됩니다.
③ '꽃게'는 임의의 속도로 이동하다가 마우스 포인터에 닿고 마우스를 클릭하면 '꽃게' 변숫값을 증가합니다.
④ '시간체크' 신호를 받으면 '1'초 간격으로 '시간' 변숫값을 증가합니다.
⑤ '시간' 변숫값이 '50'이 되면 '꽃게' 변수를 보이고 프로그램을 종료합니다.

• 예제 파일 : 09_꽃게사냥(예제).sb3   • 완성 파일 : 09_꽃게사냥(완성).sb3

예제 2 예제 파일을 불러와 다음의 조건에 맞게 코딩을 완성해 보세요.

조건

① '호박', '시간' 변수를 생성하고 초기 값을 각각 '0', '60'으로 지정한 후 '호박' 변수를 숨깁니다.
② '호박'은 무대 임의의 위치로 이동한 후 임의의 방향을 바라보며 5번 복제됩니다.
③ '호박'은 크기를 점점 키우다가 사라지고 마우스 포인터에 닿았을 때 클릭하면 '호박' 변숫값을 증가합니다.
④ '시간체크' 신호를 받으면 '1'초 간격으로 '시간' 변숫값을 감소합니다.
⑤ '시간' 변숫값이 '0'이 되면 '호박' 변수를 보이고 프로그램을 종료합니다.

• 예제 파일 : 09_호박따기(예제).sb3   • 완성 파일 : 09_호박따기(완성).sb3

Chapter 10
세균 소탕하기

학습목표
- 위치 변수의 초기 값을 임의의 값으로 지정하도록 코딩합니다.
- 위치 변숫값에 따라 세균이 지정된 범위에서 나타났다가 사라지도록 코딩합니다.
- 칫솔은 마우스의 x좌푯값에 따라 모양을 변경하도록 코딩합니다.
- 세균이 칫솔에 닿았을 때 마우스를 클릭하면 세균 변숫값을 증가하도록 코딩합니다.

• 예제 파일 : 10_세균소탕(예제).sb3   • 완성 파일 : 10_세균소탕(완성).sb3

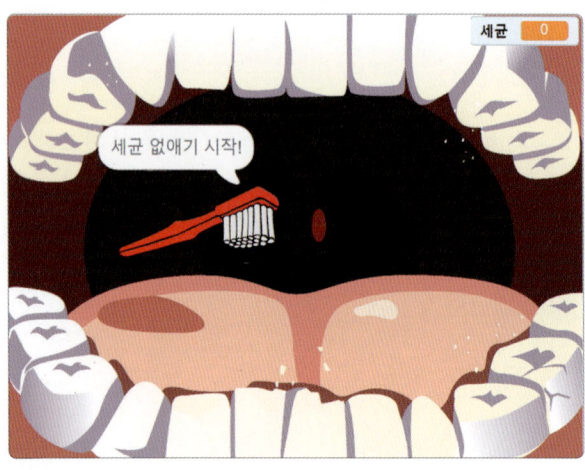
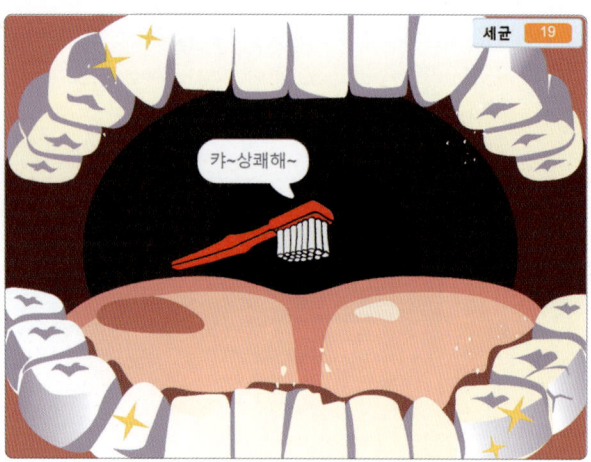

미션 문제 해결 과제

필요한 스프라이트	주요 명령 블록

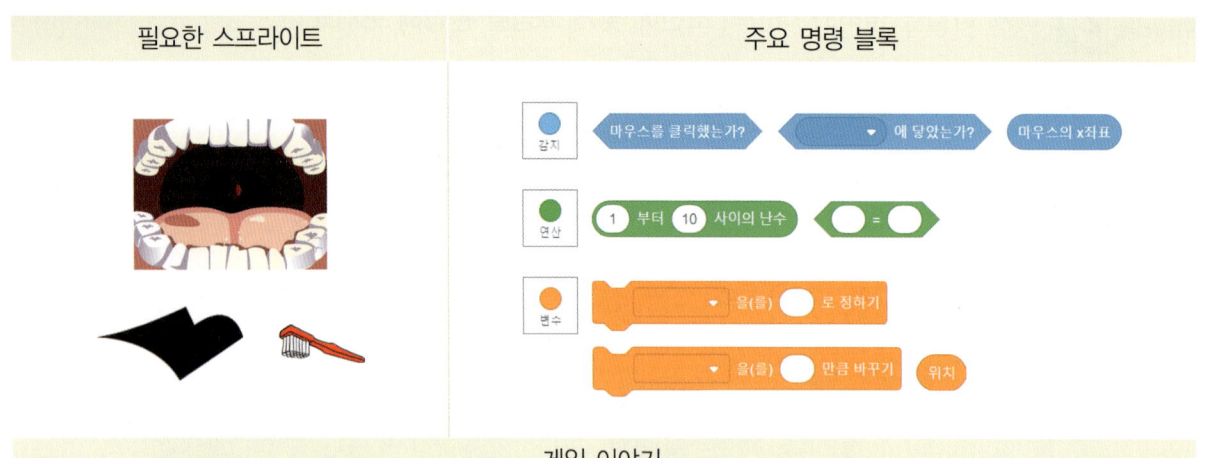

게임 이야기

사탕을 많이 먹었는지 입 속 여기 저기 세균들이 자라나고 있어요. 세균들이 치아를 썩게 만들기 전에 칫솔을 이용해 세균들을 소탕해야 해요. 입 속 임의의 위치에서 나타났다가 사라지는 세균들을 15마리보다 많이 제거하면 반짝 반짝 빛나는 치아가 된답니다. 만약 제거한 세균이 15마리보다 적으면 치아가 썩게 되니 주의하세요!

게임 코딩하기

❶ 'Scrach 3.0' 프로그램을 실행한 후 '10_세균소탕(예제).sb3' 파일을 불러옵니다.

❷ '세균' 스프라이트를 선택한 후 프로그램이 시작되면 '세균' 변수를 생성하고 개체를 무대에서 숨기기 위해 [이벤트], [변수], [형태] 블록 팔레트에서 블록을 드래그하여 그림과 같이 코딩합니다.

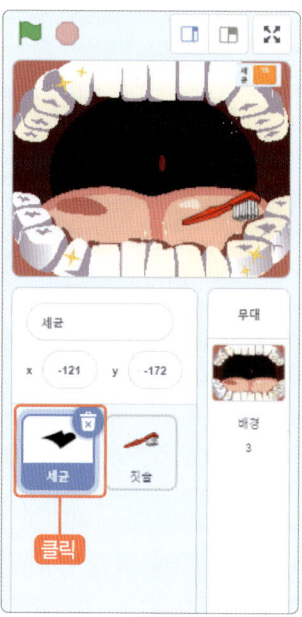

❸ '칫솔' 스프라이트를 선택한 후 프로그램이 시작되면 시작 위치로 이동하여 "세균 없애기 시작!"을 말하고 '양치질' 신호를 보내기 위해 [이벤트], [동작], [형태] 블록 팔레트에서 블록을 드래그하여 그림과 같이 코딩합니다.

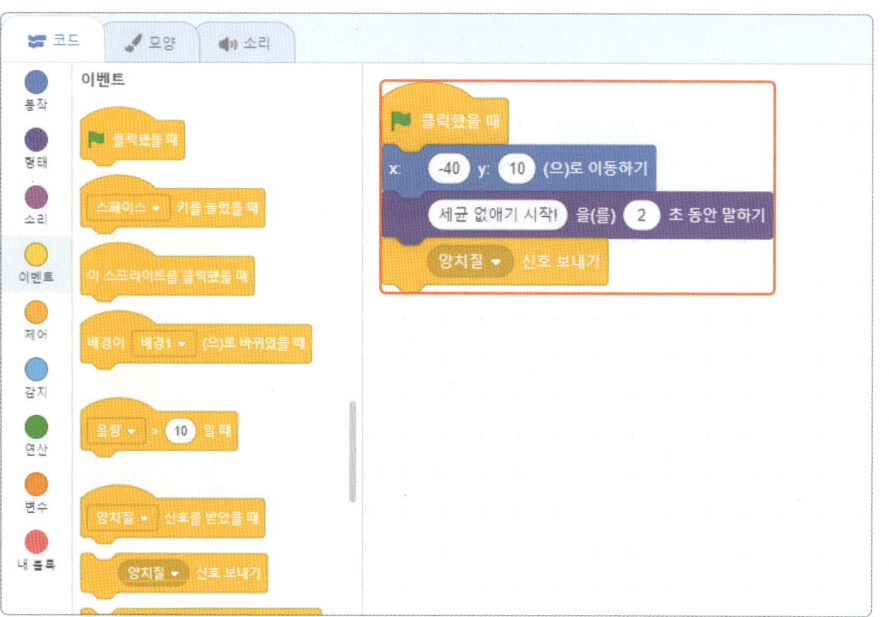
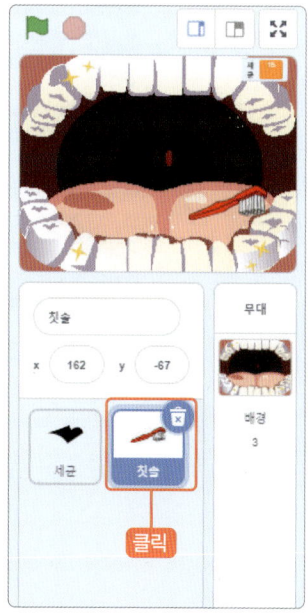

❹ '양치질' 신호를 받으면 계속 반복하여 순서를 맨 앞쪽으로 변경하고 마우스 포인터를 따라 이동하기 위해 [이벤트], [제어], [형태], [동작] 블록 팔레트에서 블록을 드래그하여 그림과 같이 코딩합니다.

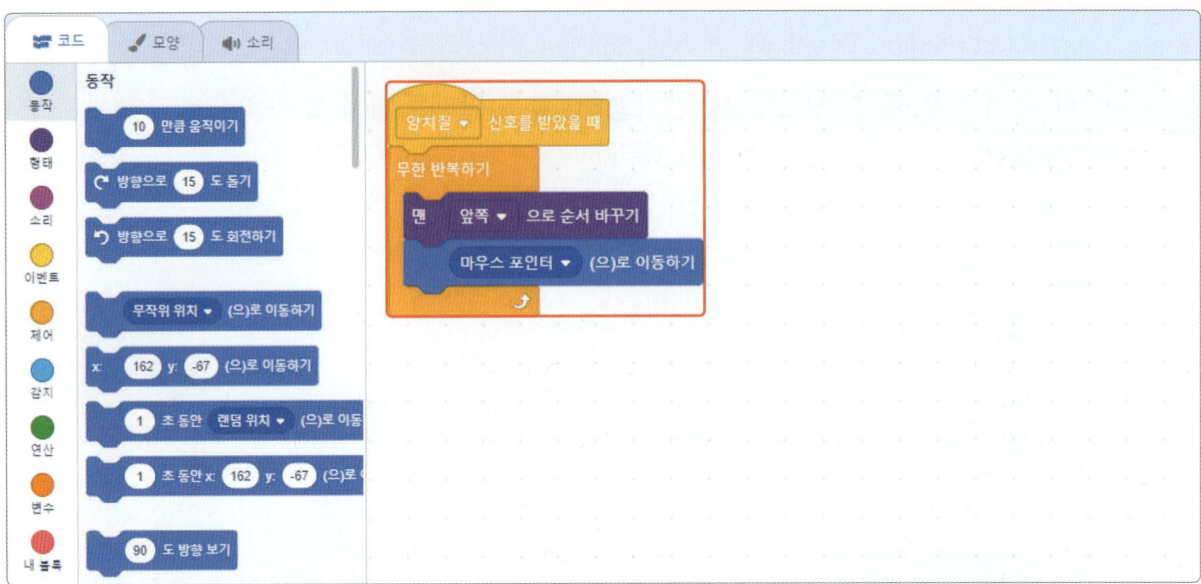

❺ 마우스의 'x좌푯값'이 '0'보다 작으면 모양을 '칫솔1'로 변경하고 그렇지 않으면 '칫솔2'로 변경하기 위해 [제어], [연산], [감지], [형태] 블록 팔레트에서 블록을 드래그하여 그림과 같이 코딩합니다.

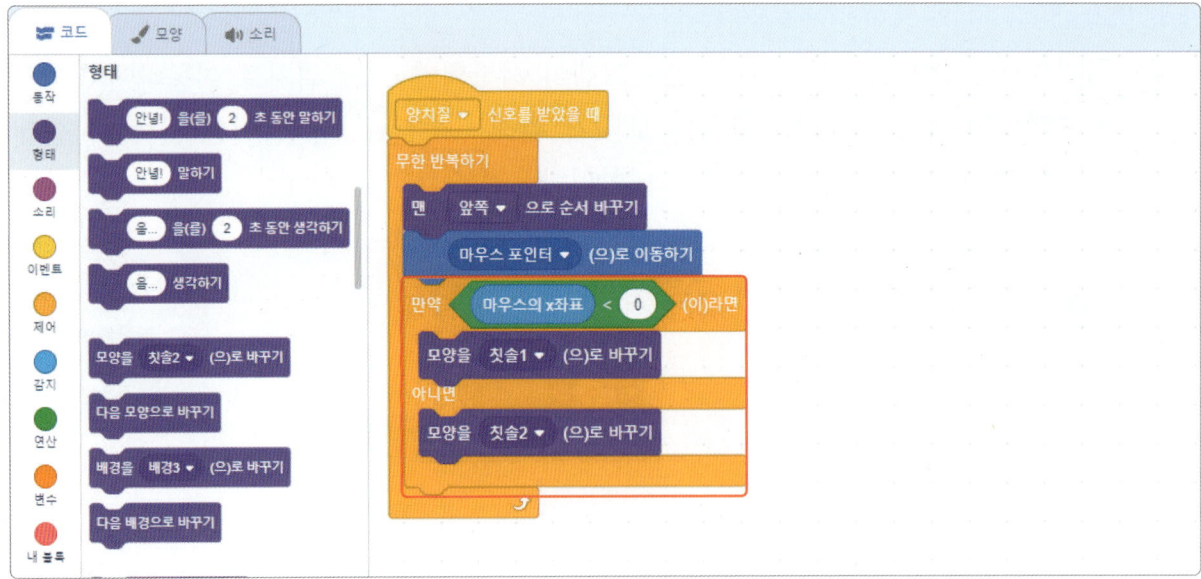

x좌푯값이 '0'이 되는 위치는 무대의 중간 지점입니다. 중간 지점을 기준으로 '칫솔'의 손잡이 방향이 변경되도록 하기 위해 마우스의 x좌푯값에 따라 '칫솔'의 모양을 변경합니다.

❻ '세균' 스프라이트를 선택한 후 '양치질' 신호를 받으면 '20'번 반복하여 임의의 시간 간격으로 나 자신('세균')을 복제하고 '종료' 신호를 보내기 위해 [이벤트], [제어], [연산] 블록 팔레트에서 블록을 드래그하여 그림과 같이 코딩합니다.

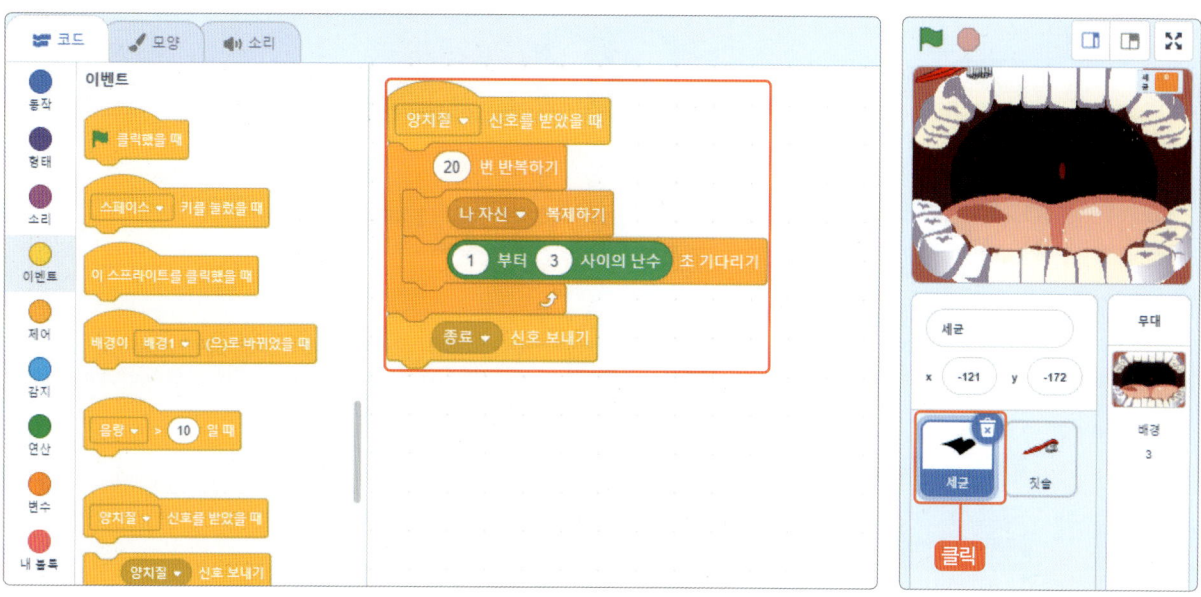

❼ 복제본이 생성되면 '위치' 변숫값을 '1'~'6'의 난수로 지정하기 위해 [제어], [변수], [연산] 블록 팔레트에서 블록을 드래그하여 그림과 같이 코딩합니다.

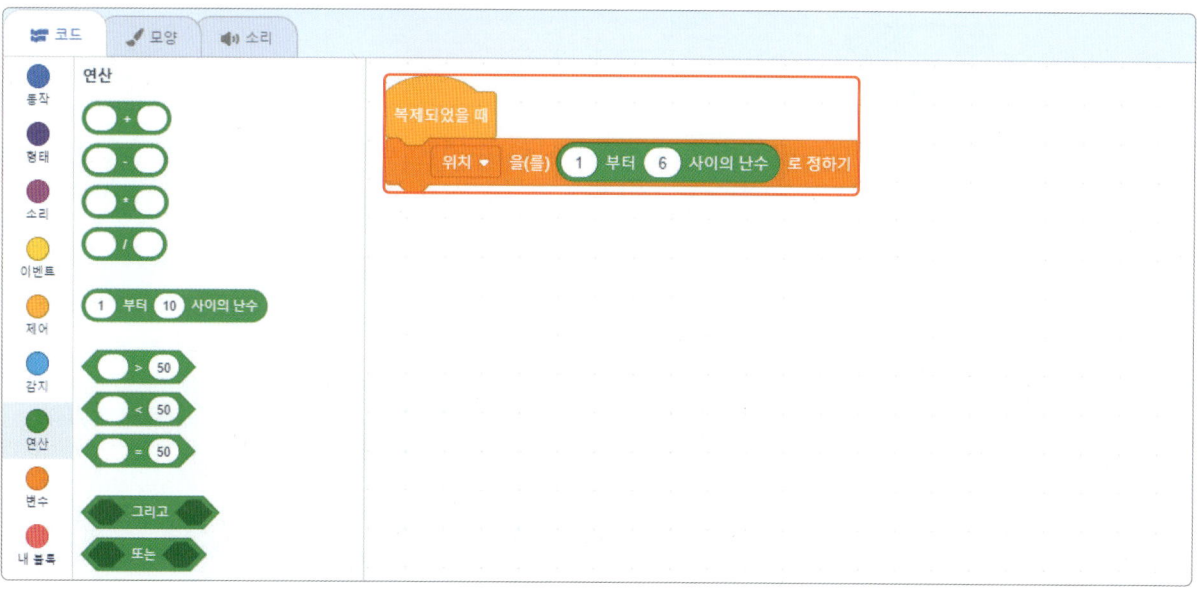

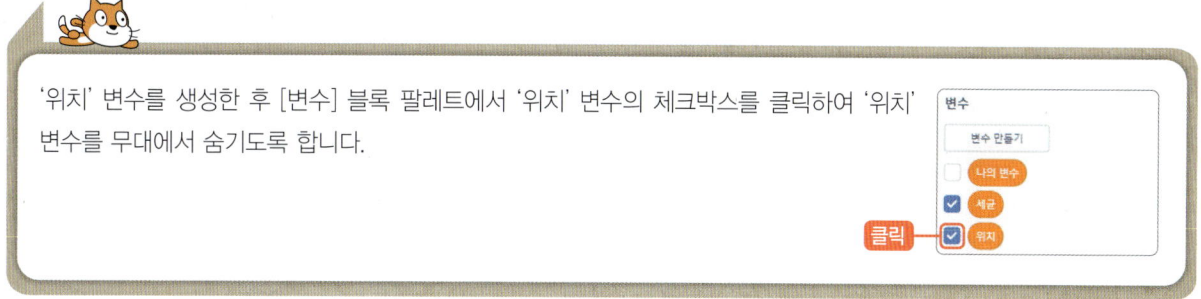

'위치' 변수를 생성한 후 [변수] 블록 팔레트에서 '위치' 변수의 체크박스를 클릭하여 '위치' 변수를 무대에서 숨기도록 합니다.

CHAPTER 10 세균 소탕하기 _ **069**

❽ '위치' 변숫값에 따라 '세균'이 일정 범위 내의 임의의 위치로 이동하도록 하기 위해 [제어], [연산], [변수], [동작] 블록 팔레트에서 블록을 드래그하여 그림과 같이 코딩합니다.

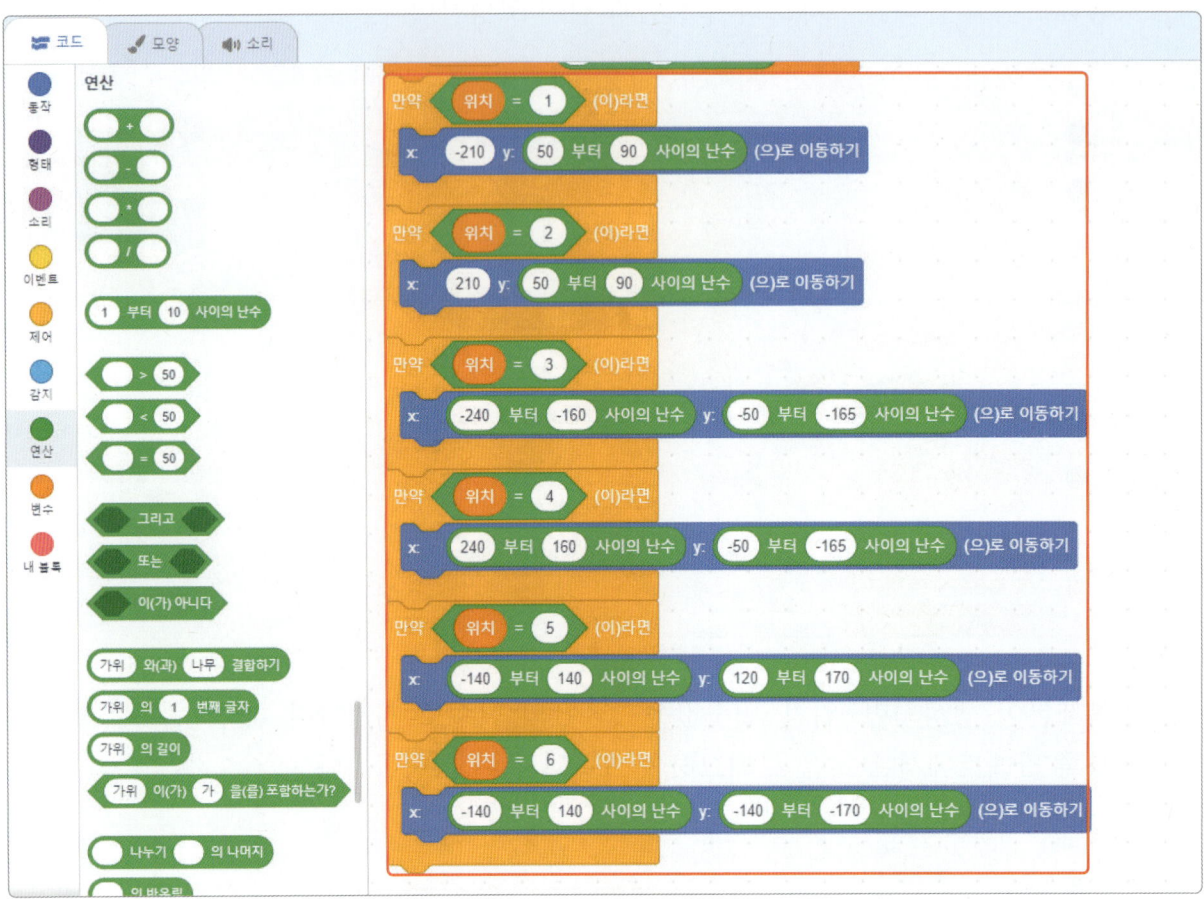

❾ 이어서 모양을 임의로 변경하고 무대에 나타나 임의의 시간 후 복제본을 삭제하기 위해 [형태], [연산], [제어] 블록 팔레트에서 블록을 드래그하여 그림과 같이 코딩합니다.

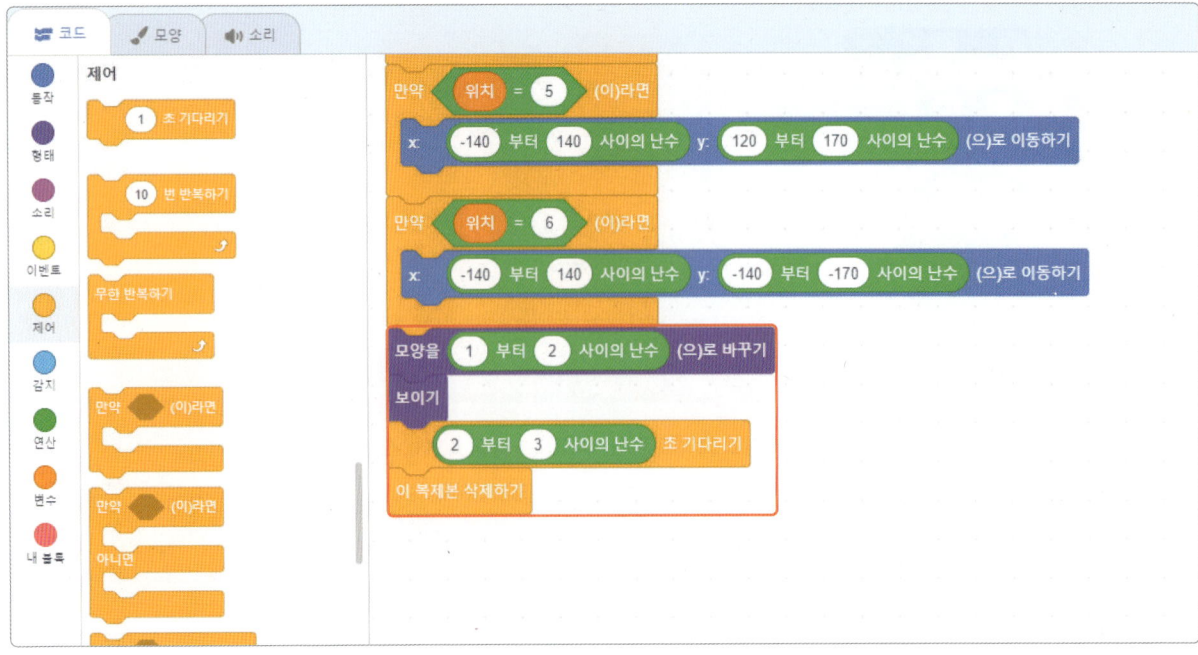

⑩ 복제본이 생성되면 계속 반복하여 '칫솔'에 닿았을 때 마우스를 클릭하면 '세균' 변숫값을 증가한 후 복제본을 삭제하기 위해 [제어], [연산], [감지], [변수] 블록 팔레트에서 블록을 드래그하여 그림과 같이 코딩합니다.

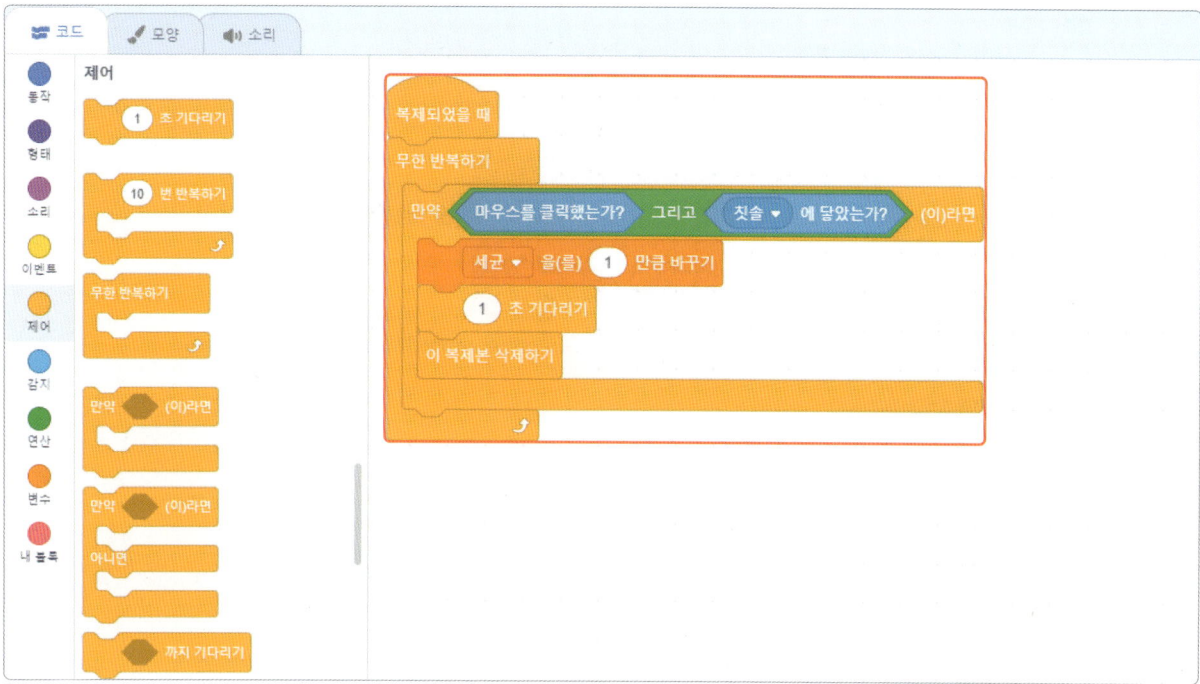

⑪ '칫솔' 스프라이트를 선택한 후 '종료' 신호를 받았을 때 '세균' 변숫값이 '15'보다 크면 배경을 '배경3'으로 변경하고 "캬~상쾌해~"를 말하도록 하기 위해 [이벤트], [제어], [연산], [변수], [형태] 블록 팔레트에서 블록을 드래그하여 그림과 같이 코딩합니다.

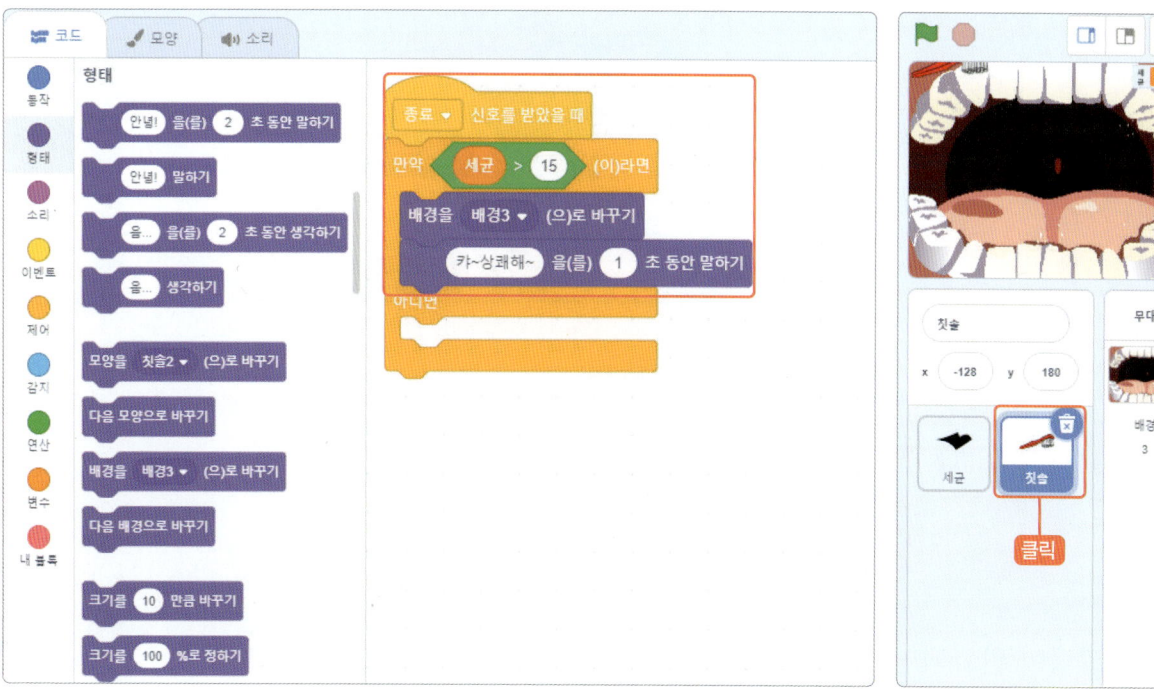

⓬ '세균' 변숫값이 '15'보다 크지 않으면 배경을 '배경2'로 변경하고 "윽 썩었네 ㅠㅠ"를 말하도록 하기 위해 [형태] 블록 팔레트에서 블록을 드래그하여 그림과 같이 코딩합니다.

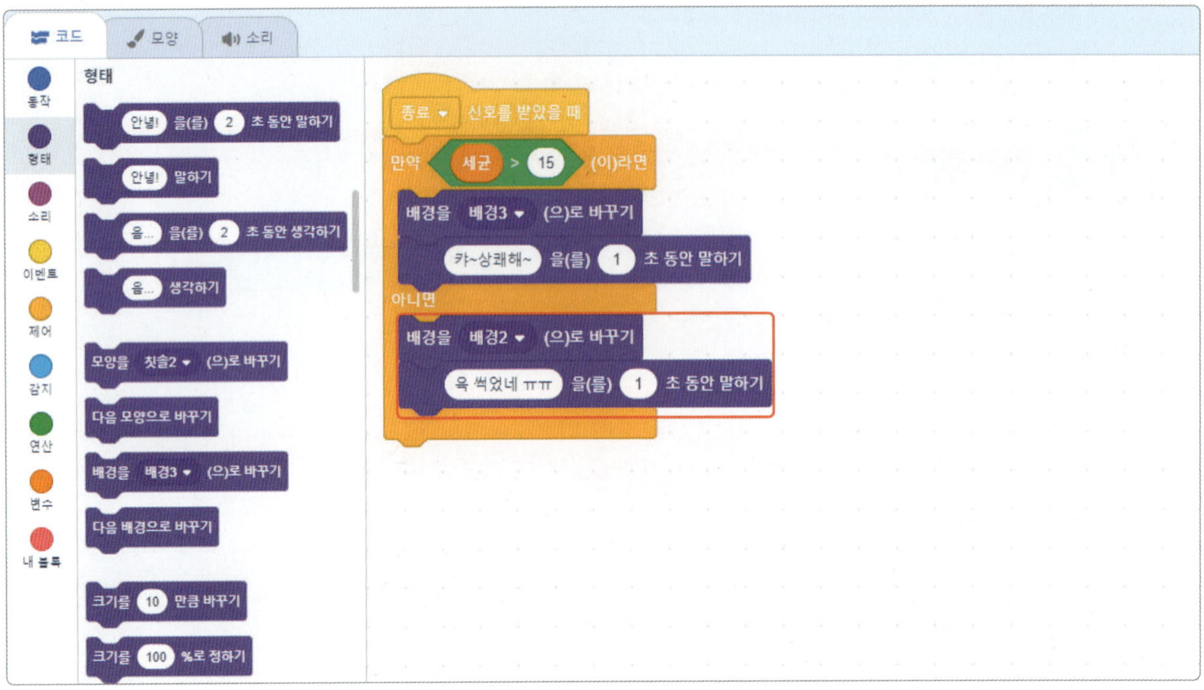

⓭ 이어서 프로그램을 종료하기 위해 [제어] 블록 팔레트에서 블록을 드래그하여 그림과 같이 코딩합니다.

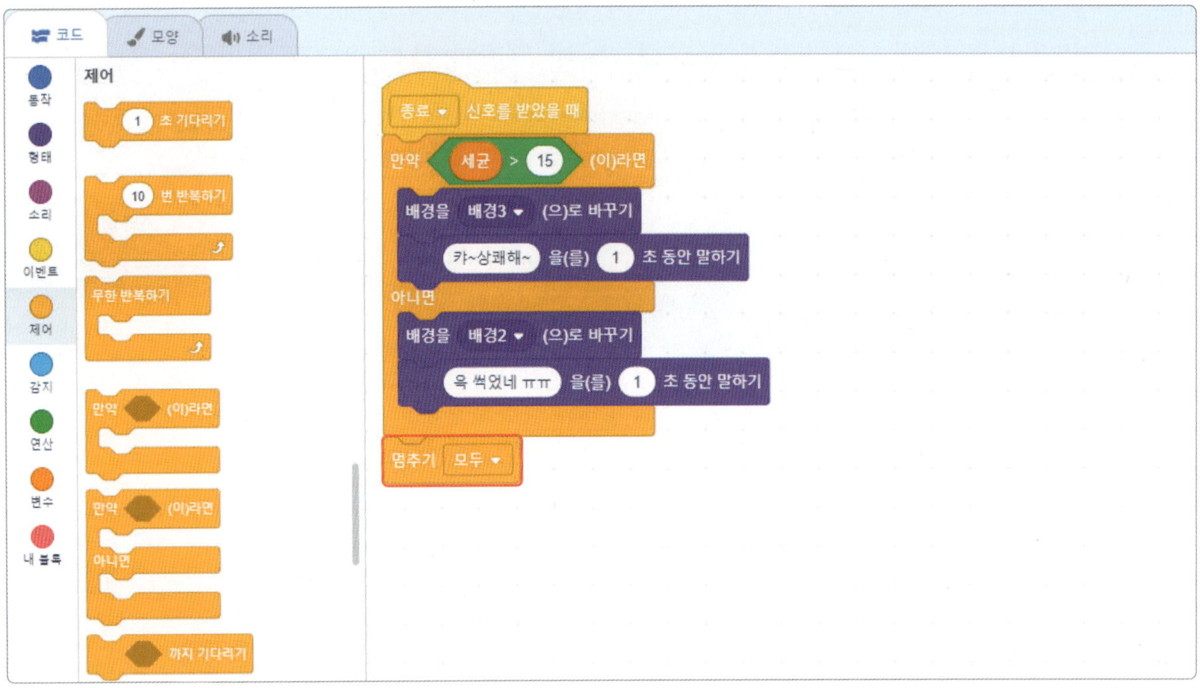

⓮ 코딩이 완료되면 [시작하기(🏁)]를 클릭하여 게임을 진행해 봅니다.

Chapter 10 더 만들어 보기

예제 1
예제 파일을 불러와 다음의 조건에 맞게 코딩을 완성해 보세요.

조건
① '우주인'은 마우스 포인터를 따라 이동하고 마우스의 x좌푯값에 따라 모양을 변경합니다.
② '별'은 복제되어 임의의 위치로 이동하고 '우주인'에 닿았을 때 마우스를 클릭하면 '체력' 변숫값을 증가합니다.
③ '유성'은 복제되어 '위치' 변숫값에 따라 일정 범위 내 임의의 위치로 이동하여 무대에 나타납니다.
④ '유성'은 '우주인'에 닿으면 '체력' 변숫값을 감소한 후 복제본을 삭제합니다.
⑤ '종료' 신호를 받았을 때 '체력' 변숫값이 '8'보다 크면 "우주 정복 성공~!"을 말한 후 프로그램을 종료합니다.

• 예제 파일 : 10_우주정복(예제).sb3   • 완성 파일 : 10_우주정복(완성).sb3

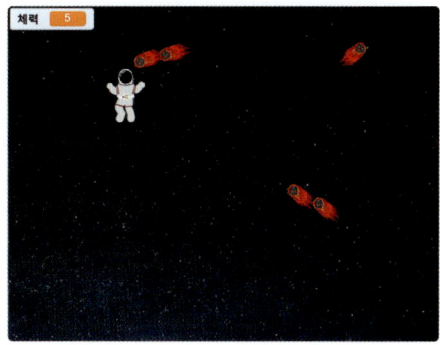

예제 2
예제 파일을 불러와 다음의 조건에 맞게 코딩을 완성해 보세요.

조건
① '펭순이 점수', '펭돌이 점수' 변수를 생성하고 초기 값을 각각 '0'으로 지정합니다.
② '펭순이'는 '방향' 변숫값에 따라 무대 좌우에서 나타나 눈을 던집니다.
③ '펭돌이'는 마우스의 x좌표, 마우스의 y좌표 위치로 계속해서 이동합니다.
④ '펭돌이'는 마우스를 클릭하면 눈을 던지고 '펭순이', '펭돌이'가 눈에 맞으면 변숫값을 증가합니다.
⑤ '종료' 신호를 받았을 때 '펭돌이 점수'가 '펭순이 점수'보다 크면 "얏호~! 이겼다!!"를 말하고 프로그램을 종료합니다.

• 예제 파일 : 10_눈싸움하기(예제).sb3   • 완성 파일 : 10_눈싸움하기(완성).sb3

Chapter 11

잠수함의 보물 찾기

아케이드 게임

학습목표

- 잠수함의 y좌푯값에 따라 보물이 복제되도록 코딩합니다.
- 어뢰는 방향 변숫값에 따라 좌우로 이동하도록 코딩합니다.
- 잠수함은 자신의 y좌푯값에 따라 상하로 이동하도록 코딩합니다.
- 잠수함이 보물에 닿으면 보물 변숫값을 증가하도록 코딩합니다.
- 잠수함이 어뢰에 닿으면 프로그램이 종료되도록 코딩합니다.

• 예제 파일 : 11_보물찾기(예제).sb3   • 완성 파일 : 11_보물찾기(완성).sb3

 **미션** 문제 해결 과제

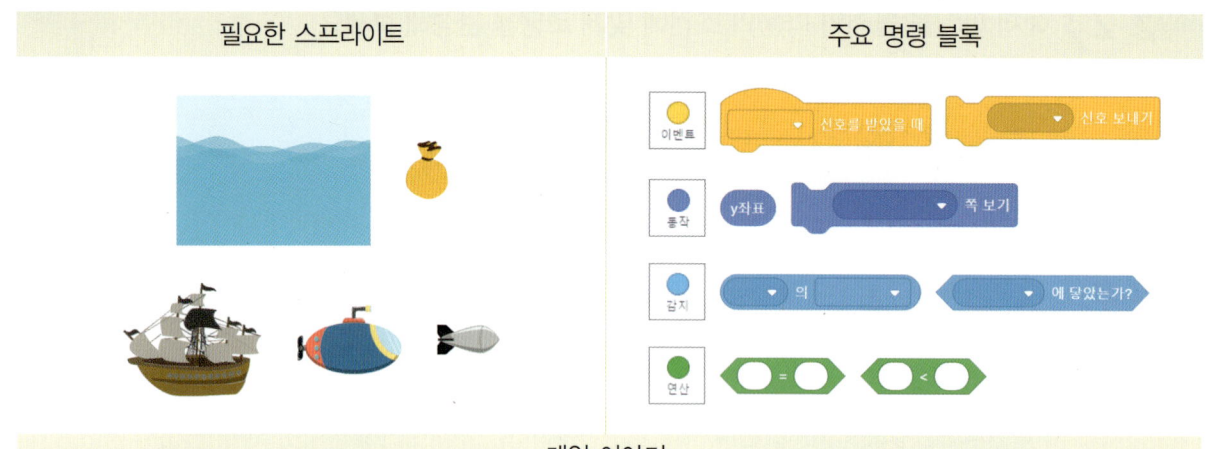

게임 이야기

해적들이 보물선을 타고 바다를 항해하고 있어요. 바닷속에는 해적을 쫓아다니는 잠수함이 보물선을 감시하고 있답니다. 보물선 안에는 잠수함에서 보낸 비밀요원이 숨어 있어, 해적들이 훔친 보물들을 바다로 떨어뜨리고 있어요. 떨어지는 보물을 10개 획득하여 부자가 되어 보세요. 잠수함이 어뢰에 닿으면 폭파하니 어뢰를 피해 보물을 획득해야 해요!

1 게임 코딩하기

❶ 'Scrach 3.0' 프로그램을 실행한 후 '11_보물찾기(예제).sb3' 파일을 불러옵니다.

❷ '잠수함' 스프라이트를 선택한 후 프로그램이 시작되면 회전 방식을 '좌우'로 지정하고 오른쪽 방향을 바라본 후 시작 위치로 이동하기 위해 **[이벤트]**, **[동작]** 블록 팔레트에서 블록을 드래그하여 그림과 같이 코딩합니다.

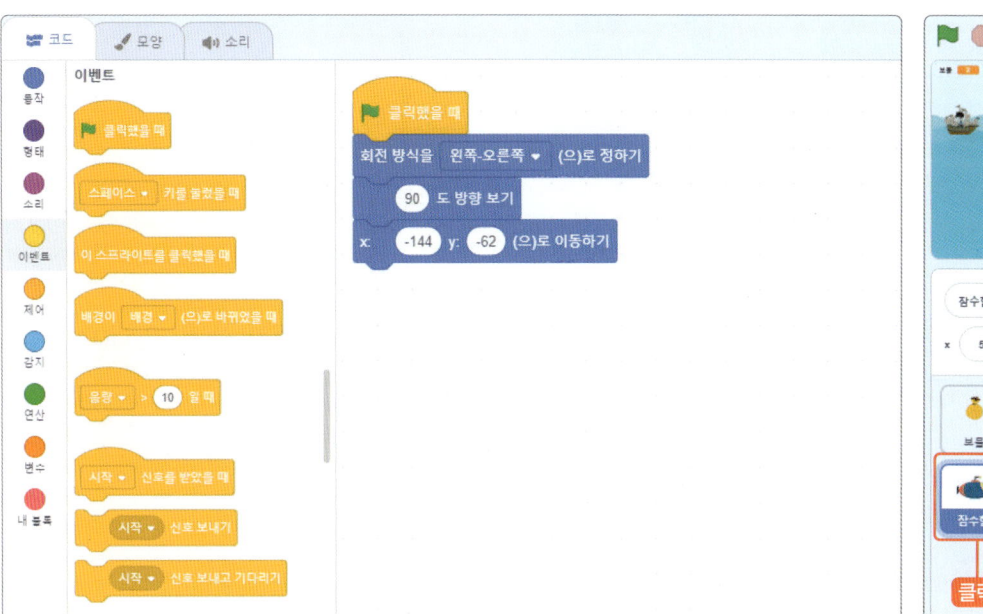

❸ 모양을 '기본' 모양으로 변경하고 "보물 찾으러 출발!!"을 말한 후 '시작' 신호를 보내기 위해 **[형태]**, [이벤트] 블록 팔레트에서 블록을 드래그하여 그림과 같이 코딩합니다.

CHAPTER 11 잠수함의 보물 찾기 _ **075**

④ '시작' 신호를 받으면 계속 반복하여 개체의 'y좌표'가 '32'보다 작으면 마우스 포인터 쪽을 바라보며 이동하고 그렇지 않으면 반대 방향으로 이동하기 위해 [이벤트], [제어], [연산], [동작] 블록 팔레트에서 블록을 드래그하여 그림과 같이 코딩합니다.

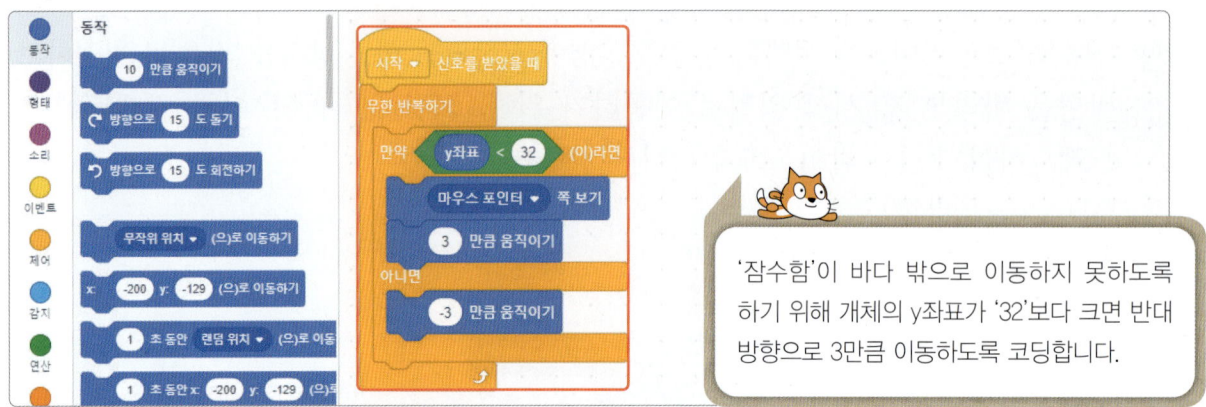

'잠수함'이 바다 밖으로 이동하지 못하도록 하기 위해 개체의 y좌표가 '32'보다 크면 반대 방향으로 3만큼 이동하도록 코딩합니다.

⑤ 이어서 '시작' 신호를 받으면 계속 반복하여 '어뢰'에 닿았을 때 모양을 '폭파' 모양으로 변경한 후 프로그램을 종료하기 위해 [이벤트], [제어], [감지], [형태] 블록 팔레트에서 블록을 드래그하여 그림과 같이 코딩합니다.

⑥ '보물' 변숫값이 '10'이면 '종료' 신호를 보내기 위해 [제어], [연산], [변수], [이벤트] 블록 팔레트에서 블록을 드래그하여 그림과 같이 코딩합니다.

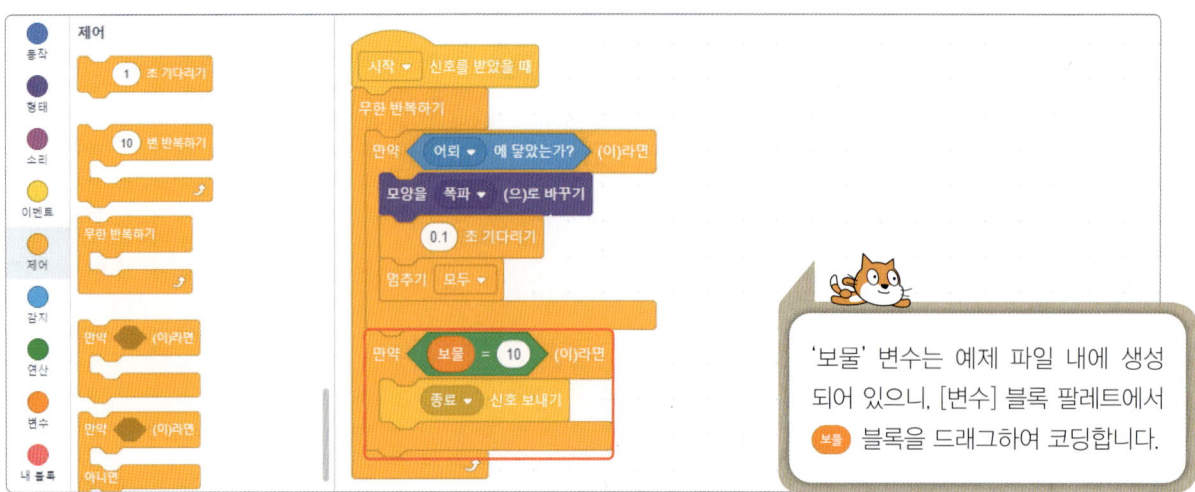

'보물' 변수는 예제 파일 내에 생성되어 있으니, [변수] 블록 팔레트에서 보물 블록을 드래그하여 코딩합니다.

7. '종료' 신호를 받으면 개체의 다른 스크립트를 종료하고 "나는 이제 부자다~!"를 말한 후 프로그램을 종료하기 위해 [이벤트], [제어], [동작], [형태] 블록 팔레트에서 블록을 드래그하여 그림과 같이 코딩합니다.

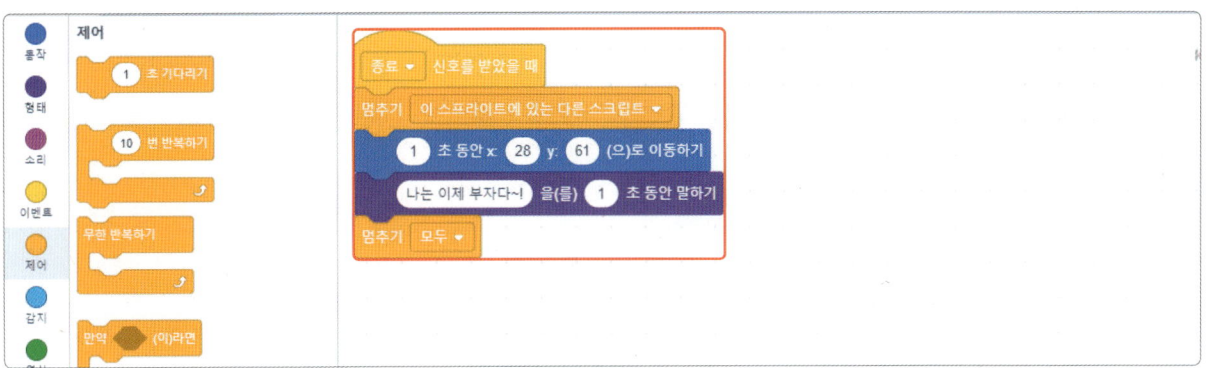

8. '보물' 스프라이트를 선택한 후 '시작' 신호를 받으면 계속 반복하여 '잠수함'의 'y좌표'가 '-120'보다 작으면 '3'초 간격으로 나 자신('보물')을 복제하기 위해 [이벤트], [제어], [연산], [감지] 블록 팔레트에서 블록을 드래그하여 그림과 같이 코딩합니다.

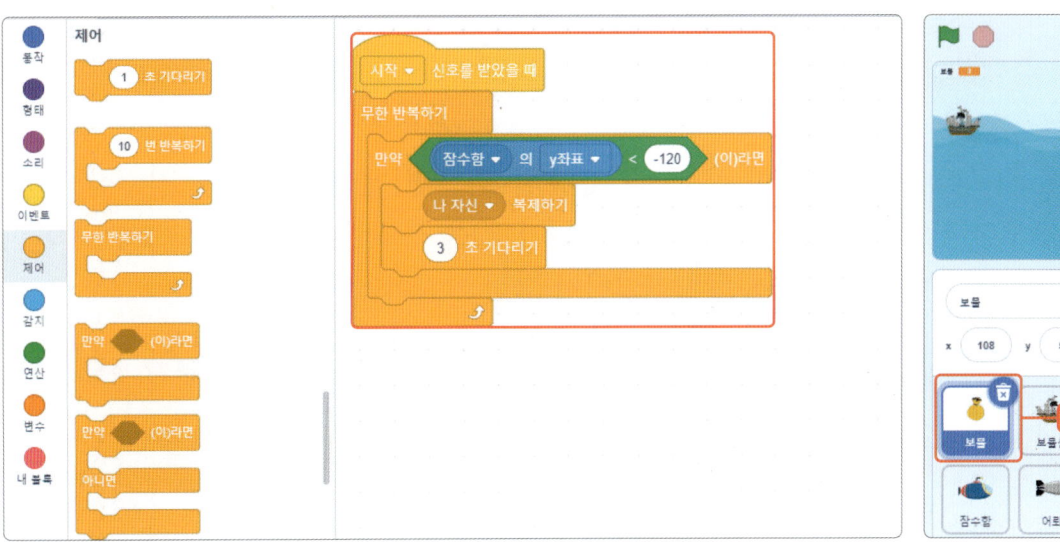

9. 복제본이 생성되면 '보물선' 위치로 이동한 후 무대에 나타나도록 하기 위해 [제어], [동작], [형태] 블록 팔레트에서 블록을 드래그하여 그림과 같이 코딩합니다.

CHAPTER 11 잠수함의 보물 찾기 _ **077**

⑩ 무대의 '벽'에 닿을 때까지 아래쪽으로 '3'만큼 이동하다 '잠수함'에 닿으면 '보물' 변숫값을 증가한 후 복제본을 삭제하기 위해 [제어], [감지], [동작], [변수] 블록 팔레트에서 블록을 드래그하여 그림과 같이 코딩합니다.

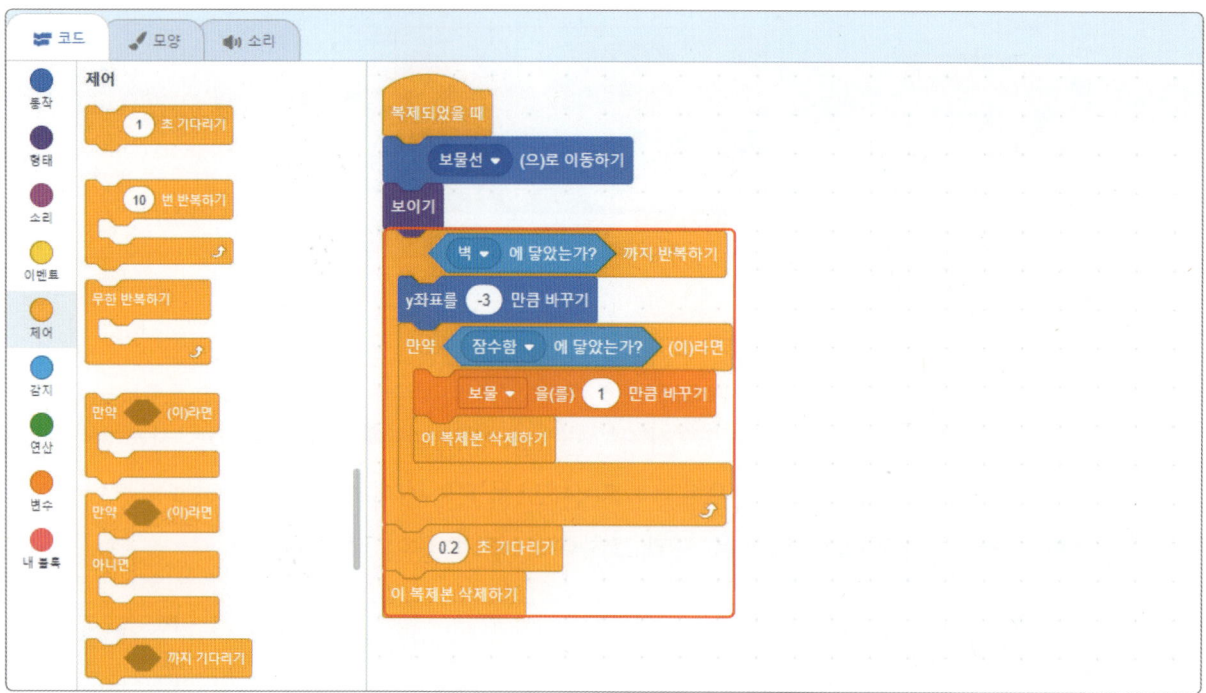

⑪ '어뢰' 스프라이트를 선택한 후 '시작' 신호를 받으면 계속 반복하여 '잠수함'의 'y좌표'가 '-120'보다 작으면 '3'초 간격으로 나 자신('어뢰')을 복제하기 위해 [이벤트], [제어], [연산], [감지] 블록 팔레트에서 블록을 드래그하여 그림과 같이 코딩합니다.

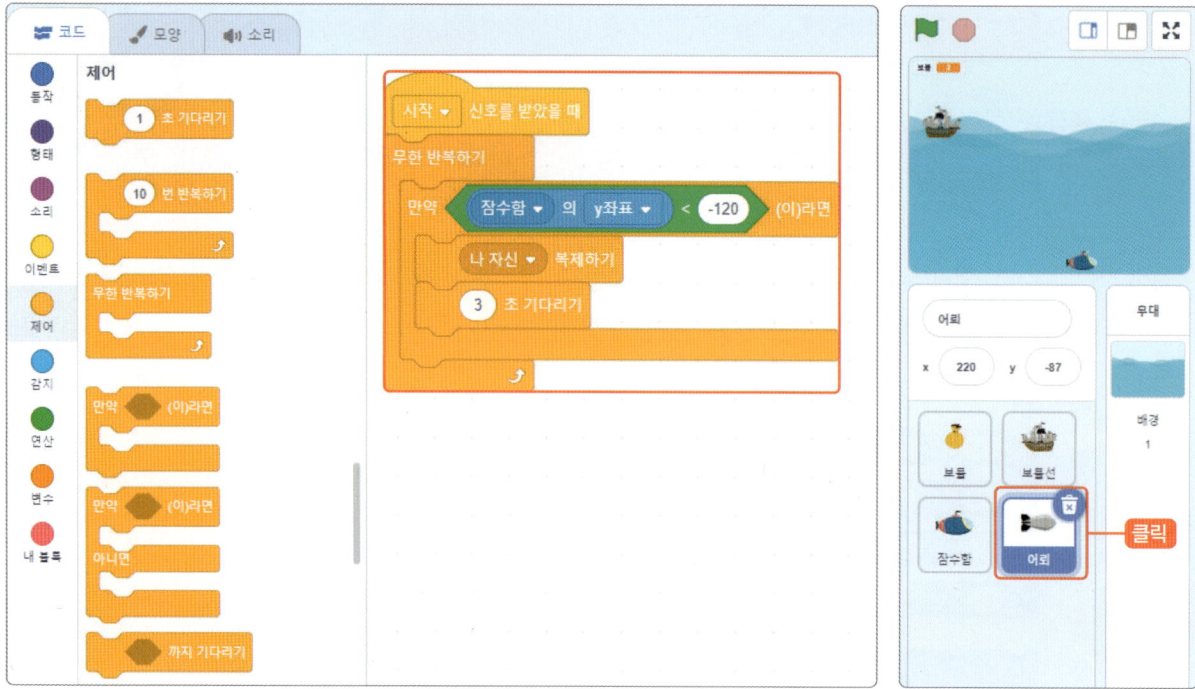

⑫ 복제본이 생성되면 '방향' 변수를 생성하고 변수의 초기 값을 '1'~'2' 사이의 난수로 지정한 후 '방향' 변숫값에 따라 '어뢰'의 위치와 방향을 지정하기 위해 [제어], [변수], [연산], [동작] 블록 팔레트에서 블록을 드래그하여 그림과 같이 코딩합니다.

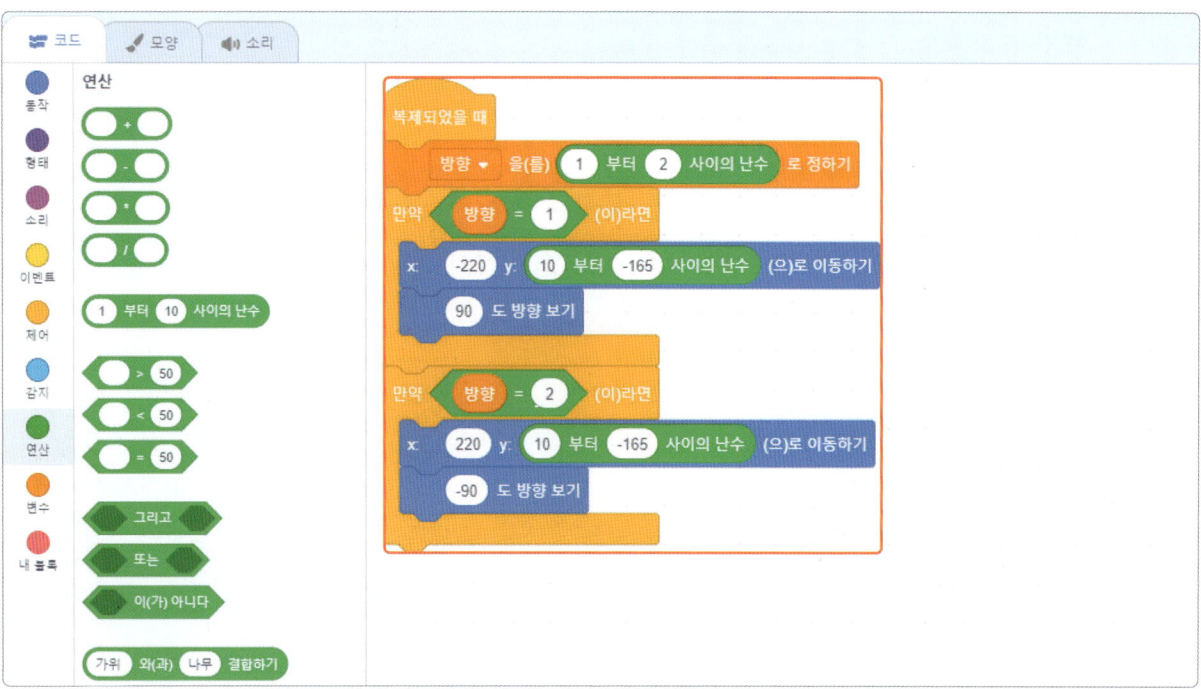

⑬ 이어서 '잠수함' 쪽을 바라보고 무대에 나타나 무대의 '벽'에 닿을 때까지 이동 방향으로 이동한 후 복제본을 삭제하기 위해 [동작], [형태], [제어], [감지] 블록 팔레트에서 블록을 드래그하여 그림과 같이 코딩합니다.

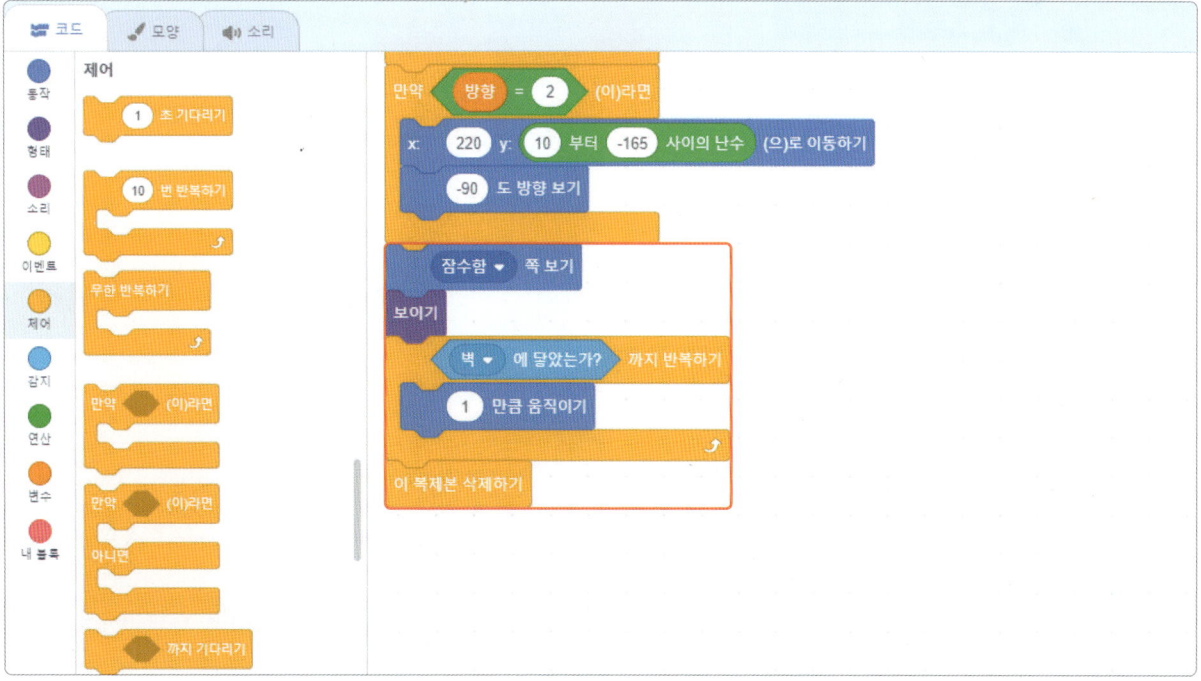

⓮ '보물선' 스프라이트를 선택한 후 '시작' 신호를 받으면 무대에 나타나 계속 반복하여 '5'만큼 이동하다가 무대의 '벽'에 닿으면 방향을 변경하기 위해 [이벤트], [형태], [제어], [동작] 블록 팔레트에서 블록을 드래그하여 그림과 같이 코딩합니다.

⓯ '종료' 신호를 받으면 개체의 다른 스크립트를 종료하고 '보물선'을 무대에서 숨기기 위해 [이벤트], [제어], [형태] 블록 팔레트에서 블록을 드래그하여 그림과 같이 코딩합니다.

⓰ 코딩이 완료되면 [시작하기(🚩)]를 클릭하여 게임을 진행해 봅니다.

Chapter 11 더 만들어 보기

예제 1 예제 파일을 불러와 다음의 조건에 맞게 코딩을 완성해 보세요.

조건
① '군인'은 자신의 y좌푯값이 '65'보다 작으면 마우스 포인터 쪽으로 이동하고 '헬리콥터'는 무대 좌우로 이동합니다.
② '수류탄'은 '군인'의 y좌푯값에 따라 복제되어 무대의 '벽'에 닿으면 '수류탄' 변숫값을 증가합니다.
③ '방사능'은 '군인'의 y좌푯값에 따라 복제되어 '방향' 변숫값에 따라 무대 좌우에서 나타나 '군인' 쪽을 바라보며 이동합니다.
④ '수류탄'이 '군인'에 닿으면 프로그램을 종료합니다.

• 예제 파일 : 11_수류탄 피하기(예제).sb3   • 완성 파일 : 11_수류탄 피하기(완성).sb3

예제 2 예제 파일을 불러와 다음의 조건에 맞게 코딩을 완성해 보세요.

조건
① '박쥐'는 자신의 x좌푯값 범위에 따라 마우스 포인터 쪽으로 이동합니다.
② '해골'은 '박쥐'의 y좌푯값에 따라 복제되어 '유령'의 위치에서 나타나 아래쪽으로 이동합니다.
③ '호박'은 '박쥐'의 y좌푯값에 따라 복제되어 '방향' 변숫값에 따라 무대 좌우에서 나타나 이동합니다.
④ '호박'이 '박쥐'에 닿으면 '호박' 변숫값을 증가하고 '해골'이 '박쥐'에 닿으면 프로그램을 종료합니다.

• 예제 파일 : 11_호박 사냥꾼(예제).sb3   • 완성 파일 : 11_호박 사냥꾼(완성).sb3

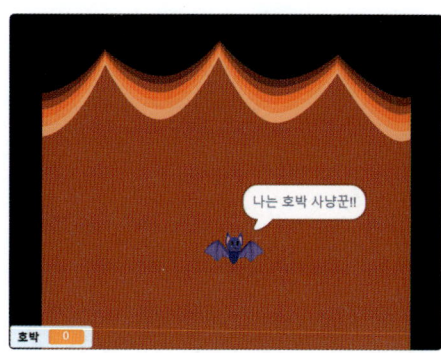
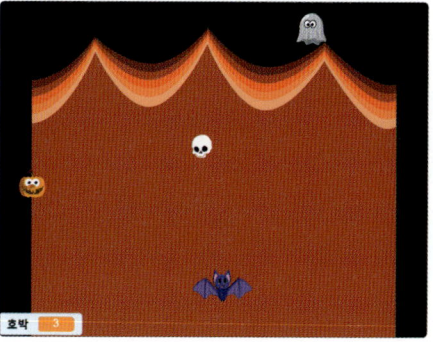

Chapter 12 즐거운 게임 코딩 ②
비행 전투 게임

다음의 조건을 이용해 코딩을 완성해 보세요.

① '전투기'는 키보드의 상하좌우 방향키로 이동을 제어하고 'h' 키를 누르면 잠시 사라졌다가 나타납니다.
② '스페이스' 키를 누르면 '무기'가 복제되어 위쪽으로 이동하고 '적', '적보스'에 닿으면 '점수' 변숫값을 증가합니다.
③ '전투기'가 '적보스', '적보스 무기', '적'에 닿으면 모양을 변경하고 프로그램이 종료됩니다.
④ '점수' 변숫값이 '15'보다 크면 '적보스'가 나타나고 '점수' 변숫값이 '60'보다 크면 프로그램이 종료됩니다.

• 예제 파일 : 12_비행 전투(예제).ent   • 완성 파일 : 12_비행 전투(완성).ent

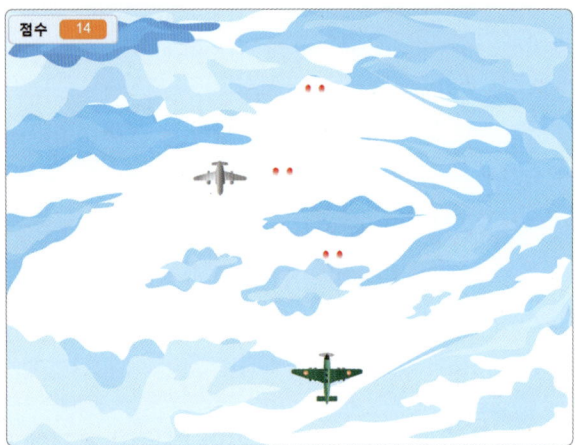
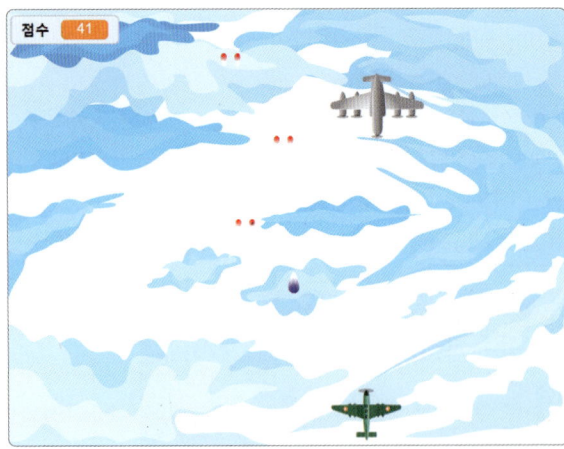

⭐ 게임 코딩 이야기

❶ '전투기' 스프라이트를 선택한 후 프로그램이 시작되면 모양을 변경하고 "전투기 게임 시작"을 말한 후 '시작' 신호를 보내도록 코딩합니다.

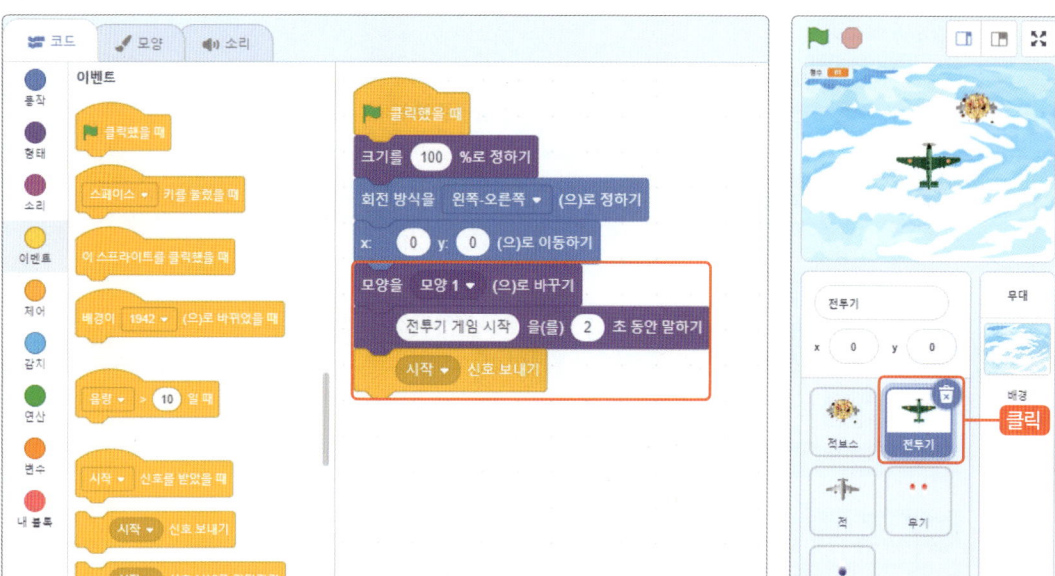

❷ 계속 반복하여 '점수' 변숫값이 '60'보다 큰지 확인하고 '60'보다 크다면 '종료' 신호를 보내도록 코딩합니다.

❸ '시작' 신호를 받으면 계속 반복하여 키보드의 방향키로 '전투기'의 움직임을 제어하고 무대의 '벽'에 닿으면 방향을 변경하도록 코딩합니다.

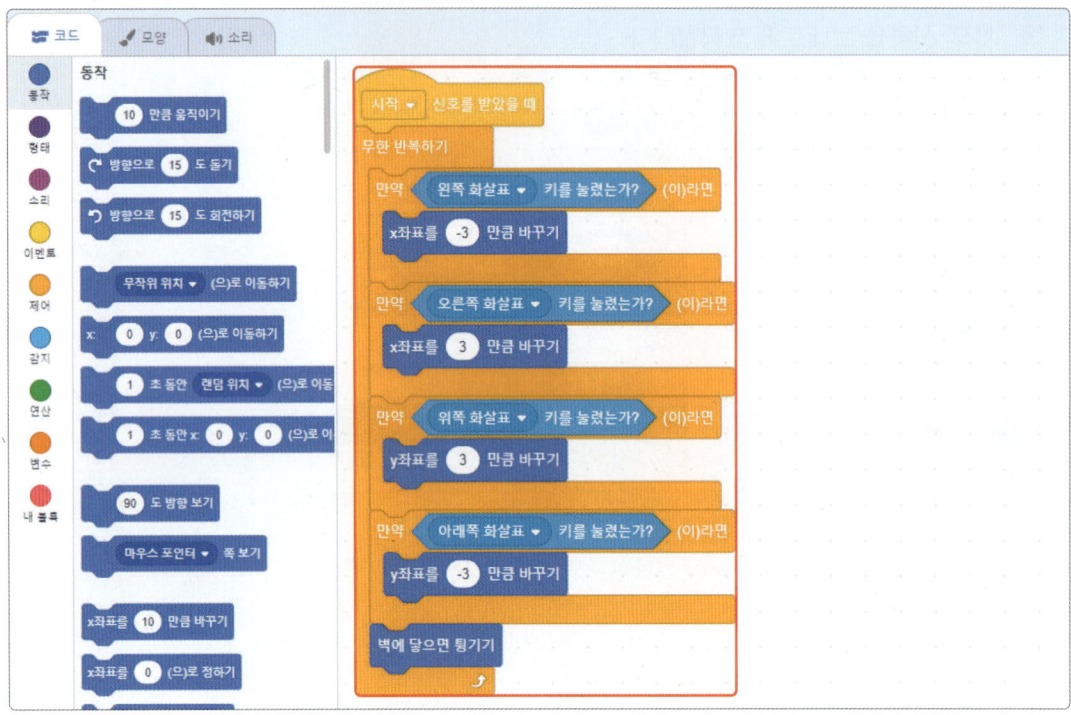

❹ '시작' 신호를 받았을 때 키보드의 'h' 키를 누르면 '전투기'가 무대에서 사라졌다가 다시 나타나도록 코딩합니다.

재미 up 창의력 up

❺ '시작' 신호를 받았을 때 '적보스' 또는 '적보스 무기' 또는 '적'에 닿으면 모양을 변경한 후 프로그램이 종료되도록 코딩합니다.

❻ '시작' 신호를 받았을 때 '스페이스' 키를 누르면 '0.5'초 간격으로 '무기'를 복제하도록 코딩합니다.

❼ '종료' 신호를 받으면 개체의 다른 스크립트를 종료하고 무대 중앙으로 이동하도록 코딩합니다.

CHAPTER 12 즐거운 게임 코딩 ❷ _ **085**

❽ 이어서 '10'번 반복하여 시계 방향으로 회전하며 크기를 키운 후 "아군 승리"를 말하도록 코딩합니다.

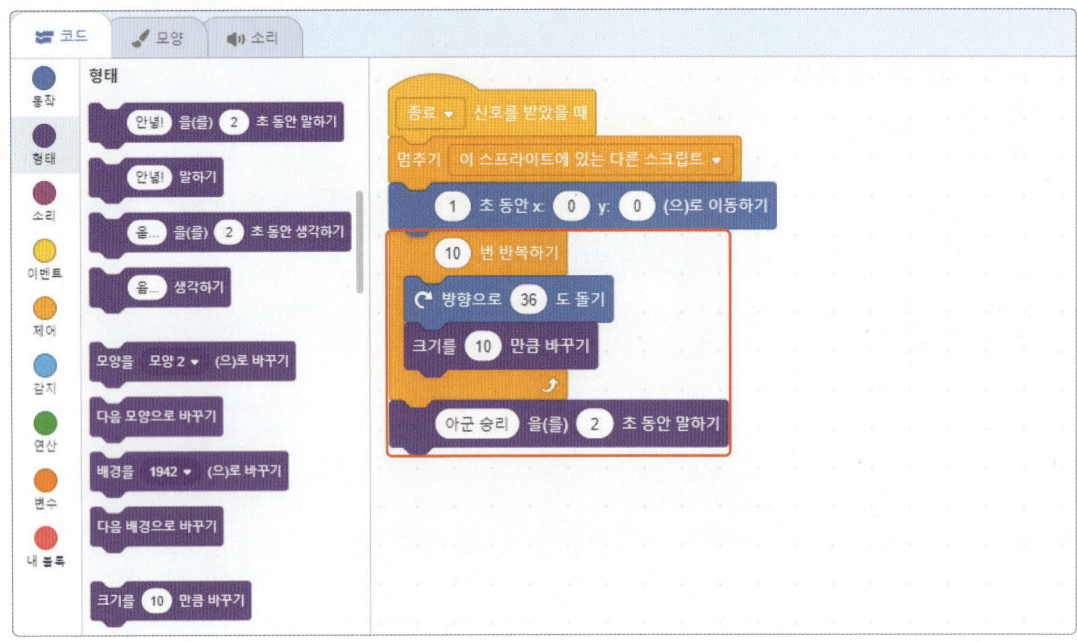

❾ '무기' 스프라이트를 선택한 후 복제본이 생성되면 '전투기' 위치로 이동하여 무대에 나타나도록 코딩합니다.

❿ 무대의 '벽'에 닿을 때까지 위쪽으로 이동하다가 '적'에 닿으면 '점수' 변숫값을 '1'만큼 증가하고 복제본을 삭제하도록 코딩합니다.

⓫ '적보스'에 닿으면 '점수' 변숫값을 '5'만큼 증가한 후 복제본을 삭제하고 무대의 '벽'에 닿으면 복제본을 삭제하도록 코딩합니다.

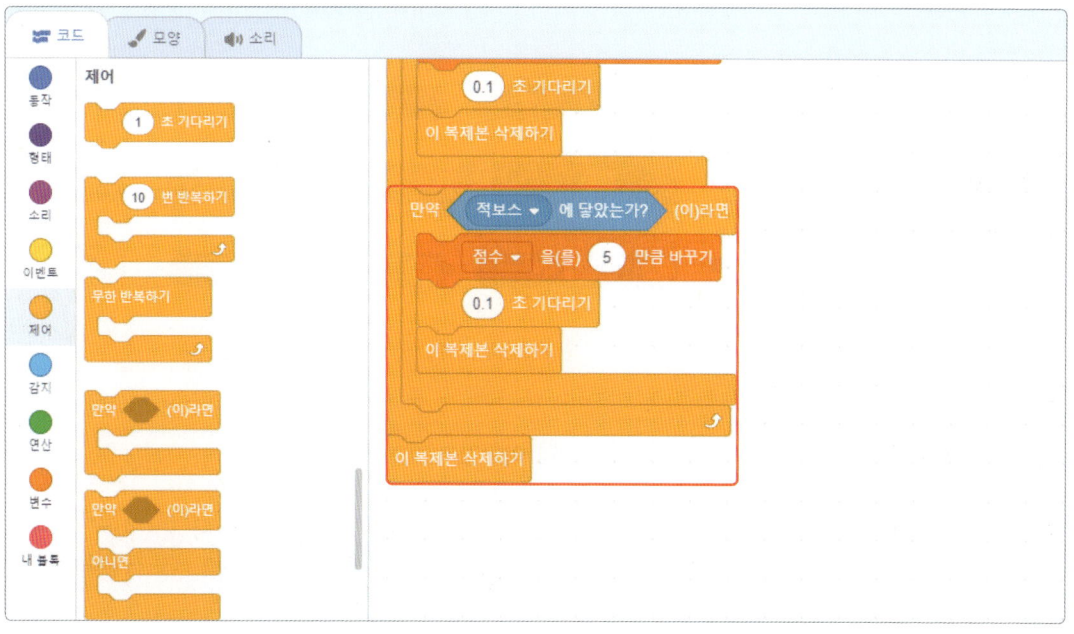

Chapter 13

고양이 피해 치즈 먹기

아케이드 게임

학습목표

- 포인트는 바닥에 닿지 않으면 아래쪽으로 이동하도록 코딩합니다.
- 포인트가 바닥에 닿으면 점프 변숫값이 0이 되도록 코딩합니다.
- 키보드의 좌우 방향키를 이용하여 포인트의 움직임 방향을 제어하도록 코딩합니다.
- 제리는 포인트를 따라 이동하고 톰에 닿으면 프로그램이 종료되도록 코딩합니다.
- 점수 변숫값이 9보다 커지면 무대에 구멍이 나타나도록 코딩합니다.

· 예제 파일 : 13_톰과제리(예제).sb3   · 완성 파일 : 13_톰과제리(완성).sb3

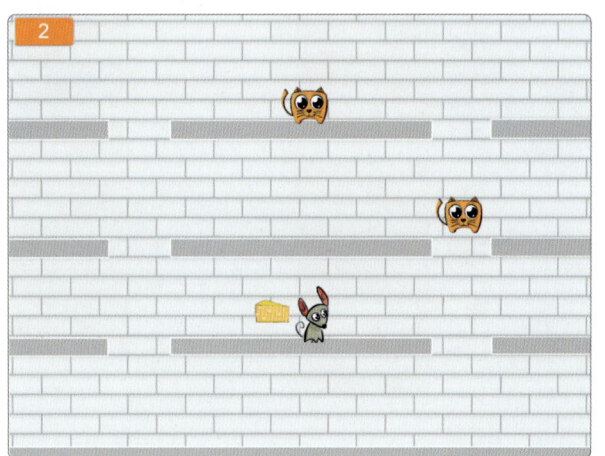

 **미션 문제 해결 과제**

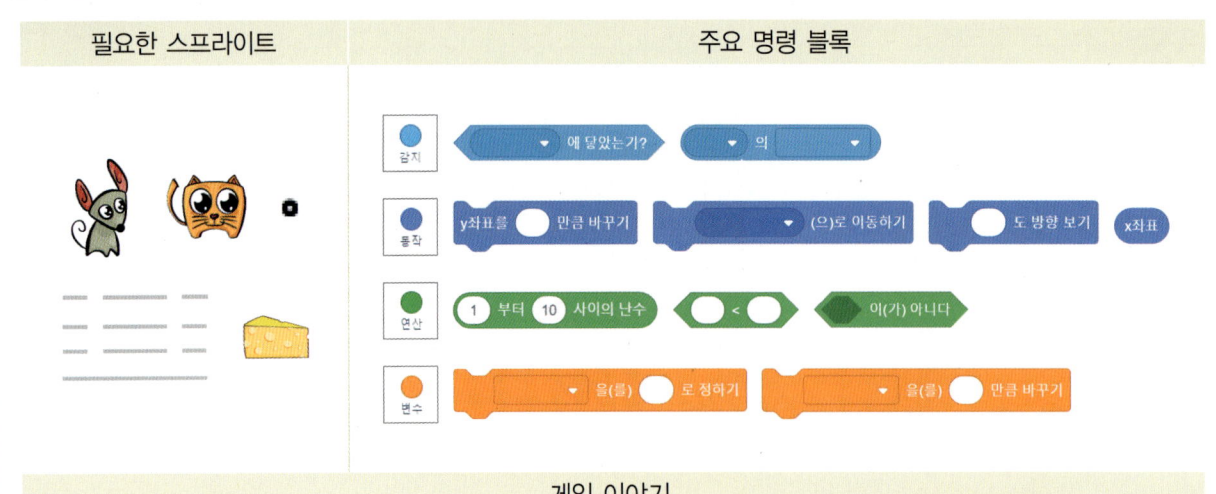

게임 이야기

배고픈 제리가 치즈를 찾아 이곳 저곳 돌아다니고 있어요. 치즈는 임의의 위치에서 나타났다가 사라지는데, 치즈가 사라지기 전에 빨리 움직여 치즈를 먹어야 해요. 여기 저기서 나타나 움직이는 톰에 닿으면 제리가 목숨을 잃게 되니 톰을 피해 배고픈 제리가 치즈를 먹을 수 있도록 도와주세요.

1 게임 코딩하기

❶ 'Scrach 3.0' 프로그램을 실행한 후 '13_톰과제리(예제).sb3' 파일을 불러옵니다.

❷ '포인트' 스프라이트를 선택한 후 프로그램이 시작되면 오른쪽을 바라보고 '바닥'에 닿지 않으면 계속해서 아래쪽으로 이동하고 '바닥'에 닿으면 '점프' 변숫값을 '0'으로 지정하기 위해 [이벤트], [동작], [제어], [연산], [감지], [변수] 블록 팔레트에서 블록을 드래그하여 그림과 같이 코딩합니다.

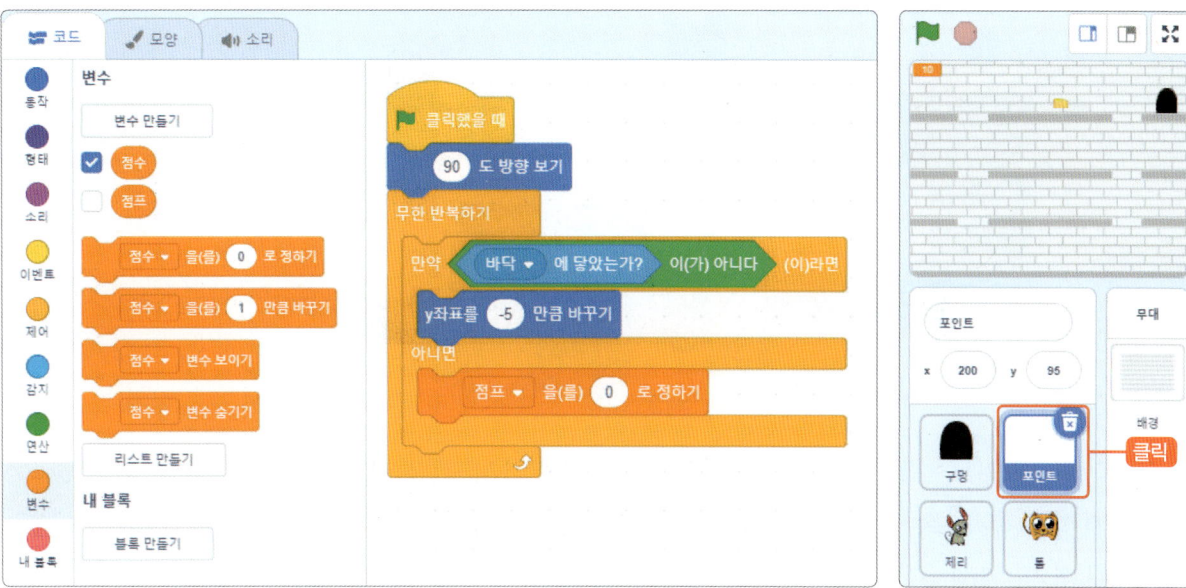

❸ '제리' 스프라이트를 선택합니다. 프로그램이 시작되면 오른쪽을 바라보고 시작 위치로 이동한 후 '점수' 변숫값을 '0'으로 지정하고 무대에 나타나 '게임시작' 신호를 보내기 위해 [이벤트], [동작], [변수], [형태] 블록 팔레트에서 블록을 드래그하여 그림과 같이 코딩합니다.

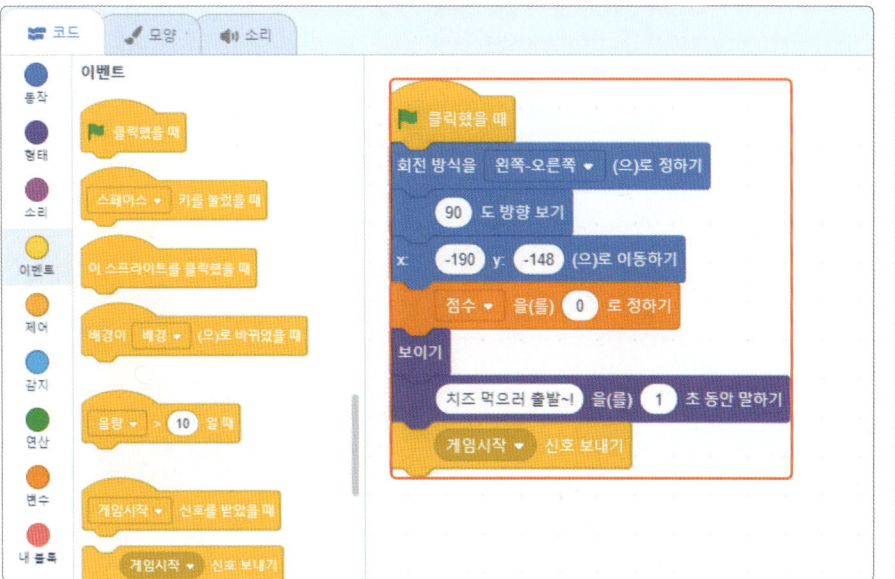
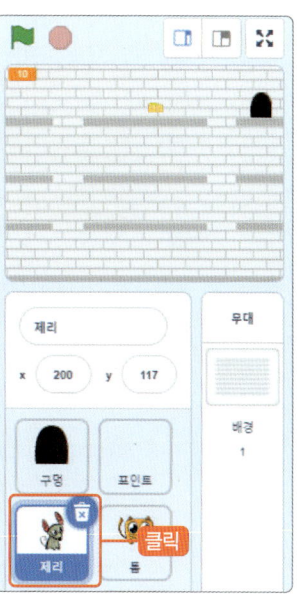

④ 계속 반복하여 '포인트'의 '방향'을 바라보며 '포인트'를 따라 이동하도록 하기 위해 [제어], [동작], [감지] 블록 팔레트에서 블록을 드래그하여 그림과 같이 코딩합니다.

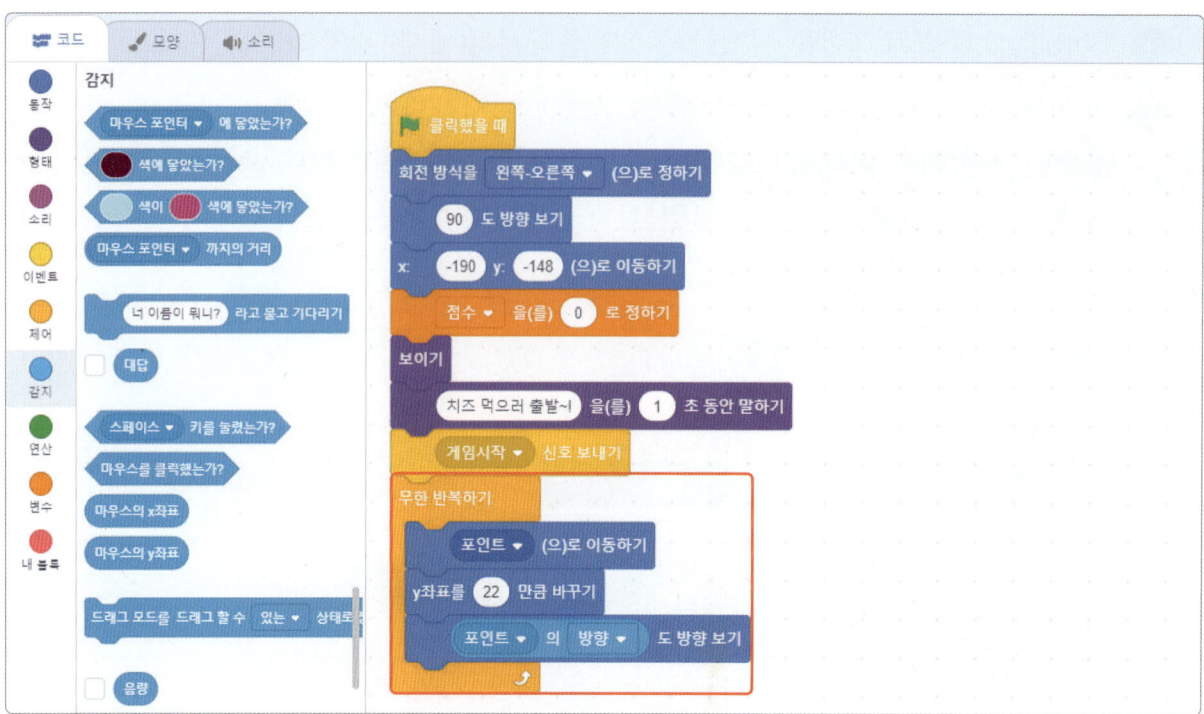

⑤ 다시 '포인트' 스프라이트를 선택합니다. '게임시작' 신호를 받으면 '점프' 변숫값을 '0'으로 지정한 후 계속 반복하여 위쪽 화살표 키를 눌렀을 때 '점프' 변숫값이 '0'이면 '점프' 신호를 보내기 위해 [이벤트], [변수], [제어], [감지], [연산] 블록 팔레트에서 블록을 드래그하여 그림과 같이 코딩합니다.

❻ '왼쪽 화살표' 키를 누르면 왼쪽 방향을 바라보고 x좌푯값이 '-220'보다 크면 왼쪽으로 이동하고 '오른쪽 화살표' 키를 누르면 오른쪽 방향을 바라보고 x좌푯값이 '220'보다 작으면 오른쪽으로 이동하기 위해 [제어], [감지], [동작], [연산] 블록 팔레트에서 블록을 드래그하여 그림과 같이 코딩합니다.

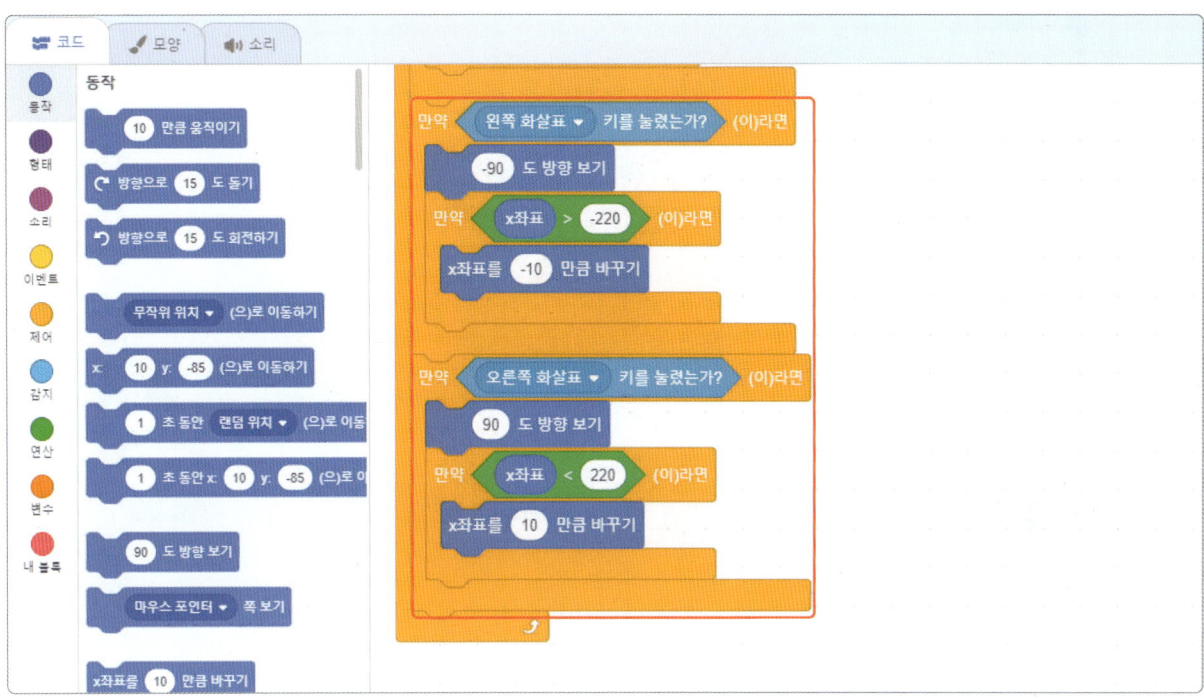

❼ '점프' 신호를 받으면 '점프' 변숫값을 증가하고 '6'번 반복하여 위쪽으로 '20'만큼 이동하기 위해 [이벤트], [변수], [제어], [동작] 블록 팔레트에서 블록을 드래그하여 그림과 같이 코딩합니다.

❽ '제리' 스프라이트를 선택한 후 '게임시작' 신호를 받으면 계속 반복하여 '치즈'에 닿으면 '점수' 변숫값을 증가하고 '치즈' 신호를 보내기 위해 [이벤트], [제어], [감지], [변수] 블록 팔레트에서 블록을 드래그하여 그림과 같이 코딩합니다.

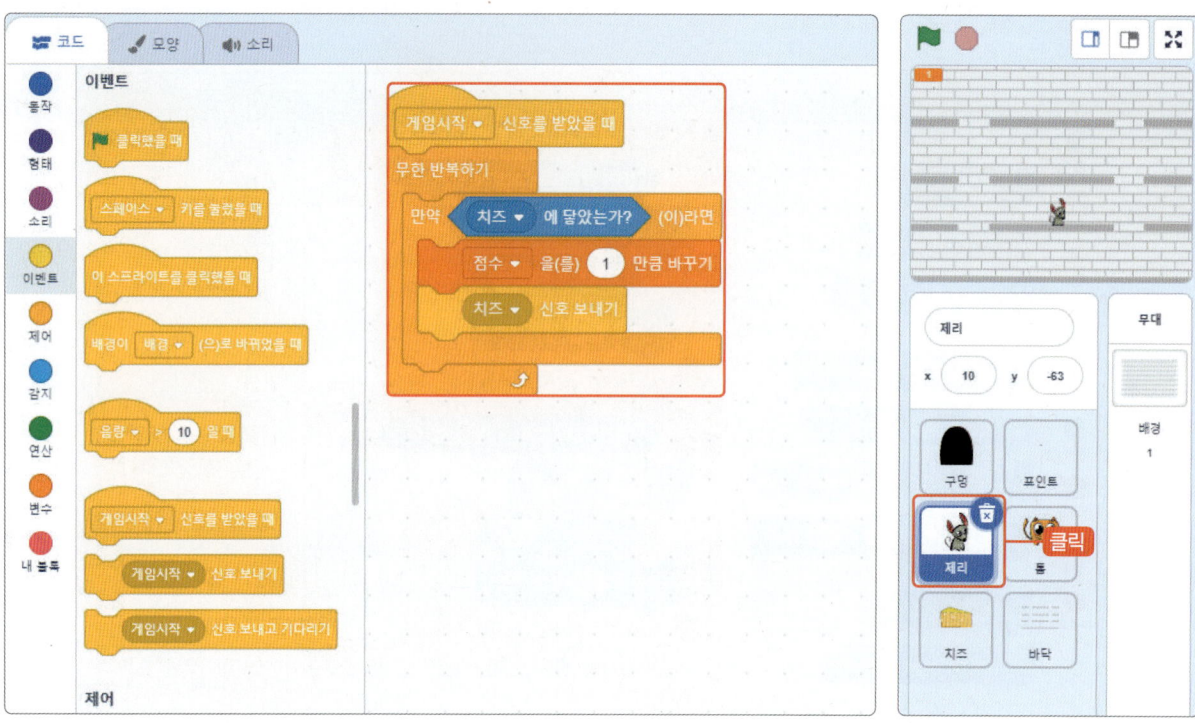

❾ '점수' 변숫값이 '9'보다 크면 '구멍' 신호를 보내고 해당 스크립트를 종료하기 위해 [제어], [연산], [변수], [이벤트] 블록 팔레트에서 블록을 드래그하여 그림과 같이 코딩합니다.

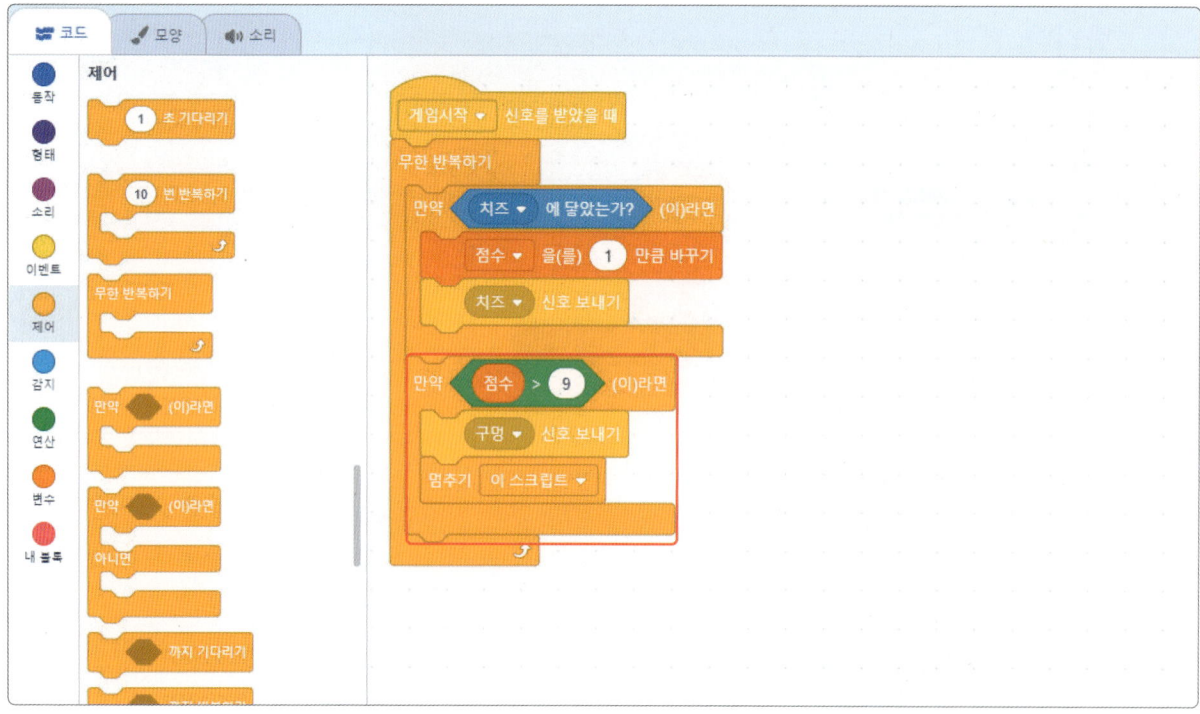

❿ '톰'에 닿으면 "에잇"을 말한 후 프로그램을 종료하기 위해 [제어], [감지], [형태] 블록 팔레트에서 블록을 드래그하여 그림과 같이 코딩합니다.

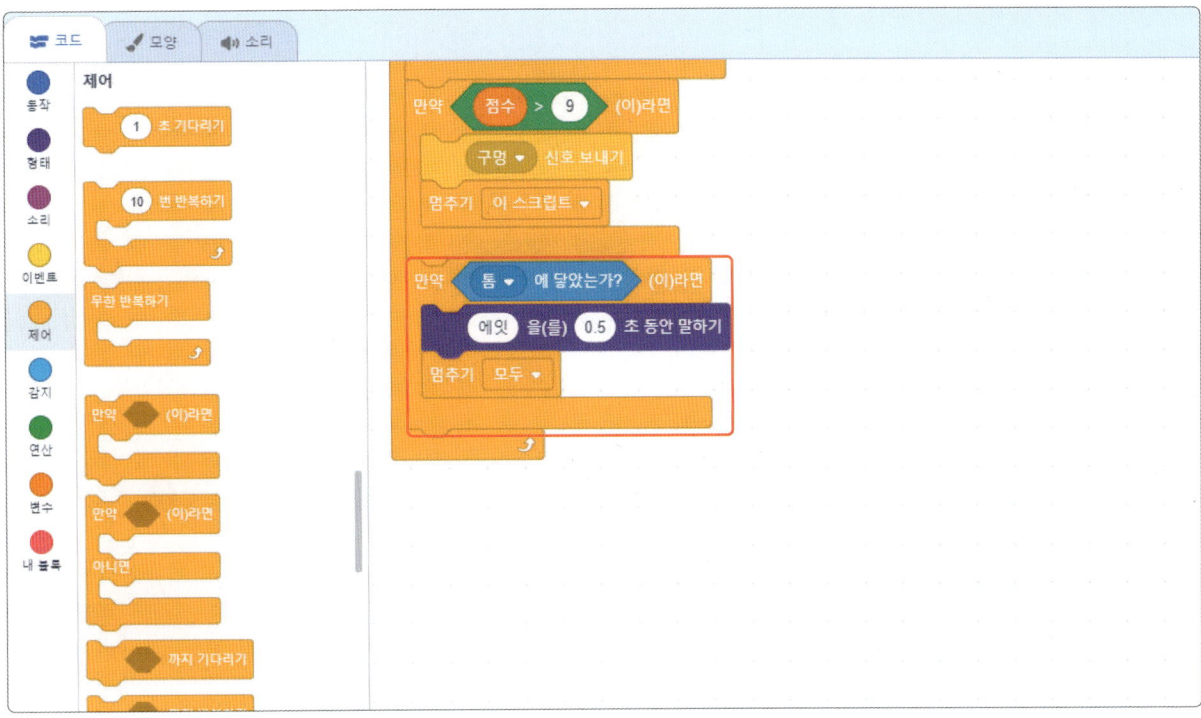

⓫ '구멍' 신호를 받으면 "배부르다~ 집에 가야지!!"를 말하고 '구멍'에 닿을 때까지 기다린 후 프로그램을 종료하기 위해 [이벤트], [형태], [제어], [감지] 블록 팔레트에서 블록을 드래그하여 그림과 같이 코딩합니다.

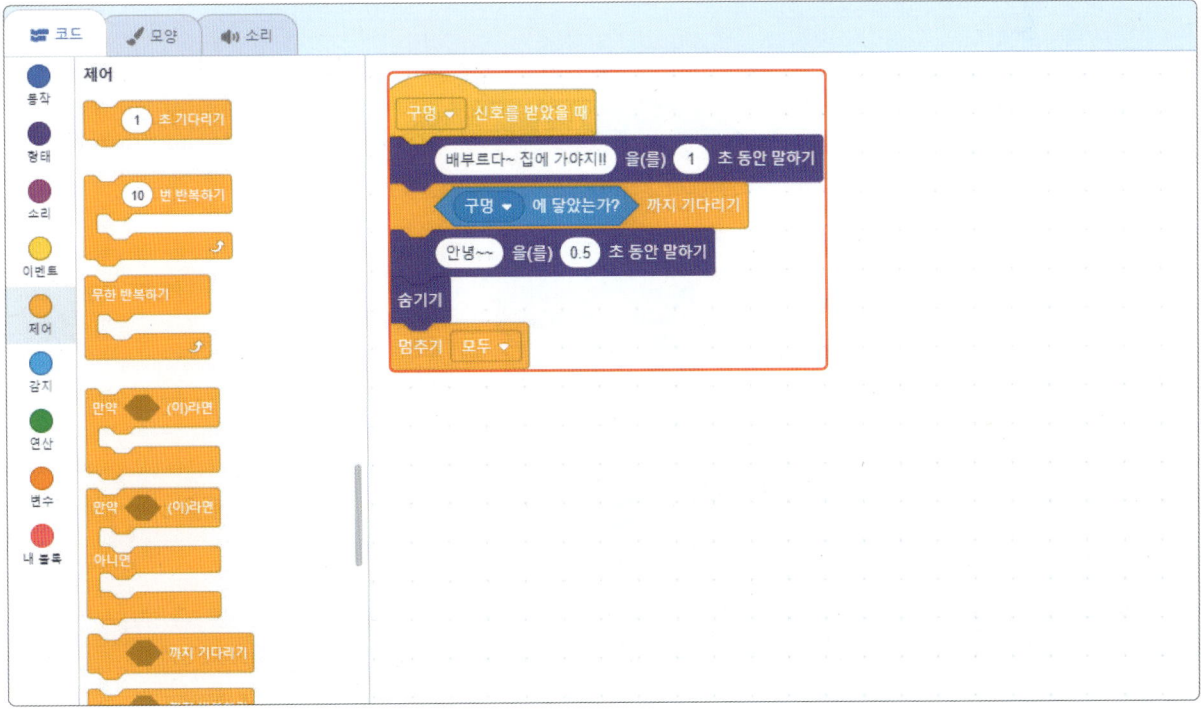

⓬ '톰' 스프라이트를 선택한 후 '게임시작' 신호를 받으면 계속 반복하여 임의의 시간 간격으로 나 자신('톰')을 복제하기 위해 [이벤트], [제어], [연산] 블록 팔레트에서 블록을 드래그하여 그림과 같이 코딩합니다.

⓭ 복제본이 생성되면 임의의 위치로 이동하여 무대에 나타나 계속 반복하여 '바닥'에 닿으면 위쪽으로, 그렇지 않으면 아래쪽으로 이동하고 무대의 '벽'에 닿으면 복제본을 삭제하기 위해 [제어], [동작], [연산], [형태], [감지] 블록 팔레트에서 블록을 드래그하여 그림과 같이 코딩합니다.

⓮ 코딩이 완료되면 [시작하기(🏁)]를 클릭하여 게임을 진행해 봅니다.

Chapter 13 더 만들어 보기

예제 1 예제 파일을 불러와 다음의 조건에 맞게 코딩을 완성해 보세요.

조건
① '펭귄'은 '발'을 따라 계속해서 이동하고 '물고기' 변숫값이 '9'보다 크면 '성공' 신호를 보냅니다.
② '눈'은 스페이스 키를 누르면 복제되어 무대의 '벽'에 닿을 때까지 왼쪽으로 이동합니다.
③ '발'은 '눈'에 닿으면 위쪽으로 이동하고 그렇지 않으면 아래쪽으로 이동합니다.
④ '물고기'가 '펭귄'에 닿으면 '물고기' 변숫값이 증가하고 '북극곰'이 '펭귄'에 닿으면 프로그램을 종료합니다.

• 예제 파일 : 13_낚시왕(예제).sb3 • 완성 파일 : 13_낚시왕(완성).sb3

예제 2 예제 파일을 불러와 다음의 조건에 맞게 코딩을 완성해 보세요.

조건
① '런닝맨'은 '신발'을 따라 계속해서 이동하고 '햄버거' 변숫값이 '9'보다 크면 '성공' 신호를 보냅니다.
② '신발'은 계속해서 아래쪽으로 이동하고 '계단'에 닿으면 위쪽으로 이동합니다.
③ '신발'은 '왼쪽 화살표', '오른쪽 화살표' 키를 이용하여 방향을 변경하고 x좌푯값에 따라 왼쪽, 오른쪽으로 이동합니다.
④ '계단'은 계속해서 복제되어 임의의 위치에서 나타나 위쪽으로 이동합니다.
⑤ '햄버거'는 '계단'에 닿으면 위쪽으로 이동하고 '런닝맨'에 닿으면 '햄버거' 변숫값을 증가합니다.

• 예제 파일 : 13_햄버거 먹기(예제).sb3 • 완성 파일 : 13_햄버거 먹기(완성).sb3

Chapter 14

장애물 마라톤

스포츠 게임

- 마라토너는 스페이스 키를 눌러 점프하고 돌에 닿으면 넘어지도록 코딩합니다.
- 남은거리 변숫값이 0보다 작으면 기록 신호를 보내도록 코딩합니다.
- 나무와 돌은 임의의 시간 간격으로 복제되어 왼쪽으로 이동하도록 코딩합니다.
- 기록 신호를 받으면 변수와 텍스트를 합쳐 말하고 프로그램이 종료되도록 코딩합니다.

• 예제 파일 : 14_마라톤(예제).sb3   • 완성 파일 : 14_마라톤(완성).sb3

 문제 해결 과제

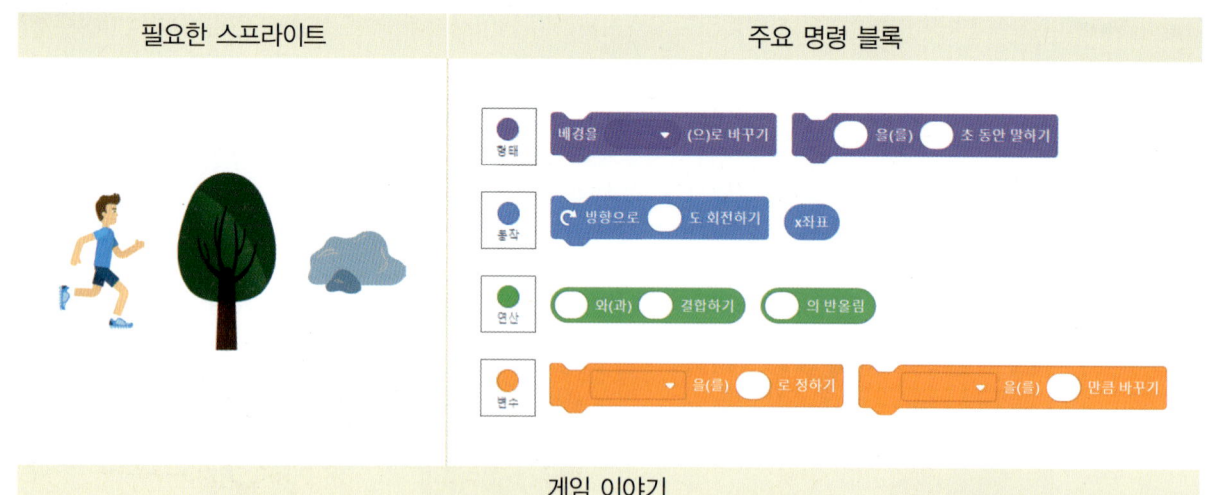

게임 이야기

마라토너가 앞으로 출전할 마라톤 경기를 위해 도로 위에서 마라톤 연습을 하고 있어요. 하지만 정식 마라톤 코스가 아니라서 그런지 계속해서 장애물이 나타나네요. 스페이스 키를 누르면 마라토너는 점프하여 장애물을 피할 수 있어요. 도로 위에 나타나는 장애물을 피해 마라톤을 완주하고 기록이 얼마인지 확인해 보세요.

1 게임 코딩하기

❶ 'Scratch 3.0' 프로그램을 실행한 후 '14_마라톤(예제).sb3' 파일을 불러옵니다.

❷ '마라토너' 스프라이트를 선택한 후 프로그램이 시작되고 '스페이스' 키를 누르면 점프하는 모습을 표현하기 위해 [제어], [감지], [동작] 블록 팔레트에서 블록을 드래그하여 그림과 같이 코딩합니다.

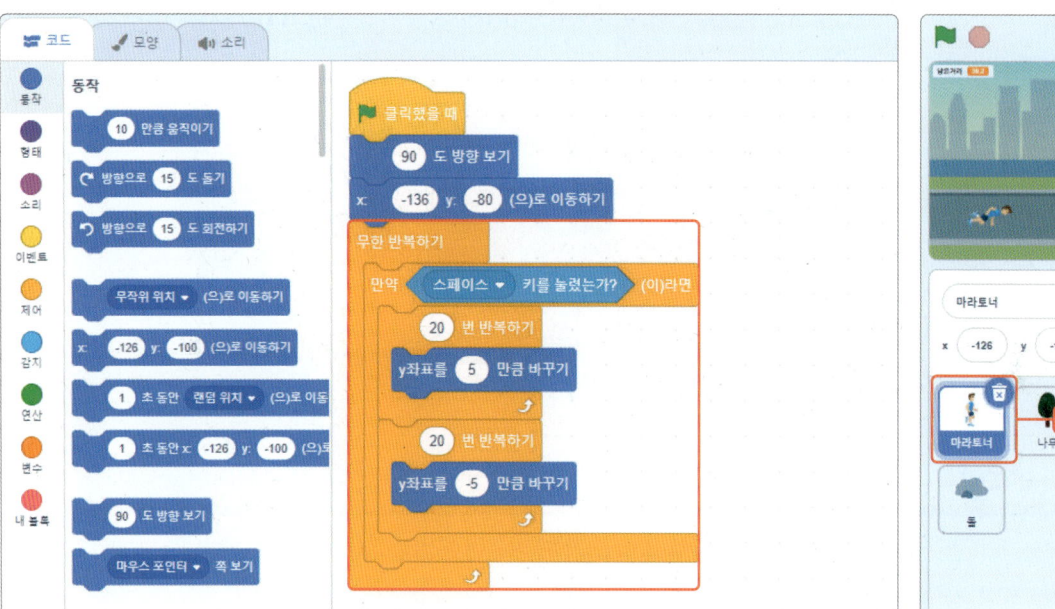

❸ 프로그램이 시작되면 '남은거리', '시간' 변수를 생성한 후 초기 값을 지정하고 계속 반복하여 '0.1'초 간격으로 '남은거리' 변숫값은 감소하고 '시간' 변숫값은 증가하기 위해 [이벤트], [변수], [제어] 블록 팔레트에서 블록을 드래그하여 그림과 같이 코딩합니다.

CHAPTER 14 장애물 마라톤 _ **097**

❹ 이어서 '남은거리' 변숫값이 '0'보다 작으면 '남은거리' 변숫값을 '0'으로 지정하고 '기록' 신호를 보내기 위해 **[제어]**, **[연산]**, **[변수]**, **[이벤트]** 블록 팔레트에서 블록을 드래그하여 그림과 같이 코딩합니다.

> '남은거리' 변숫값이 '0'보다 작아지면 음수 값이 되기 때문에 변숫값을 다시 '0'으로 지정합니다.

❺ 프로그램이 시작되면 '마라토너'가 계속 반복하여 모양을 변경하고 '돌'에 닿으면 '넘어짐' 신호를 보내기 위해 **[이벤트]**, **[제어]**, **[형태]**, **[감지]** 블록 팔레트에서 블록을 드래그하여 그림과 같이 코딩합니다.

098 _ 스크래치 3.0 게임만들기 with 모션플레이

❻ '기록' 신호를 받으면 개체의 다른 스크립트를 종료하고 마라톤 기록을 말한 후 프로그램을 종료하기 위해 [이벤트], [제어], [형태], [동작], [연산], [변수] 블록 팔레트에서 블록을 드래그하여 그림과 같이 코딩합니다.

❼ '넘어짐' 신호를 받으면 개체의 다른 스크립트를 종료하고 시계 방향으로 회전하여 넘어지는 모습을 표현한 후 프로그램을 종료하기 위해 [이벤트], [제어], [동작], [형태] 블록 팔레트에서 블록을 드래그하여 그림과 같이 코딩합니다.

❽ '나무' 스프라이트를 선택한 후 프로그램이 시작되면 모양을 숨기고 계속 반복하여 임의의 시간 간격으로 나 자신('나무')을 복제하기 위해 [이벤트], [형태], [제어], [연산] 블록 팔레트에서 블록을 드래그하여 그림과 같이 코딩합니다.

CHAPTER 14 장애물 마라톤 _ **099**

❾ 복제본이 생성되면 모양을 무작위로 변경한 후 무대에 나타나 x좌푯값이 -240보다 작아질 때까지 왼쪽으로 이동한 후 복제본을 삭제하기 위해 [제어], [동작], [형태], [연산] 블록 팔레트에서 블록을 드래그하여 그림과 같이 코딩합니다.

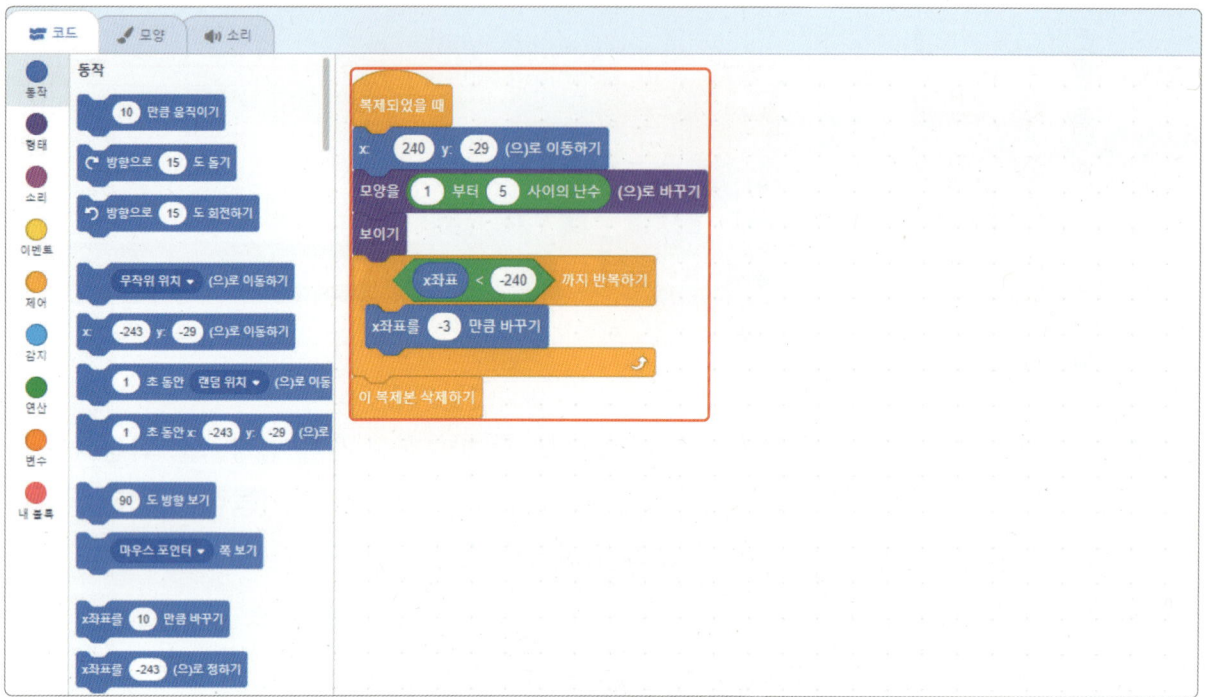

❿ '돌' 스프라이트를 선택한 후 ❽~❾와 같은 방법으로 코딩합니다.

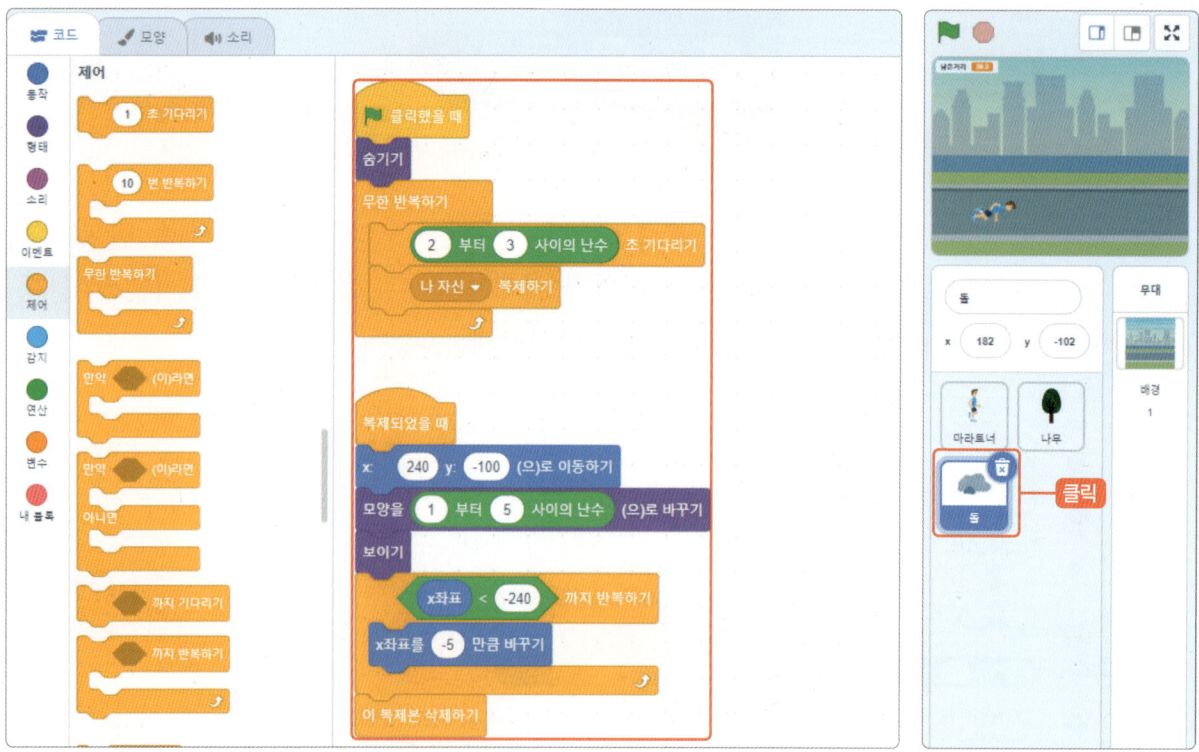

⓫ 코딩이 완료되면 [시작하기(🏁)]를 클릭하여 게임을 진행해 봅니다.

Chapter 14 더 만들어 보기

예제 1 예제 파일을 불러와 다음의 조건에 맞게 코딩을 완성해 보세요.

조건
① '낙하산'은 복제되어 무대 위쪽 임의의 위치에서 나타납니다.
② '낙하산'의 y좌푯값이 일정한 값보다 작아질 때까지 아래쪽으로 이동하다가 '총알'에 닿으면 '점수' 변숫값을 증가합니다.
③ '총'은 '왼쪽 화살표', '오른쪽 화살표' 키를 이용하여 좌우로 이동하고 '스페이스' 키를 누르면 방향을 회전합니다.
④ '총알'은 y좌푯값이 일정한 값보다 커질 때까지 위쪽으로 이동하고 '낙하산'에 닿으면 모양을 숨깁니다.

• 예제 파일 : 14_낙하산(예제).sb3   • 완성 파일 : 14_낙하산(완성).sb3

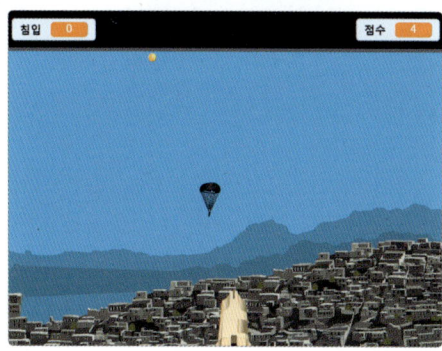

예제 2 예제 파일을 불러와 다음의 조건에 맞게 코딩을 완성해 보세요.

조건
① '마이카'는 '왼쪽 화살표', '오른쪽 화살표' 키를 이용하여 좌우로 이동하고 계속해서 '자동차'~'자동차5'를 복제합니다.
② '추월수', '주행거리' 변수를 생성하고 '1'초 간격으로 '주행거리' 변숫값을 증가합니다.
③ '자동차'~'자동차5'는 복제되면 무작위로 모양을 변경하고 무대에 나타나 지정된 위치로 이동합니다.
④ '자동차'~'자동차5'의 y좌푯값이 일정한 값보다 작아질 때까지 크기가 커지다가 '마이카'에 닿으면 프로그램을 종료합니다.

• 예제 파일 : 14_자동차 경주(예제).sb3   • 완성 파일 : 14_자동차 경주(완성).sb3

Chapter 15 거미손 골키퍼

스포츠 게임

학습목표
- 골키퍼는 왼쪽, 오른쪽 화살표 키를 누르면 좌우로 이동하도록 코딩합니다.
- 축구공은 키커 쪽에서 나타나 임의의 방향을 바라보며 이동하도록 코딩합니다.
- 축구공이 골키퍼에 닿으면 방어 변숫값을 증가하도록 코딩합니다.
- 슈팅 변숫값이 10이면 방어 변숫값과 텍스트를 합쳐 말하도록 코딩합니다.

• 예제 파일 : 15_골키퍼 연습(예제).sb3   • 완성 파일 : 15_골키퍼 연습(완성).sb3

미션 문제 해결 과제

필요한 스프라이트	주요 명령 블록

게임 이야기

월드컵 출전을 위한 막바지 훈련이 진행되고 있어요. 오늘은 상대팀의 공격에 대비하기 위한 골키퍼 연습을 진행할 거예요. 키커가 찬 축구공이 골대에 들어가지 않도록 방어해 보세요. 왼쪽, 오른쪽 화살표 키를 이용하여 골대 좌우로 이동할 수 있답니다. 키커는 어느 방향으로 축구공을 찰지 모르니, 훈련 내내 집중해야 해요.

1 게임 코딩하기

① 'Scrach 3.0' 프로그램을 실행한 후 '15_골키퍼 연습(예제).sb3' 파일을 불러옵니다.

② '골키퍼' 스프라이트를 선택한 후 '왼쪽 화살표' 키를 누르고 '골키퍼'의 x좌푯값이 '-70'보다 크면 왼쪽으로 이동하고 '오른쪽 화살표' 키를 누르고 '골키퍼'의 x좌푯값이 '80'보다 작으면 오른쪽으로 이동하기 위해 [이벤트], [동작], [제어], [연산], [감지] 블록 팔레트에서 블록을 드래그하여 그림과 같이 코딩합니다.

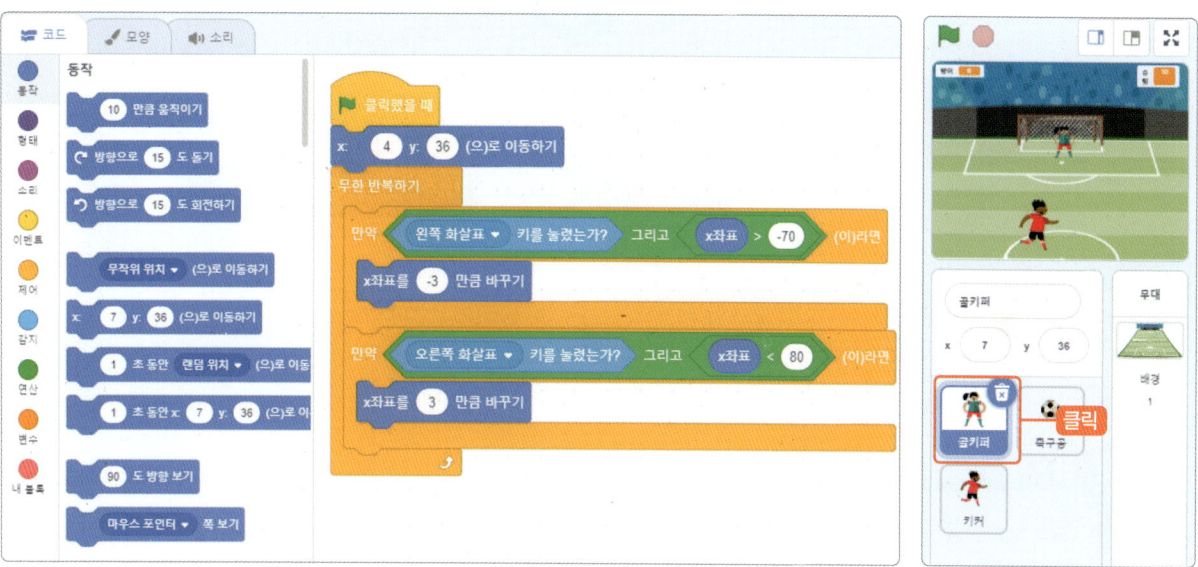

③ '스페이스' 키를 누르면 양팔을 뻗었다 접는 모습을 표현하기 위해 [제어], [감지], [형태] 블록 팔레트에서 블록을 드래그하여 그림과 같이 코딩합니다.

❹ 프로그램이 시작되면 '슈팅' 변수를 생성하고 초기 값을 지정한 후 '슈팅' 변숫값이 '10'이 될 때까지 '3'초 간격으로 '슈팅' 신호를 보내고 '방어' 변숫값과 텍스트를 결합하여 말한 후 프로그램을 종료하기 위해 [이벤트], [변수], [제어], [연산], [형태] 블록 팔레트에서 블록을 드래그하여 그림과 같이 코딩합니다.

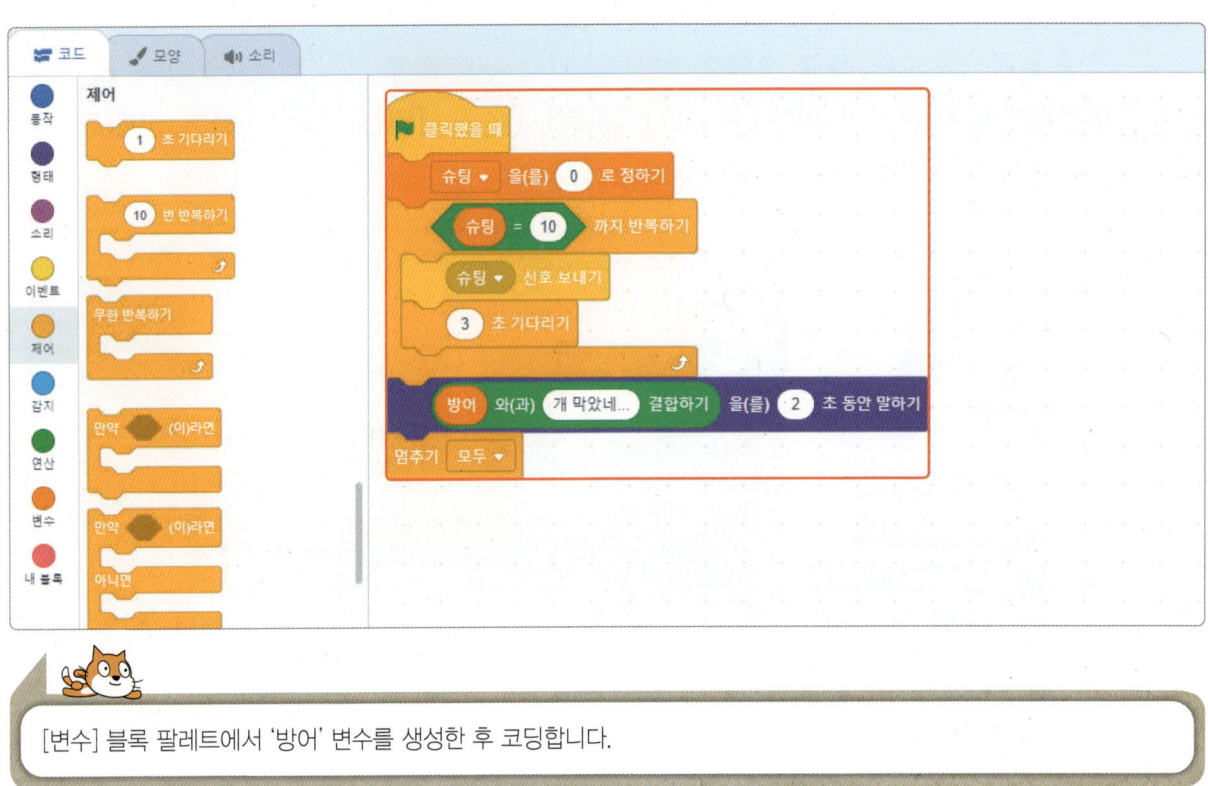

[변수] 블록 팔레트에서 '방어' 변수를 생성한 후 코딩합니다.

❺ '키커' 스프라이트를 선택합니다. '슈팅' 신호를 받으면 슈팅하는 모습을 표현하고 '공' 신호를 보낸 후 '슈팅' 변숫값을 증가하기 위해 [이벤트], [형태], [제어], [변수] 블록 팔레트에서 블록을 드래그하여 그림과 같이 코딩합니다.

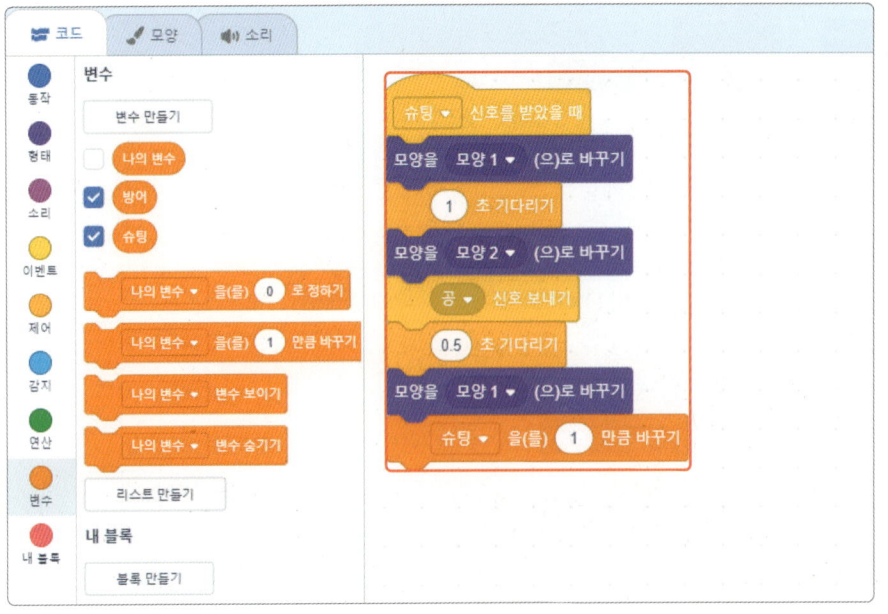

❻ '축구공' 스프라이트를 선택합니다. 프로그램이 시작되면 '방어' 변수의 초기 값을 지정한 후 개체를 무대에서 숨기기 위해 [이벤트], [변수], [형태] 블록 팔레트에서 블록을 드래그하여 그림과 같이 코딩합니다.

❼ '공' 신호를 받으면 '키커' 위치로 이동하고 아래쪽으로 이동한 후 무대에 나타나 임의의 방향을 바라보도록 하기 위해 [이벤트], [동작], [형태], [연산] 블록 팔레트에서 블록을 드래그하여 그림과 같이 코딩합니다.

❽ '축구공'의 y좌푯값이 '165'보다 커질 때까지 이동 방향으로 '10'만큼 이동하고 '골키퍼'에 닿으면 '방어' 신호를 보낸 후 개체를 무대에서 숨기기 위해 [제어], [연산], [동작], [감지], [형태] 블록 팔레트에서 블록을 드래그하여 그림과 같이 코딩합니다.

CHAPTER 15 거미손 골키퍼 _**105**

❾ '방어' 신호를 받으면 임의의 방향을 바라보고 무대의 '벽'에 닿을 때까지 이동 방향으로 '10' 만큼 이동하기 위해 [이벤트], [동작], [연산], [감지] 블록 팔레트에서 블록을 드래그하여 그림과 같이 코딩합니다.

> **Tip**
> '축구공'이 '골키퍼'에 닿으면 '키커'의 방향으로 튕겨 나오는 모습을 표현하기 위해 방향값을 '110'~'250'으로 지정합니다.

❿ '축구공'이 무대의 '벽'에 닿으면 '방어' 변숫값을 증가하고 개체를 무대에서 숨기기 위해 [변수], [형태] 블록 팔레트에서 블록을 드래그하여 그림과 같이 코딩합니다.

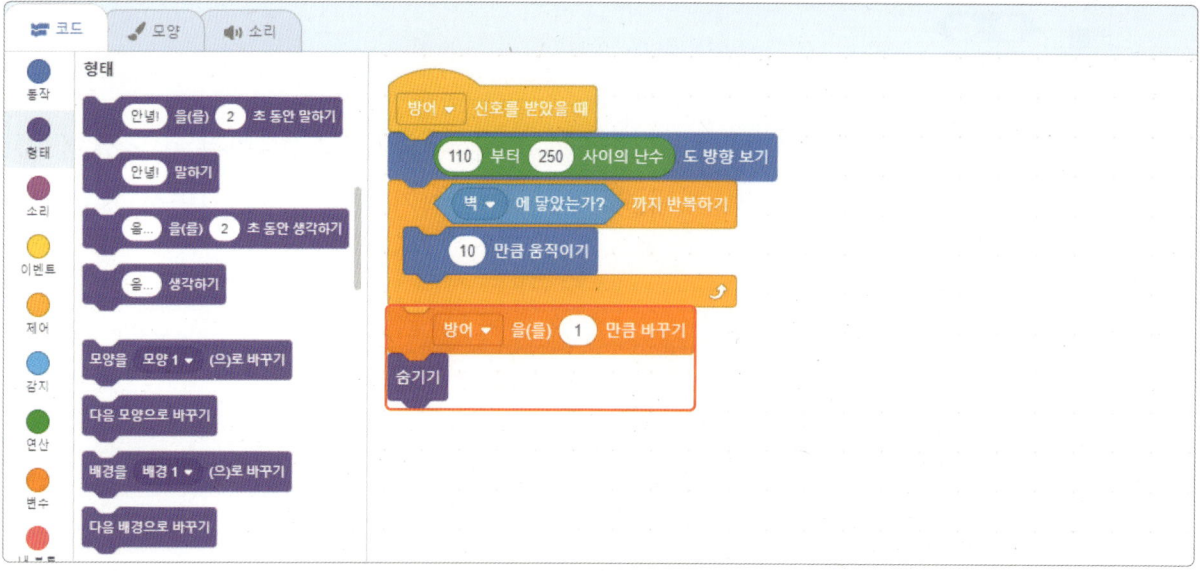

⓫ 코딩이 완료되면 [시작하기(🏁)]를 클릭하여 게임을 진행해 봅니다.

Chapter 15 더 만들어 보기

예제 1 예제 파일을 불러와 다음의 조건에 맞게 코딩을 완성해 보세요.

조건
① '타자'는 '왼쪽 화살표', '오른쪽 화살표' 키를 누르면 좌우로 이동하고 '스페이스' 키를 누르면 방망이를 휘두릅니다.
② '야구공'은 '던지기' 신호를 받으면 '타자' 쪽을 향해 임의의 방향으로 이동하고 '스트라이크' 변숫값을 증가합니다.
③ '야구공'이 '타자'에 닿으면 무대 위쪽 임의의 방향으로 '벽'에 닿을 때까지 이동한 후 '안타' 변숫값을 증가합니다.
④ '투수'는 '스트라이크' 변숫값이 '9'가 될 때까지 공을 던지고 '안타' 변숫값과 텍스트를 합쳐 말합니다.

• 예제 파일 : 15_야구시합(예제).sb3 • 완성 파일 : 15_야구시합(완성).sb3

예제 2 예제 파일을 불러와 다음의 조건에 맞게 코딩을 완성해 보세요.

조건
① '플레이어'는 개체의 y좌푯값의 범위에 따라 '위쪽 화살표', '아래쪽 화살표' 키를 이용하여 상하로 이동합니다.
② 'AI플레이어'는 계속 반복하여 '공'의 y좌푯값을 따라 상하로 이동합니다.
③ '공'은 임의의 방향을 바라보며 '벽'에 닿을 때까지 이동 방향으로 이동합니다.
④ '공'은 '플레이어' 또는 'AI플레이어'에 닿으면 반대쪽 방향을 바라보며 이동합니다.
⑤ 상대팀 벽(빨강, 파랑)에 닿으면 '플레이어', 'AI플레이어' 변숫값을 각각 증가합니다.

• 예제 파일 : 15_탁구시합(예제).sb3 • 완성 파일 : 15_탁구시합(완성).sb3

Chapter 16 우주 괴물 물리치기

슈팅 게임

학습목표

- 비행기는 왼쪽, 오른쪽 화살표 키를 누르면 좌우로 이동하도록 코딩합니다.
- 비행기 총알은 스페이스 키를 누르면 비행기 위치에서 발사되도록 코딩합니다.
- 동전이 비행기, 비행기 총알에 닿으면 점수 변숫값을 증가하도록 코딩합니다.
- 점수 변숫값이 일정 값 이상이 되면 괴물이 나타나도록 코딩합니다.

• 예제 파일 : 16_우주괴물 제거(예제).sb3 • 완성 파일 : 16_우주괴물 제거(완성).sb3

 미션 | 문제 해결 과제

| 필요한 스프라이트 | 주요 명령 블록 |

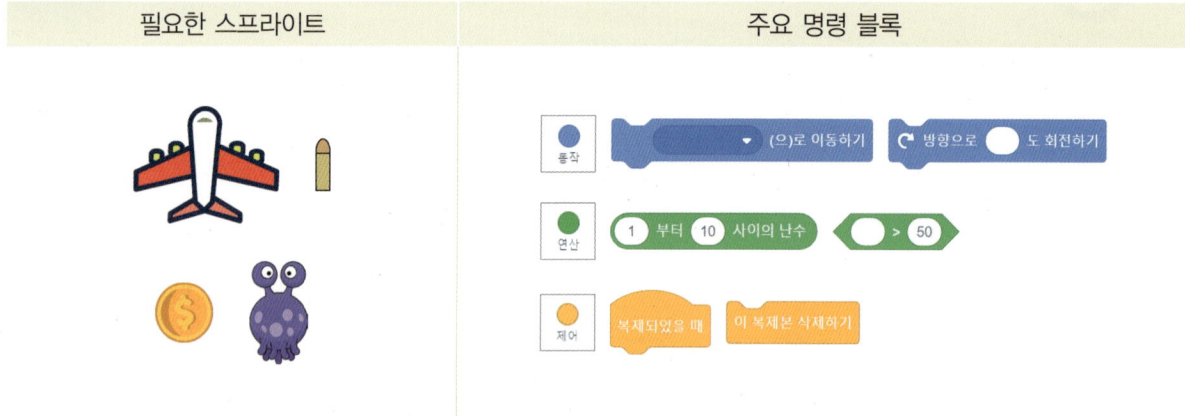

게임 이야기

우주에 괴물이 나타났다는 소식을 듣고 우주로 출동한 비행 요원! 우주에 나타나는 동전을 총알로 맞히거나 비행기로 동전을 먹으면 점수가 올라가고, 일정 점수에 도달하면 우주 괴물이 공격을 시작해요. 우주 이곳 저곳을 돌아다니며 비행 요원을 공격하는 우주 괴물을 총알로 맞혀 우주 괴물의 에너지를 소진시켜 보세요. 우주 괴물에 닿으면 게임에 실패하니, 주의해야 한답니다.

1 게임 코딩하기

❶ 'Scrach 3.0' 프로그램을 실행한 후 '16_우주괴물 제거(예제).sb3' 파일을 불러옵니다.

❷ '비행기' 스프라이트를 선택한 후 프로그램이 시작되면 '이동' 신호를 보내기 위해 [이벤트] 블록 팔레트에서 블록을 드래그하여 그림과 같이 코딩합니다.

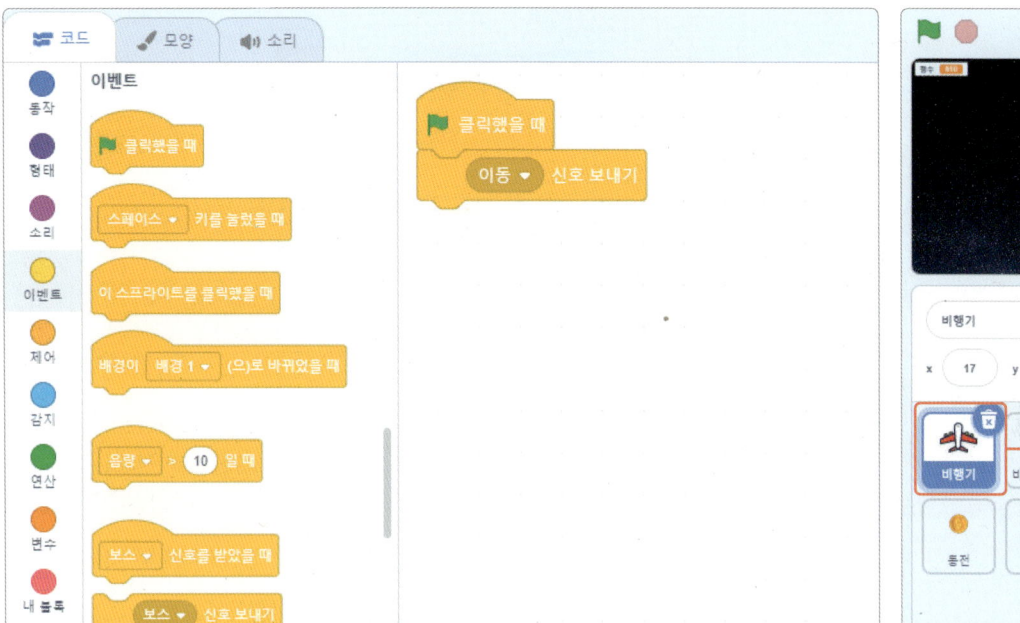

❸ '이동' 신호를 받으면 계속 반복하여 '왼쪽 화살표' 키, '오른쪽 화살표' 키를 누르면 해당 방향으로 '10'만큼 이동하기 위해 [이벤트], [제어], [감지], [동작] 블록 팔레트에서 블록을 드래그하여 그림과 같이 코딩합니다.

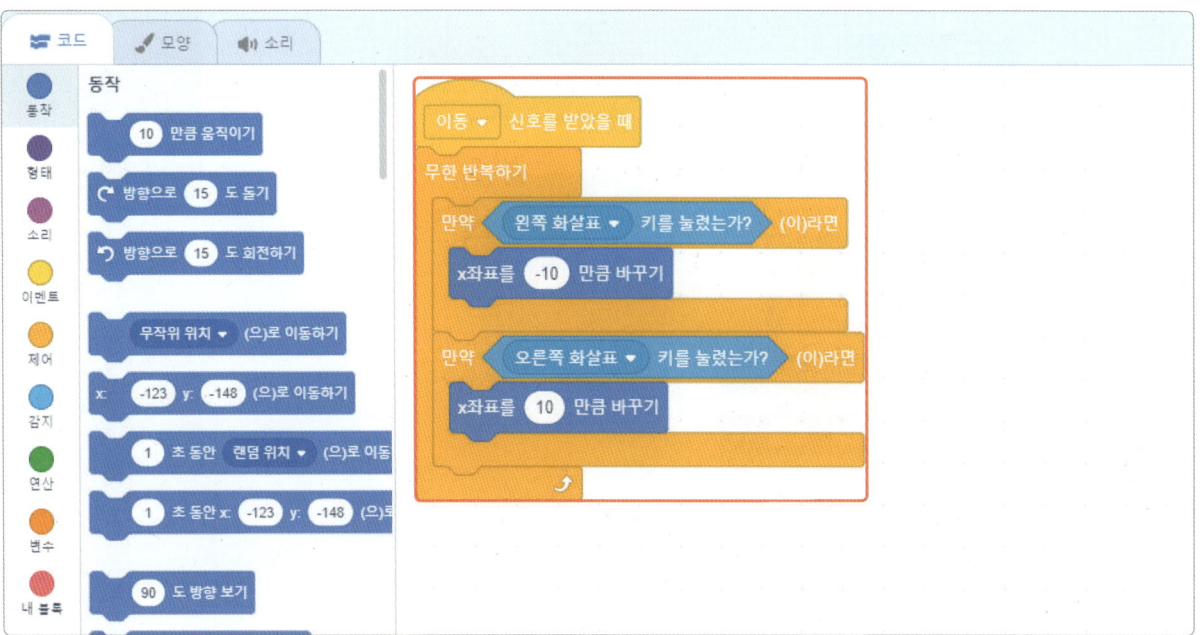

CHAPTER 16 우주 괴물 물리치기 _ **109**

❹ '이동' 신호를 받으면 계속 반복하여 '스페이스' 키를 누르면 '0.1'초 간격으로 '비행기 총알'을 복제하고 '괴물'에 닿으면 프로그램을 종료하기 위해 [이벤트], [제어], [감지] 블록 팔레트에서 블록을 드래그하여 그림과 같이 코딩합니다.

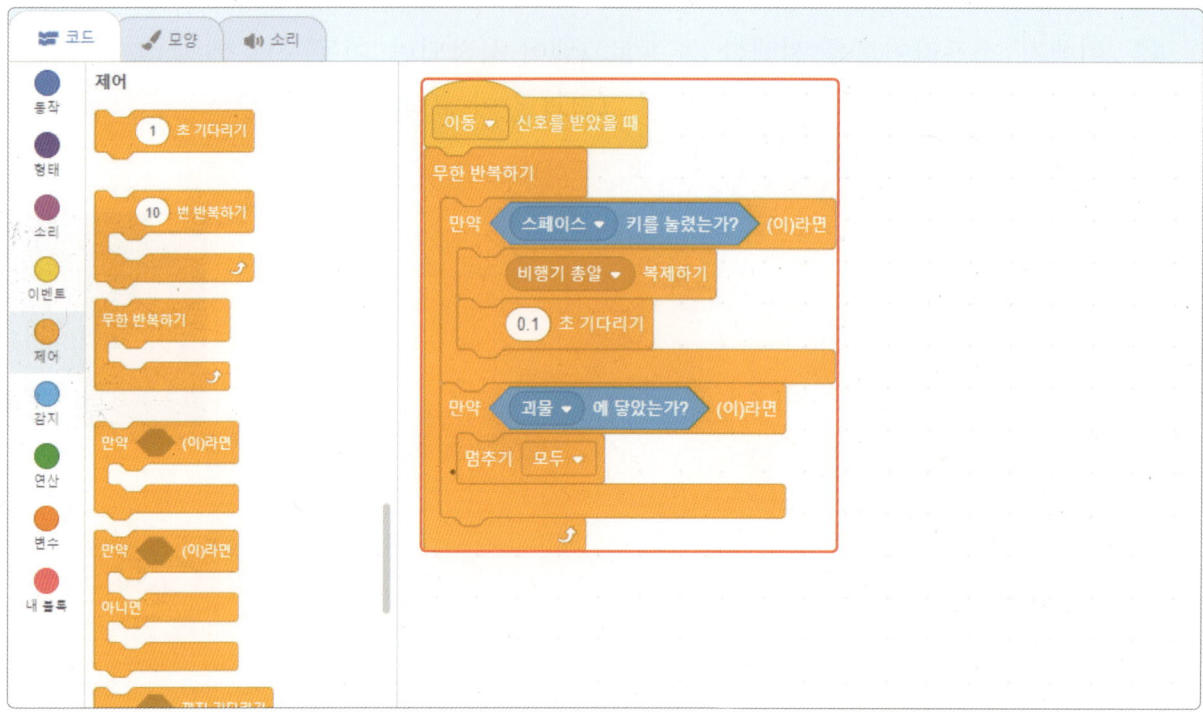

❺ '비행기 총알' 스프라이트를 선택한 후 복제본이 생성되면 '비행기' 위치로 이동한 후 무대에 나타나 '벽'에 닿을 때까지 위쪽으로 이동하기 위해 [제어], [동작], [형태], [감지] 블록 팔레트에서 블록을 드래그하여 그림과 같이 코딩합니다.

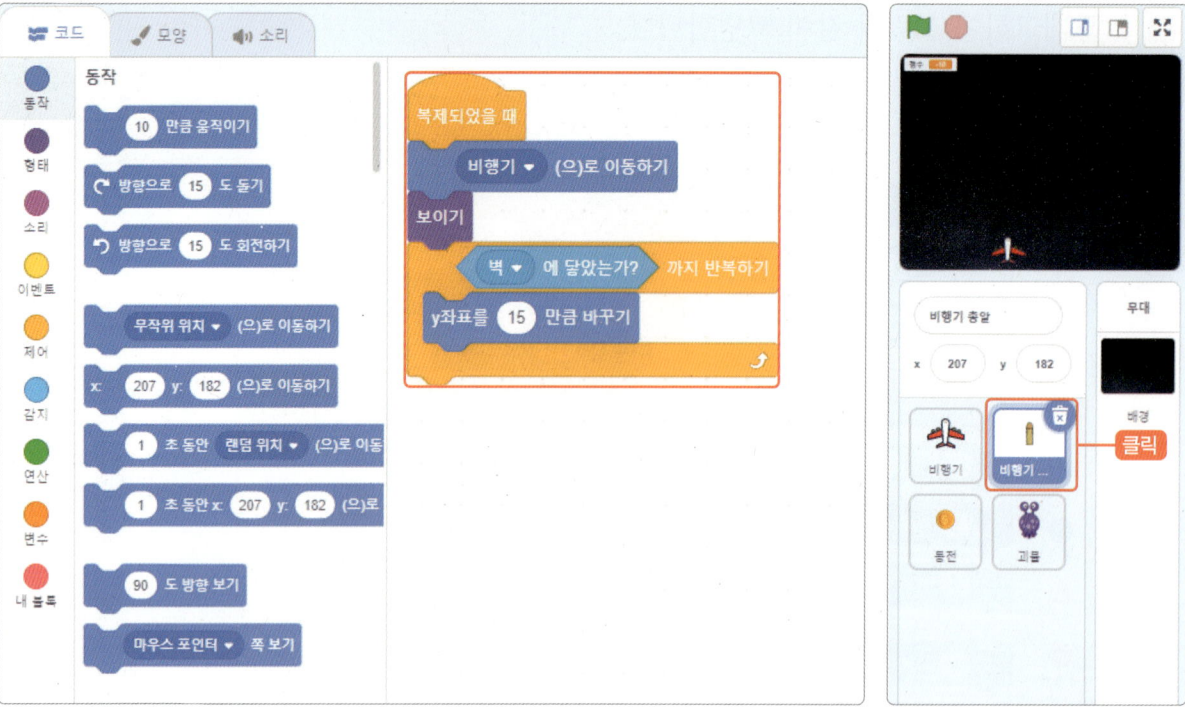

❻ '동전'에 닿거나 무대의 '벽'에 닿으면 복제본을 삭제하기 위해 [제어], [감지] 블록 팔레트에서 블록을 드래그하여 그림과 같이 코딩합니다.

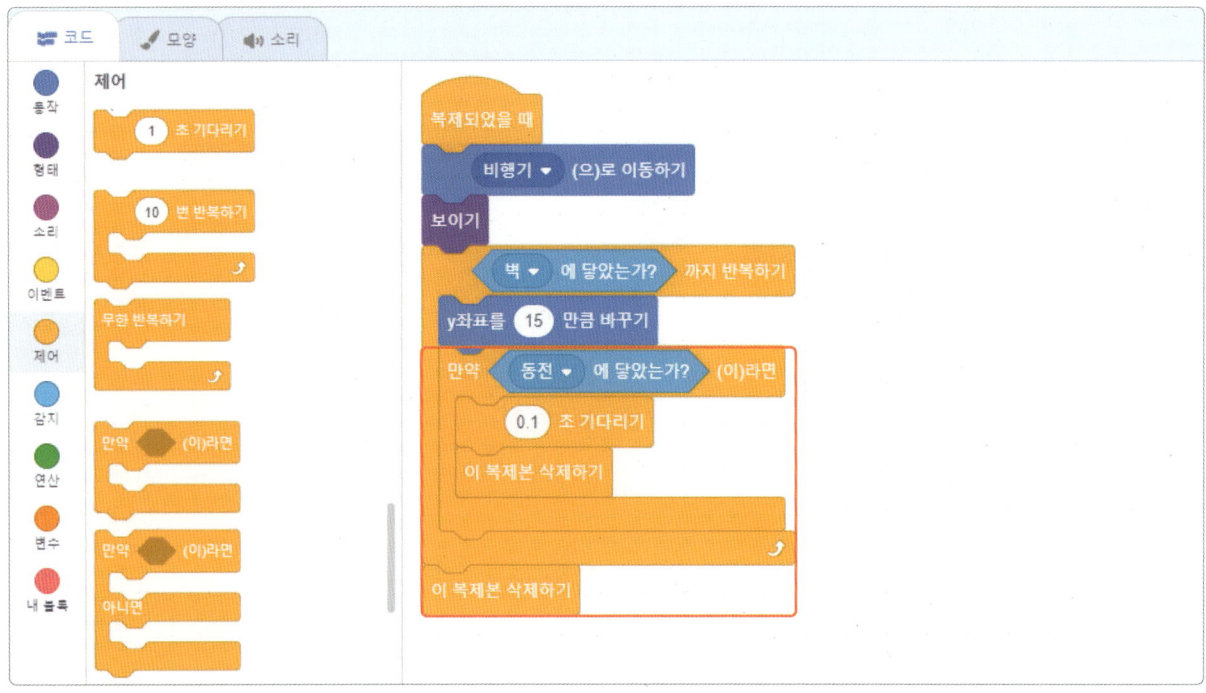

❼ '동전' 스프라이트를 선택한 후 프로그램이 시작되면 계속 반복하여 임의의 시간 간격으로 나 자신('동전')을 복제하기 위해 [제어], [연산] 블록 팔레트에서 블록을 드래그하여 그림과 같이 코딩합니다.

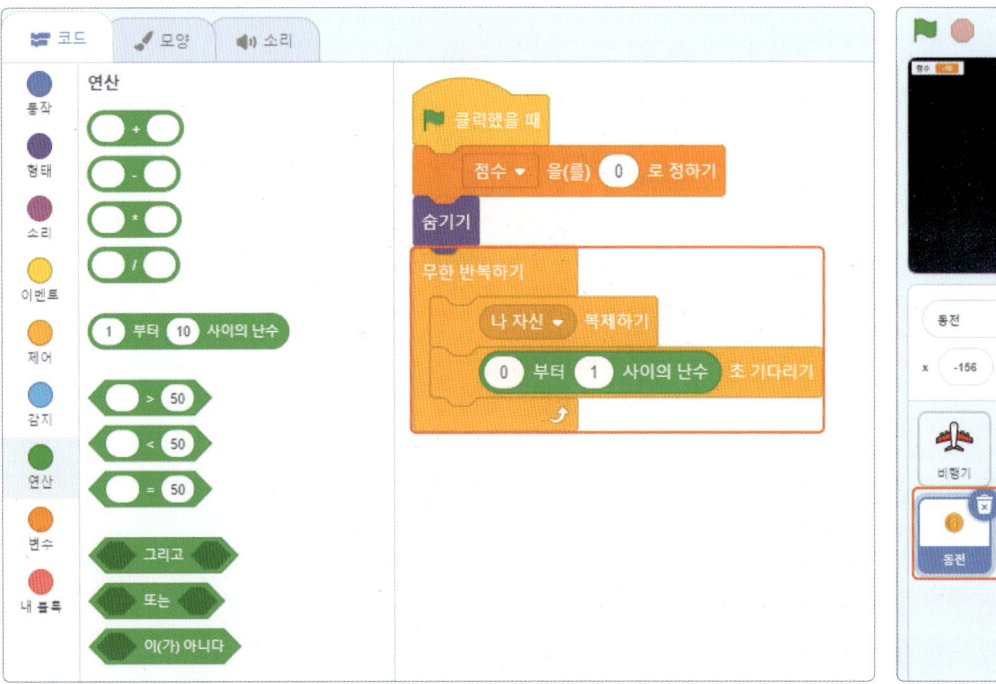

❽ 복제본이 생성되면 무대 위쪽 임의의 위치에서 나타나도록 하기 위해 [제어], [동작], [연산], [형태] 블록 팔레트에서 블록을 드래그하여 그림과 같이 코딩합니다.

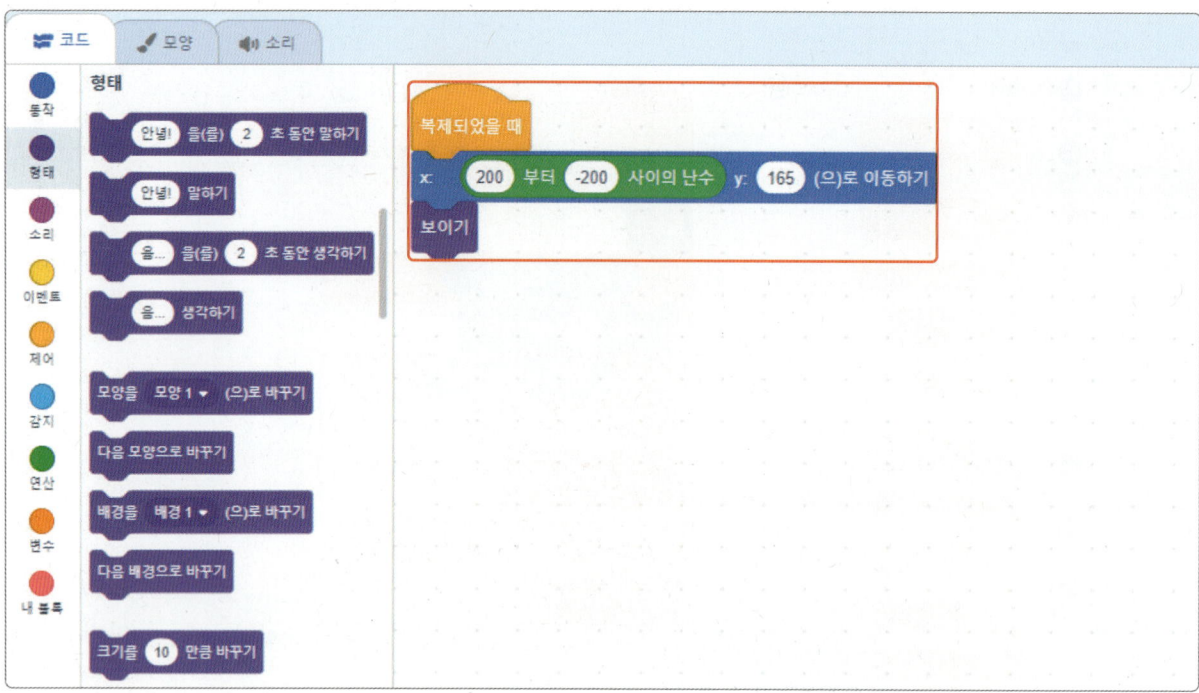

❾ 이어서 무대의 '벽'에 닿을 때까지 아래쪽으로 이동하다가 '비행기'에 닿으면 '점수' 변숫값을 '10'만큼 증가하고 복제본을 삭제하기 위해 [제어], [감지], [동작], [변수] 블록 팔레트에서 블록을 드래그하여 그림과 같이 코딩합니다.

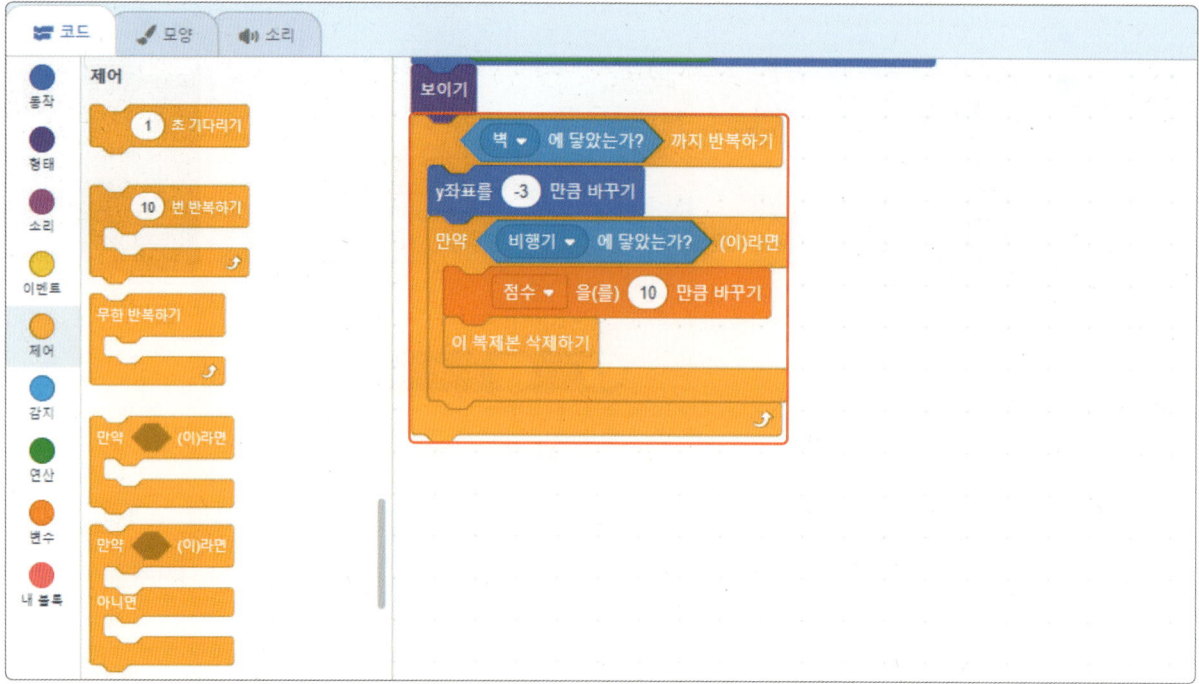

⑩ '비행기 총알'에 닿으면 '점수' 변숫값을 '20'만큼 증가한 후 복제본을 삭제하고 '점수' 변숫값이 '799'보다 크면 '보스' 신호를 보내기 위해 [제어], [감지], [변수], [연산], [이벤트] 블록 팔레트에서 블록을 드래그하여 그림과 같이 코딩합니다.

⑪ '동전'이 무대의 '벽'에 닿으면 '점수' 변숫값을 '30'만큼 감소한 후 복제본을 삭제하기 위해 [변수], [제어] 블록 팔레트에서 블록을 드래그하여 그림과 같이 코딩합니다.

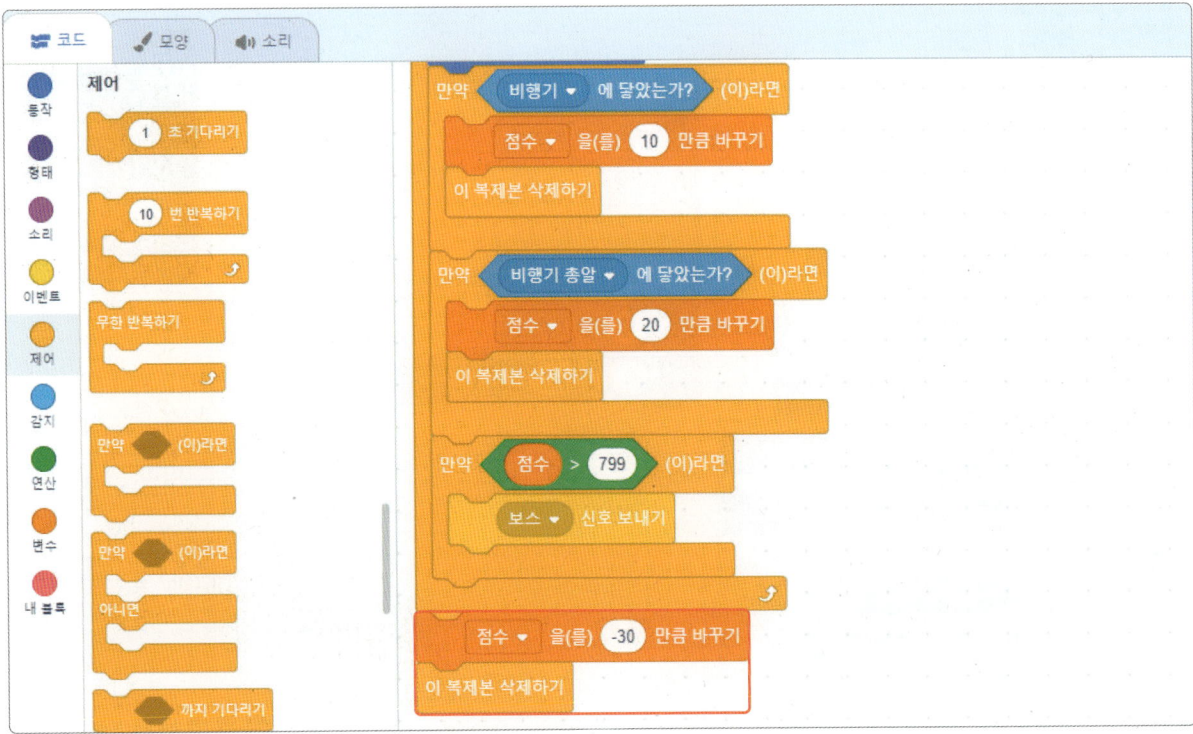

⑫ '보스' 신호를 받으면 개체의 다른 스크립트를 종료하고 복제본을 삭제하기 위해 [이벤트], [제어] 블록 팔레트에서 블록을 드래그하여 그림과 같이 코딩합니다.

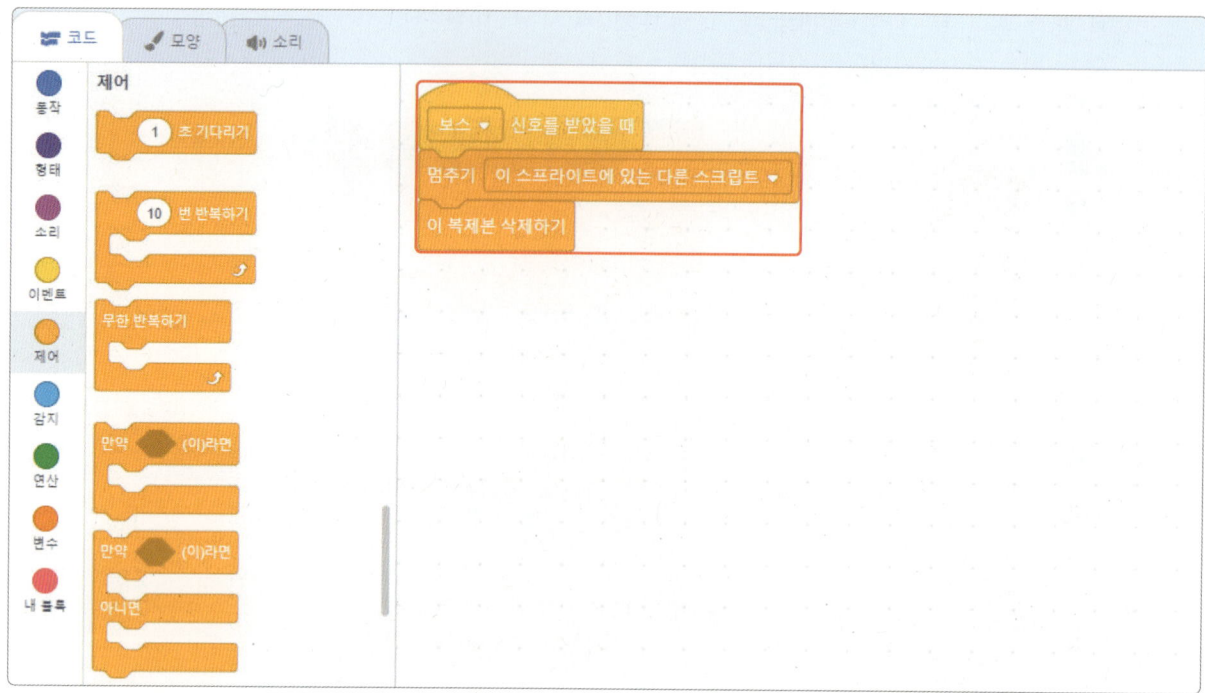

⑬ '괴물' 스프라이트를 선택합니다. 프로그램이 시작되면 '괴물에너지' 변수를 생성하고 초기 값을 지정한 후 변수와 개체를 무대에서 숨기고 오른쪽 방향을 바라보고 지정한 위치로 이동하기 위해 [이벤트], [변수], [형태], [동작] 블록 팔레트에서 블록을 드래그하여 그림과 같이 코딩합니다.

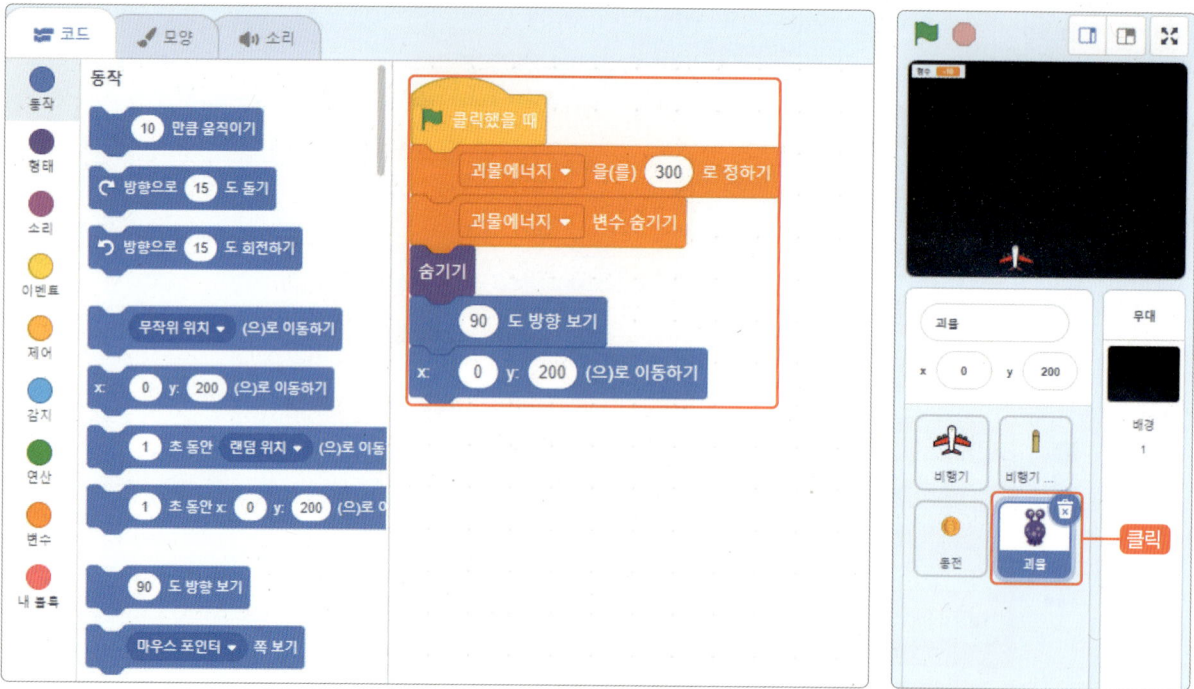

114 _ 스크래치 3.0 게임만들기 with 모션플레이

⑭ '보스' 신호를 받으면 무대에 나타나 계속 반복하여 '12'번 회전한 후 무작위 위치로 이동하기 위해 [이벤트], [형태], [동작], [제어] 블록 팔레트에서 블록을 드래그하여 그림과 같이 코딩합니다.

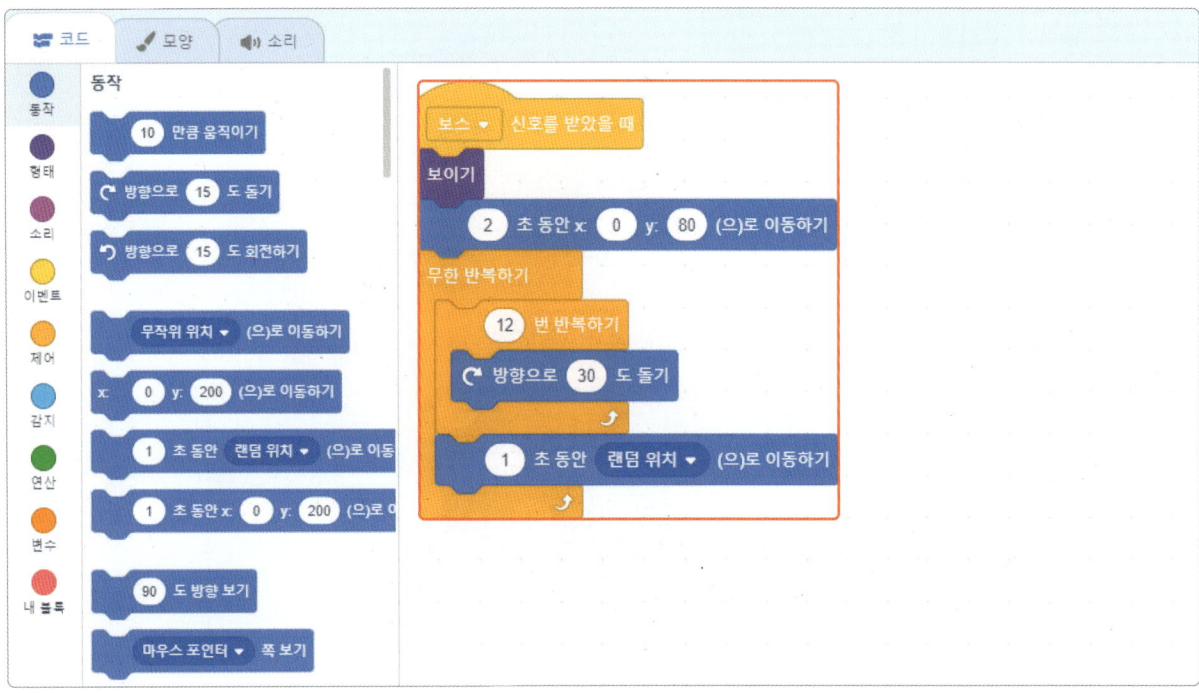

⑮ '보스' 신호를 받으면 '괴물에너지' 변수를 무대에 보이고 계속 반복하여 '비행기 총알'에 닿으면 '괴물에너지' 변숫값을 감소하기 위해 [이벤트], [변수], [제어], [감지] 블록 팔레트에서 블록을 드래그하여 그림과 같이 코딩합니다.

⑯ '괴물에너지' 변숫값이 '0'보다 작아지면 위치를 이동하고 시계 방향으로 회전한 후 프로그램을 종료하기 위해 [제어], [연산], [변수], [동작] 블록 팔레트에서 블록을 드래그하여 그림과 같이 코딩합니다.

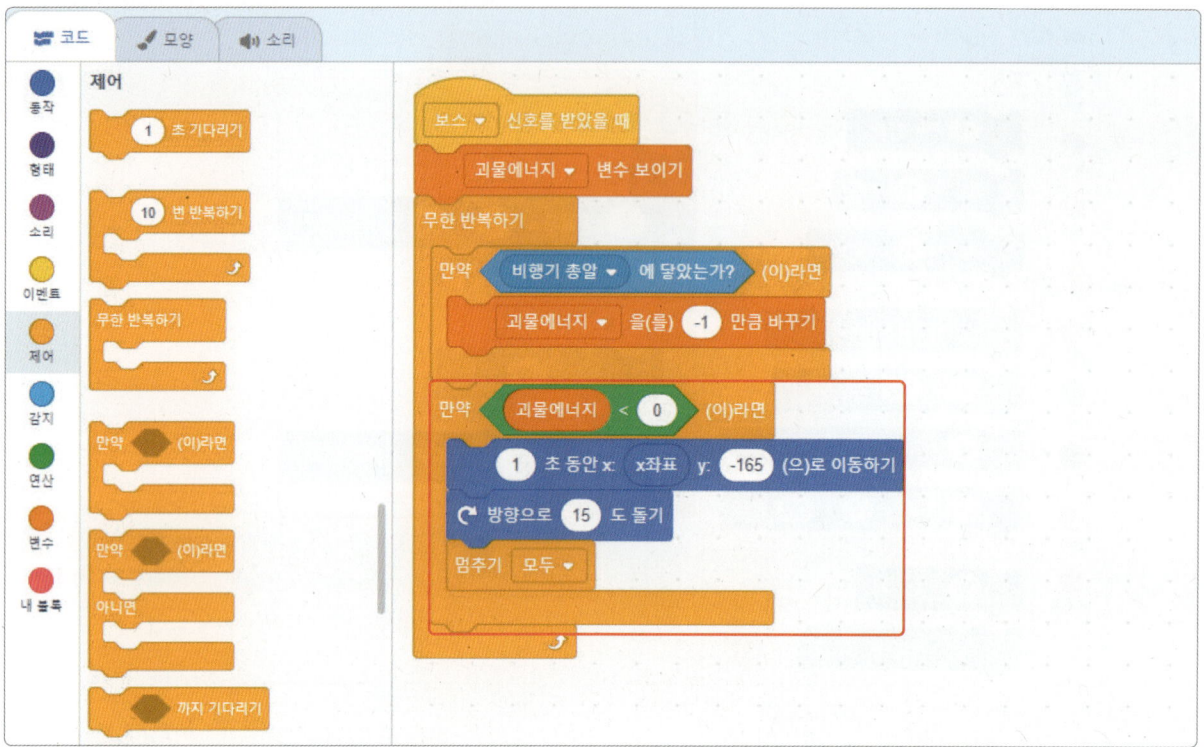

⑰ 코딩이 완료되면 [시작하기(🏁)]를 클릭하여 게임을 진행해 봅니다.

Chapter 16 더 만들어 보기

예제 1 예제 파일을 불러와 다음의 조건에 맞게 코딩을 완성해 보세요.

조건
① '머리'는 계속해서 색상을 변경하며 마우스 포인터를 따라 이동합니다.
② '먹이'는 '머리'에 닿으면 '뱀길이', '포인트' 변숫값을 증가하고 '적'에 닿으면 '적길이' 변숫값을 증가합니다.
③ '꼬리'는 복제되면 '뱀길이'초 후 복제본을 삭제하고 '적'에 닿으면 프로그램을 종료합니다.
④ '적'은 복제되면 '적길이'초 후 복제본을 삭제하고 임의의 시간 간격으로 임의의 방향을 바라보며 이동합니다.

• 예제 파일 : 16_뱀따라잡기(예제).sb3 • 완성 파일 : 16_뱀따라잡기(완성).sb3

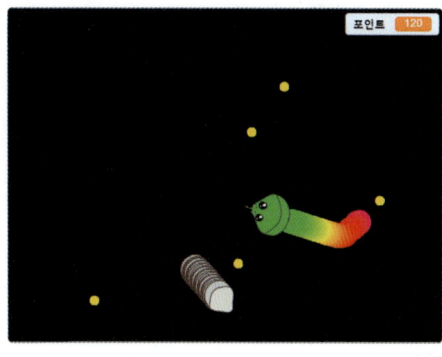 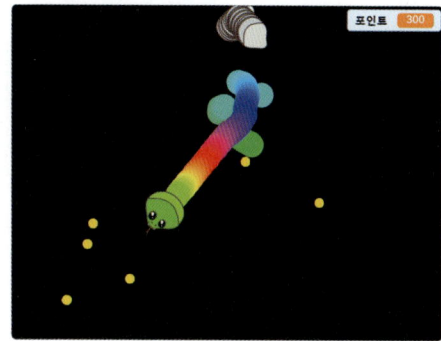

예제 2 예제 파일을 불러와 다음의 조건에 맞게 코딩을 완성해 보세요.

조건
① '바구니'는 계속해서 '소녀'의 손을 따라 이동하고 '새알'은 임의의 시간 간격으로 복제됩니다.
② '새알'과 '새똥'은 복제되어 '새'의 위치에서 나타나 아래쪽으로 이동합니다.
③ '새알'이 '바구니'에 닿으면 '새알' 변숫값을 증가하고 변숫값이 '10'이면 게임에 성공합니다.
④ '새똥'이 '바구니'에 닿으면 '새알' 변숫값을 '0'으로 지정하고 '소녀'에 닿으면 게임에 실패합니다.

• 예제 파일 : 16_새알받기(예제).sb3 • 완성 파일 : 16_새알받기(완성).sb3

아케이드 게임

Chapter 17

청기백기 게임

학습목표

- 프로그램이 시작되면 문제 변숫값을 1 혹은 2로 지정하도록 코딩합니다.
- 진행자는 문제 변숫값에 따라 해당 명령을 말하도록 코딩합니다.
- 선수는 숫자 키를 이용하여 청기 혹은 백기를 올리도록 코딩합니다.
- 기회 변숫값이 0이 되면 프로그램이 종료되도록 코딩합니다.

• 예제 파일 : 17_청기백기(예제).sb3   • 완성 파일 : 17_청기백기(완성).sb3

 **미션** 문제 해결 과제

필요한 스프라이트	주요 명령 블록

게임 이야기

순발력을 요구하는 청기백기 게임이 시작됐어요! 진행자의 명령에 따라 청기 혹은 백기를 들어야 해요. 키보드의 숫자 키를 이용해 청기와 백기를 들 수 있어요. 진행자가 어떤 명령을 내릴지 모르니 진행자의 입에 집중하세요. 명령과 다른 깃발을 들어 올리면 기회가 감소하고, 기회가 0이 되면 청기백기 게임이 종료되니 어떤 손에 청기와 백기를 들고 있는지 헷갈리면 안 돼요!

1 게임 코딩하기

❶ 'Scrach 3.0' 프로그램을 실행한 후 '17_청기백기(예제).sb3' 파일을 불러옵니다.

❷ '진행자' 스프라이트를 선택합니다. 프로그램이 시작되면 '기회' 변수를 생성하고 초기 값을 지정한 후 '기회' 변숫값이 '0'이 되면 프로그램을 종료하기 위해 [이벤트], [변수], [제어], [연산] 블록 팔레트에서 블록을 드래그하여 그림과 같이 코딩합니다.

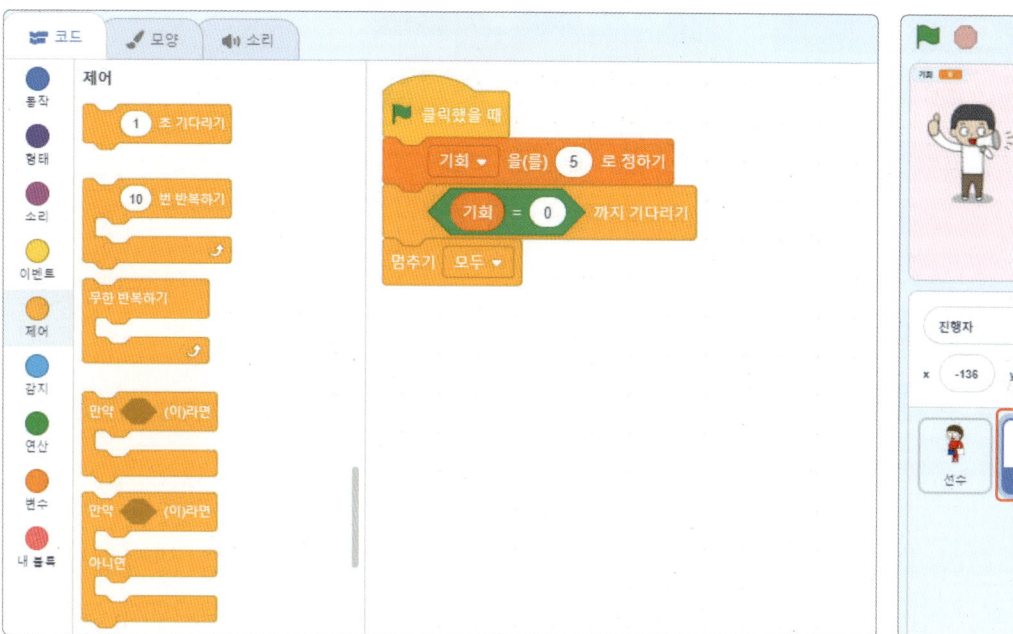

❸ 프로그램이 시작되면 '문제' 변수를 생성하고 계속 반복하여 '문제' 변숫값을 '1' 또는 '2'로 지정한 후 '게임' 신호를 보내기 위해 [이벤트], [제어], [변수], [연산] 블록 팔레트에서 블록을 드래그하여 그림과 같이 코딩합니다.

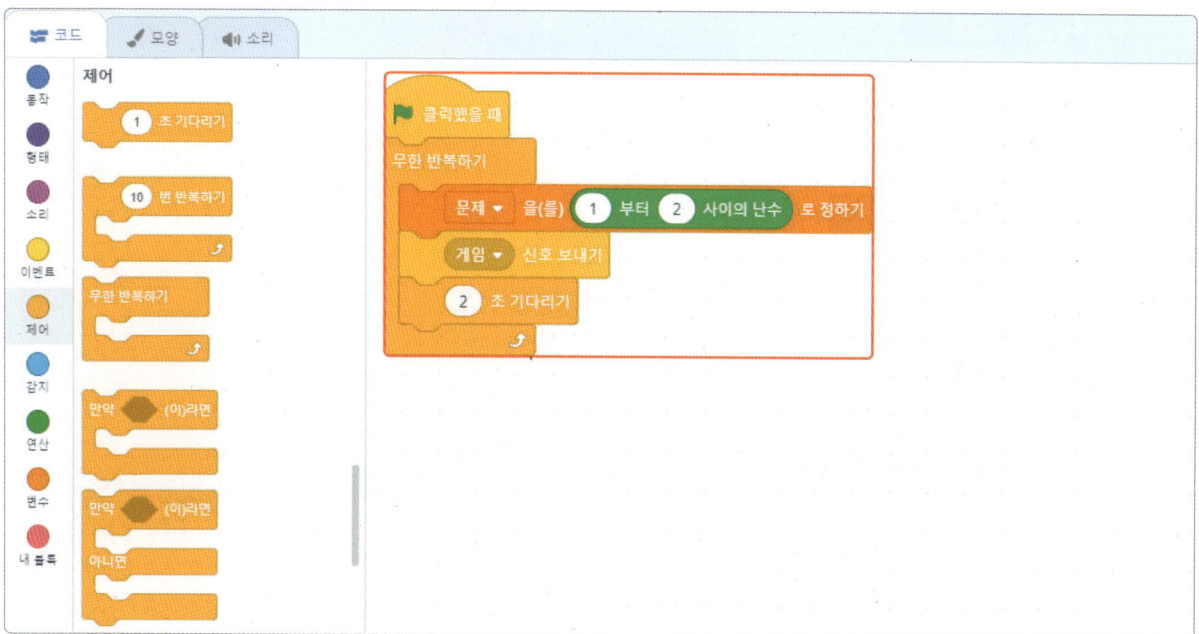

❹ '게임' 신호를 받았을 때 '문제' 변숫값이 '1'이면 "청기 올려!"를 말하고 그렇지 않으면 "백기 올려!"를 말하기 위해 [이벤트], [제어], [연산], [변수], [형태] 블록 팔레트에서 블록을 드래그하여 그림과 같이 코딩합니다.

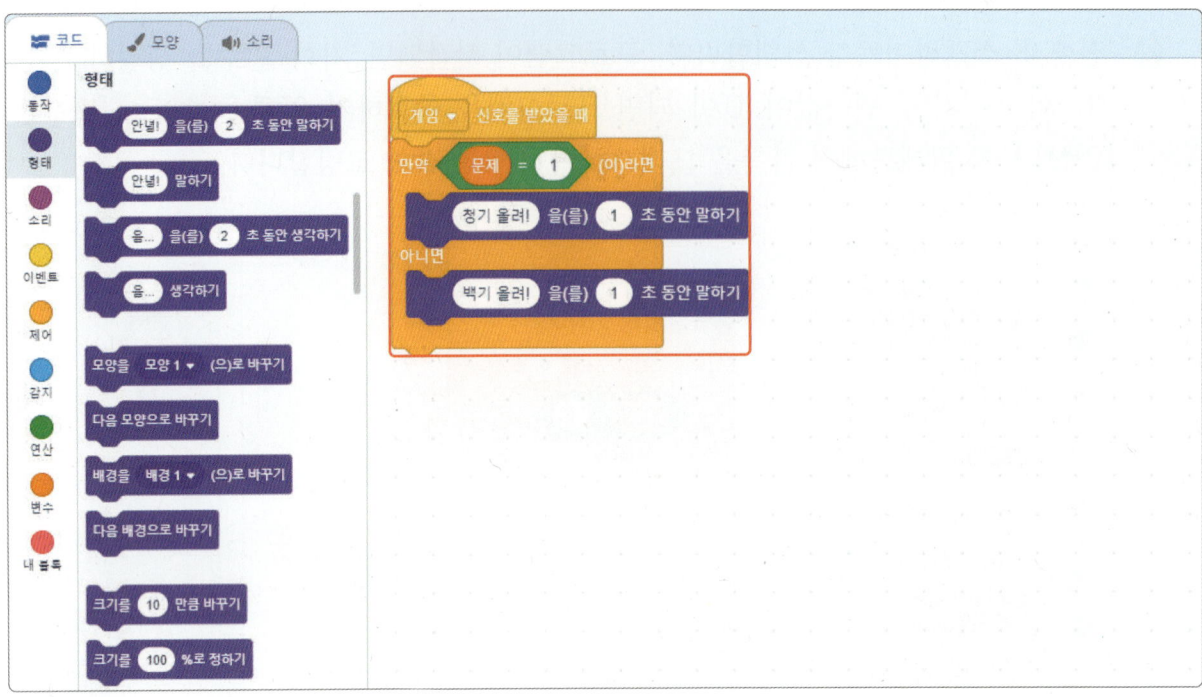

❺ '선수' 스프라이트를 선택합니다. 프로그램이 시작되면 '점수' 변수를 생성하고 초기 값을 지정한 후 모양을 변경하기 위해 [이벤트], [변수], [형태] 블록 팔레트에서 블록을 드래그하여 그림과 같이 코딩합니다.

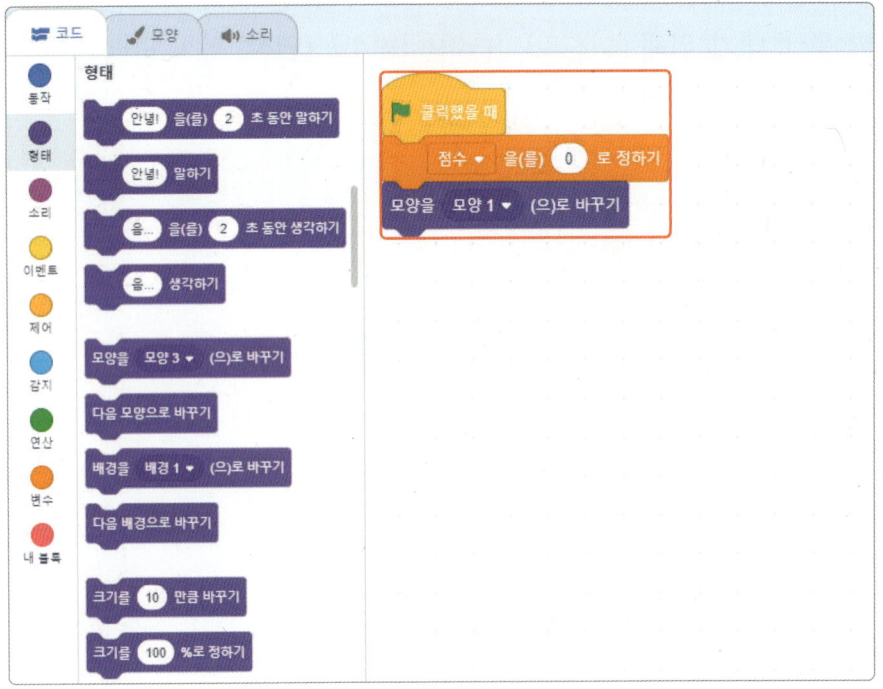

❻ '게임' 신호를 받으면 계속 반복하여 키보드의 '1' 키를 누르면 모양을 변경하기 위해 [이벤트], [제어], [감지], [형태] 블록 팔레트에서 블록을 드래그하여 그림과 같이 코딩합니다.

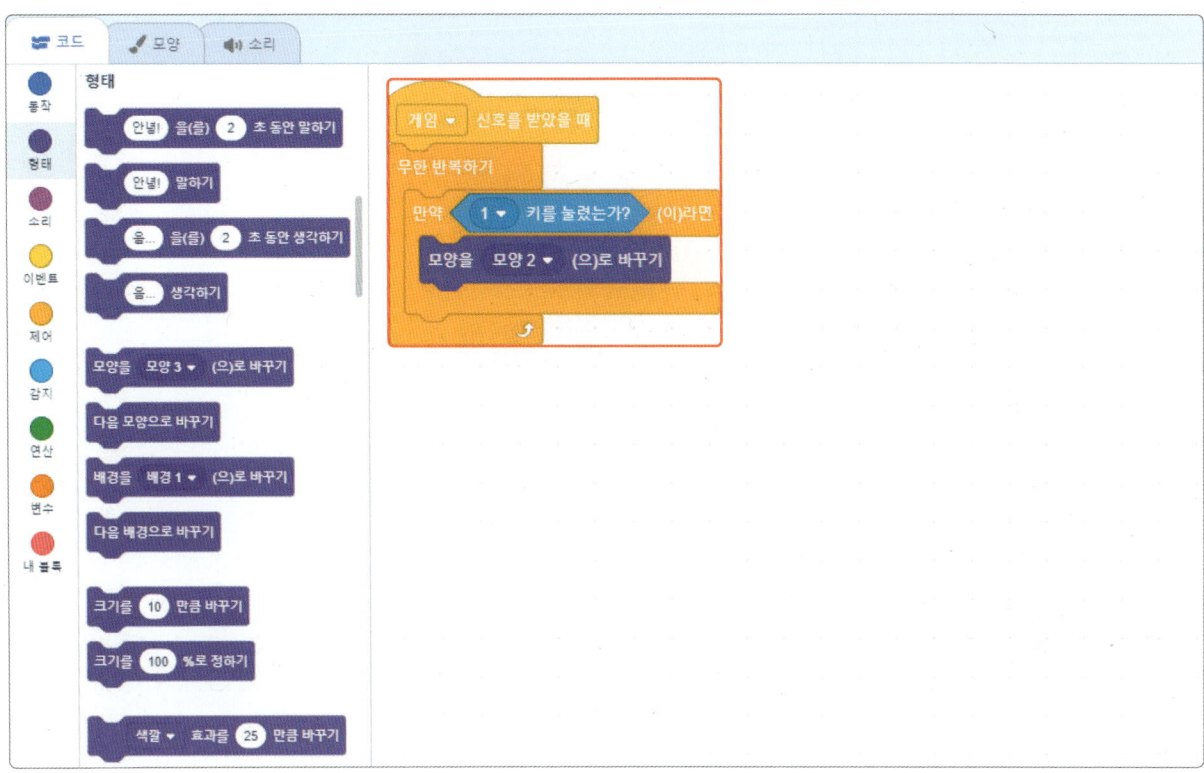

❼ '문제' 변숫값이 '1'이면 '점수' 변숫값을 증가하고 그렇지 않으면 '기회' 변숫값을 감소하기 위해 [제어], [연산], [변수] 블록 팔레트에서 블록을 드래그하여 그림과 같이 코딩합니다.

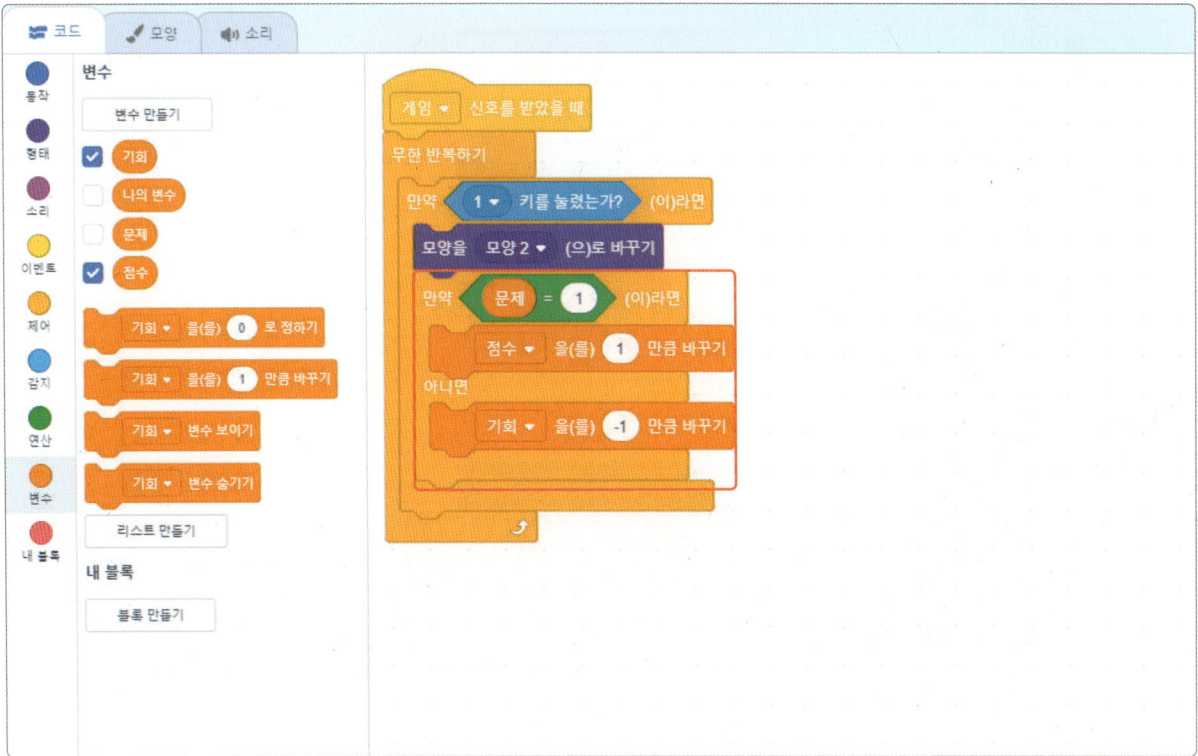

❽ 이어서 '0.5'초 후 모양을 변경하고 해당 스크립트를 종료하기 위해 [제어], [형태] 블록 팔레트에서 블록을 드래그하여 그림과 같이 코딩합니다.

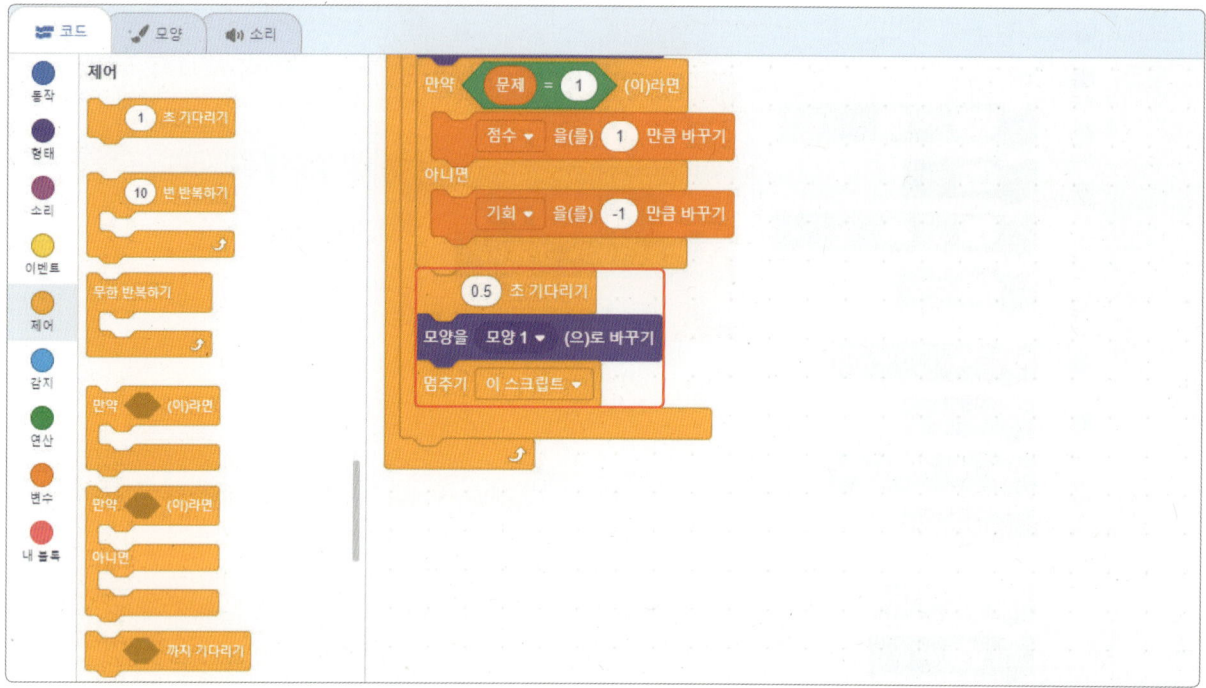

❾ 키보드의 '2' 키를 누르면 모양을 변경하고 '문제' 변숫값이 '2'면 '점수' 변숫값을 증가하고 그렇지 않으면 '기회' 변숫값을 감소한 후 해당 스크립트를 종료하기 위해 ❻~❽과 같은 방법으로 코딩합니다.

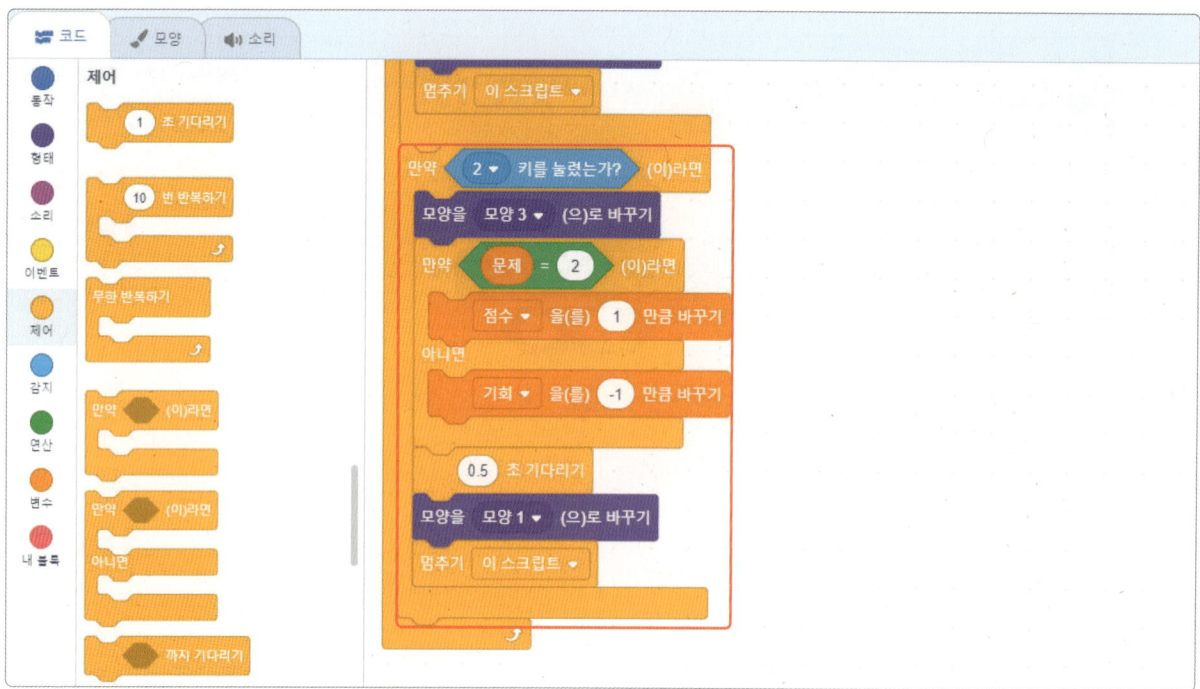

❿ 코딩이 완료되면 [시작하기(🚩)]를 클릭하여 게임을 진행해 봅니다.

Chapter 17 더 만들어 보기

예제 1 예제 파일을 불러와 다음의 조건에 맞게 코딩을 완성해 보세요.

조건
① '버튼'을 클릭하면 '문제' 변숫값을 1~3으로 지정하고 '가위바위보시작' 신호를 보냅니다.
② '나'는 '가위바위보시작' 신호를 받으면 키보드의 '1', '2', '3' 키를 눌러 모양을 변경합니다.
③ 키보드의 '1', '2', '3' 키를 눌렀을 때 '문제' 변숫값이 각각 '2', '3', '1'이면 점수를 증가합니다.
④ 키보드의 '1', '2', '3' 키를 눌렀을 때 '문제' 변숫값이 각각 '2', '3', '1'이 아니면 기회를 감소합니다.
⑤ '기회' 변숫값이 '0'이 되면 프로그램을 종료합니다.

• 예제 파일 : 17_가위바위보(예제).sb3   • 완성 파일 : 17_가위바위보(완성).sb3

예제 2 예제 파일을 불러와 다음의 조건에 맞게 코딩을 완성해 보세요.

조건
① '명령'은 프로그램이 시작되면 계속해서 '불빛' 변숫값을 1~3으로 지정하고 '켜기' 신호를 보냅니다.
② '손가락'은 키보드의 'r', 'y', 'b' 키를 누르면 각각 '빨강', '노랑', '파랑' 신호를 보냅니다.
③ 키보드의 'r', 'y', 'b' 키를 눌렀을 때 '불빛' 변숫값이 각각 '1', '2', '3'이면 점수를 증가합니다.
④ 키보드의 'r', 'y', 'b' 키를 눌렀을 때 '불빛' 변숫값이 각각 '1', '2', '3'이 아니면 기회를 감소합니다.
⑤ '트리'는 '빨강', '노랑', '파랑' 신호를 받으면 해당 색깔의 전구가 켜집니다.

• 예제 파일 : 17_불빛 켜기(예제).sb3   • 완성 파일 : 17_불빛 켜기(완성).sb3

CHAPTER 17 청기백기 게임 _ **123**

Chapter 18

즐거운 게임 코딩 ③
DDR 리듬 게임

리듬 게임
재미 up 창의력 up

다음의 조건을 이용해 코딩을 완성해 보세요.

① '시작' 신호를 받으면 계속 반복하여 '리듬' 변숫값을 '1'~'4'의 난수로 지정하고 변숫값에 따라 'D_왼쪽'~'D_아래쪽'을 복제합니다.
② 키보드의 방향키를 누르면 '왼쪽', '오른쪽', '위쪽', '아래쪽' 변숫값을 '0.5'초 동안 '1'로 지정합니다.
③ 'D_왼쪽'~'D_아래쪽'의 복제본이 생성되면 무대의 '벽'에 닿을 때까지 아래쪽으로 이동합니다.
④ 'D_왼쪽'~'D_아래쪽'과 '왼쪽'~'아래쪽'까지의 거리에 따라 'PERFECT', 'NICE', 'GOOD'이 무대에 나타납니다.
⑤ 'D_왼쪽'~'D_아래쪽'의 복제본이 무대의 '벽'에 닿으면 '점수' 변숫값을 감소합니다.

• 예제 파일 : 18_리듬게임(예제).ent   • 완성 파일 : 18_리듬게임(완성).ent

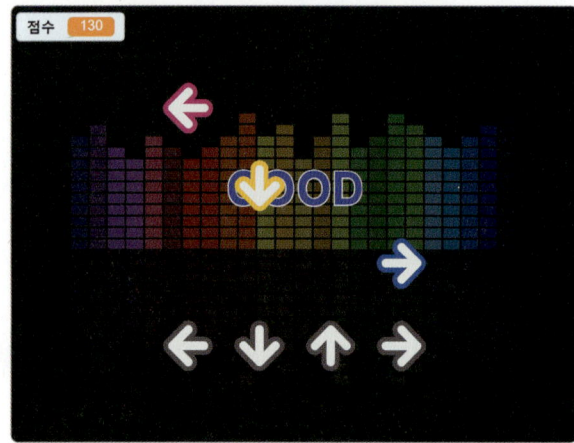

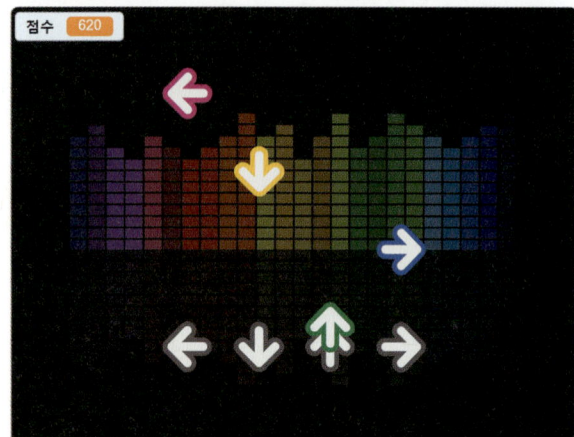

게임 코딩 이야기

❶ '배경' 스프라이트를 선택한 후 '시작' 신호를 받으면 계속 반복하여 '왼쪽 화살표' 키를 누르면 '왼쪽' 변숫값을 '1'로 지정한 후 다시 '0'으로 지정하도록 코딩합니다.

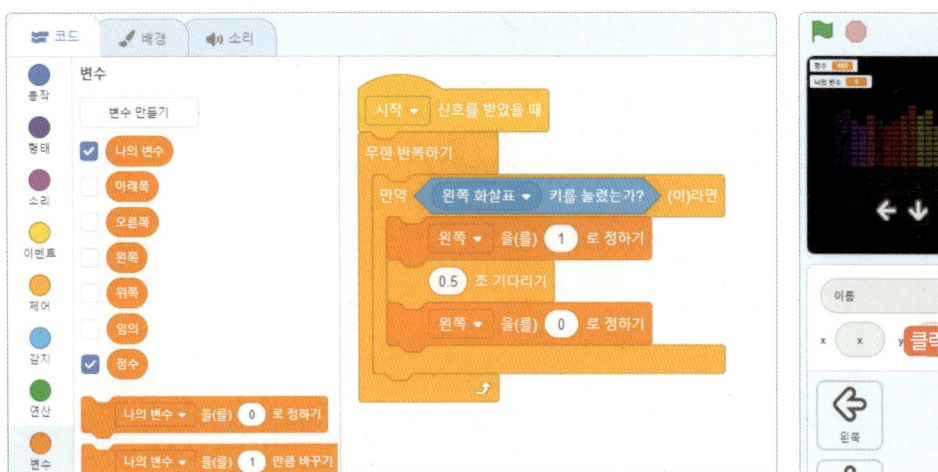

❷ '아래쪽 화살표', '위쪽 화살표', '오른쪽 화살표' 키를 누르면 해당 방향 변숫값을 '1'로 지정한 후 다시 '0'으로 지정하도록 코딩합니다.

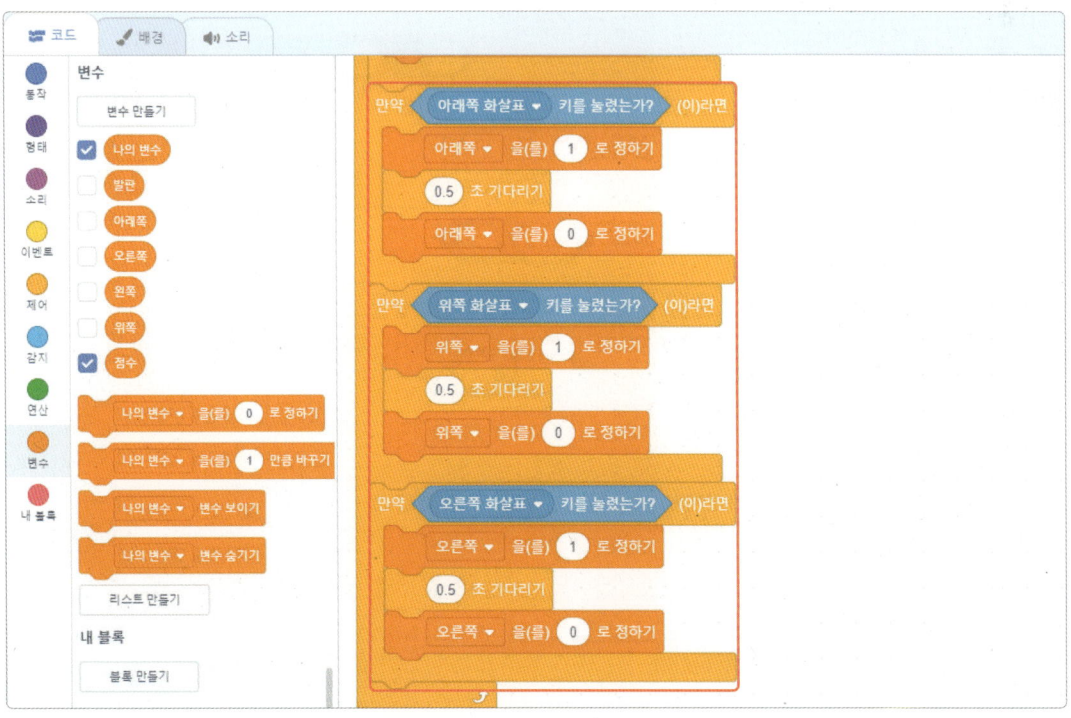

❸ '시작' 신호를 받으면 계속 반복하여 '리듬' 변숫값을 '1'~'4'의 난수로 지정하고 '리듬' 변숫값이 '1'이면 'D_왼쪽'의 복제본을 만들도록 코딩합니다.

❹ '리듬' 변숫값이 '2', '3', '4'면 각각 'D_아래쪽', 'D_위쪽', 'D_오른쪽'의 복제본을 생성한 후 '1'초 기다리도록 코딩합니다.

❺ 'D_왼쪽' 스프라이트를 선택한 후 복제본이 생성되면 무대에 나타나 '벽'에 닿을 때까지 아래쪽으로 이동하도록 코딩합니다.

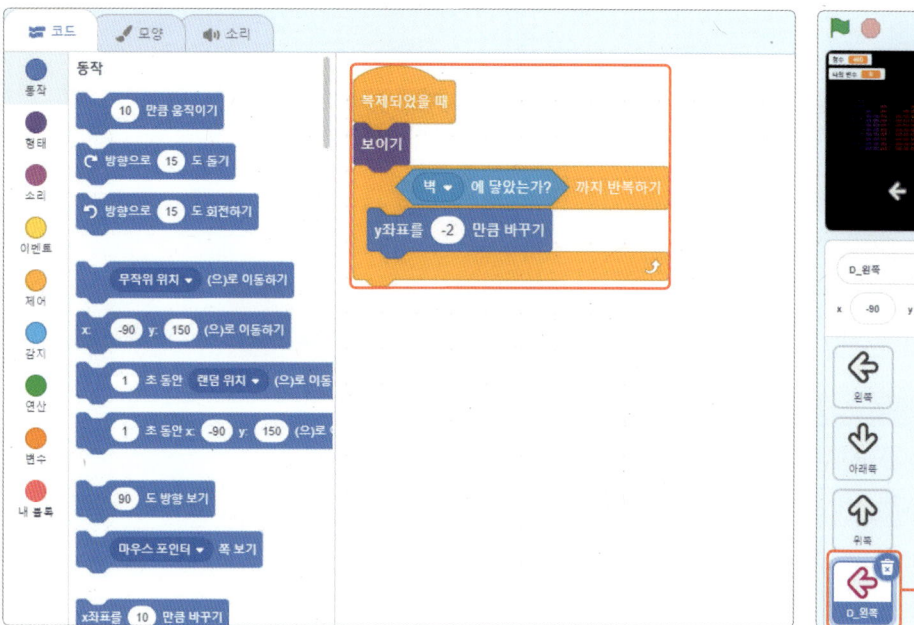

❻ '왼쪽' 변숫값이 '1'일 때 '왼쪽'까지와의 거리가 '2'보다 작으면 '점수' 변숫값을 증가하고 'PERFECT'의 복제본을 생성한 후 해당 복제본을 삭제하도록 코딩합니다.

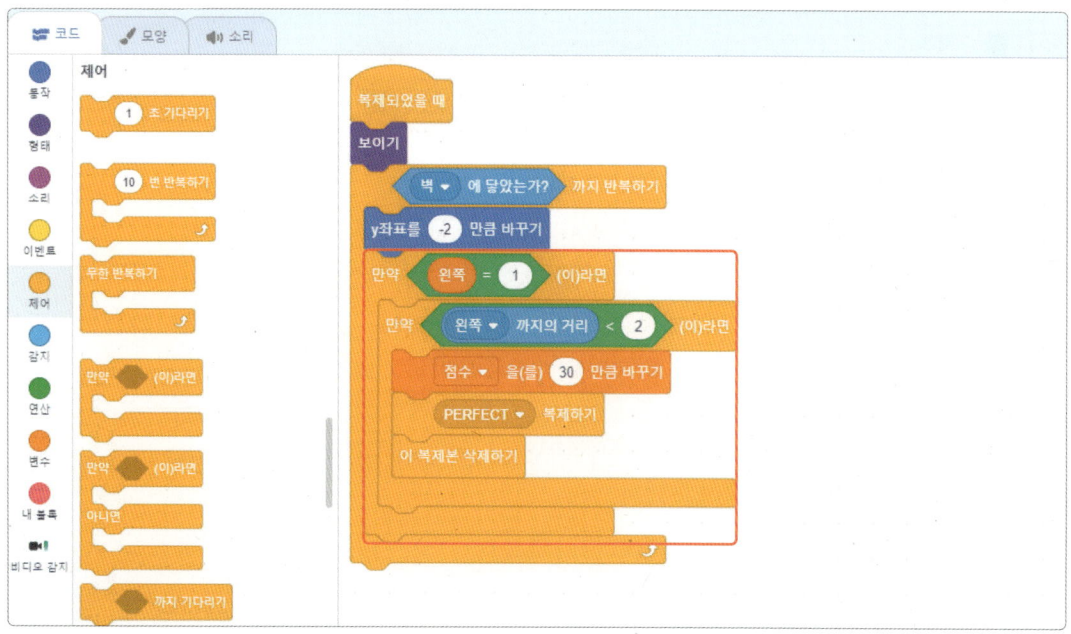

❼ '왼쪽'까지의 거리에 따라 '점수' 변숫값을 증가하고 'NICE', 'GOOD'의 복제본을 생성한 후 해당 복제본을 삭제하도록 코딩합니다.

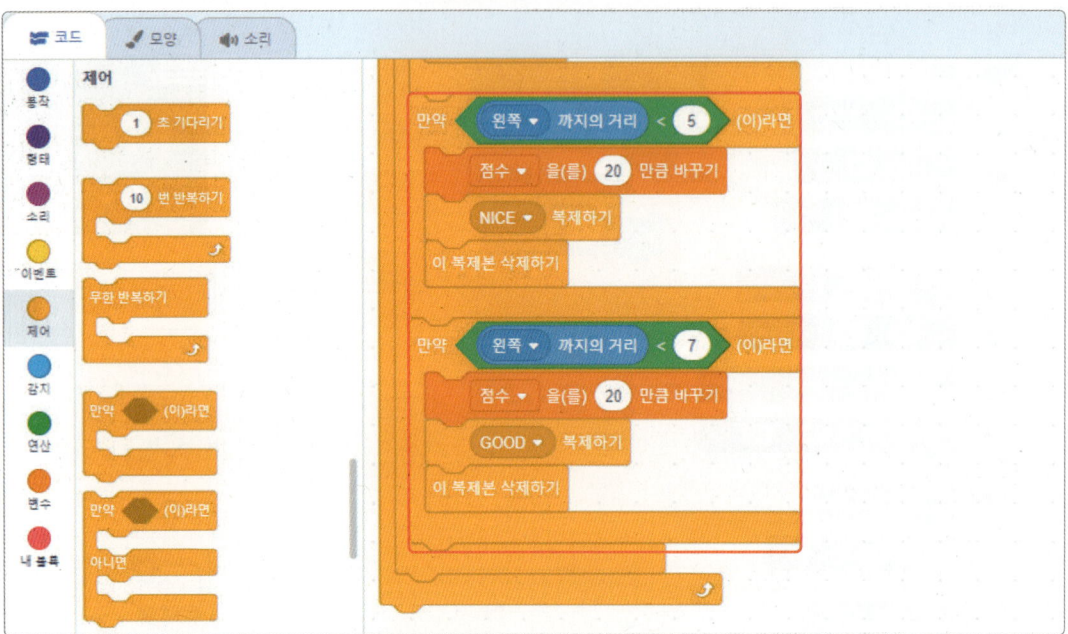

❽ 'D_왼쪽'이 무대의 '벽'에 닿으면 '점수' 변숫값을 감소한 후 해당 복제본을 삭제하도록 코딩합니다.

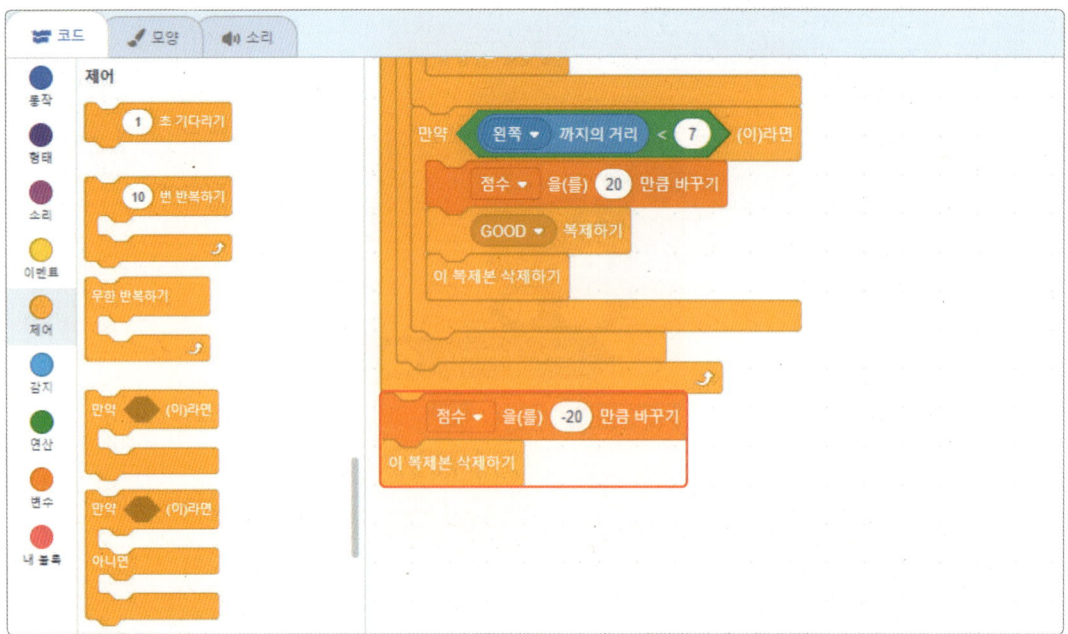

❾ 'D_아래쪽', 'D_위쪽', 'D_오른쪽' 스프라이트를 각각 선택한 후 ❺~❽과 같은 방법으로 코딩합니다.

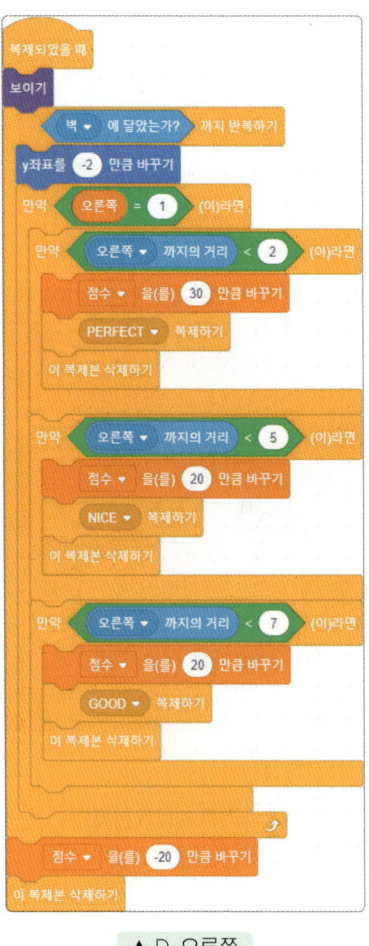

▲ D_아래쪽   ▲ D_위쪽   ▲ D_오른쪽

❿ 'PERFECT', 'NICE', 'GOOD' 스프라이트를 각각 선택한 후 복제본이 생성되면 무대에 나타나 '20'번 반복하여 크기를 키운 후 해당 복제본을 삭제하도록 코딩합니다.

▲ PERFECT

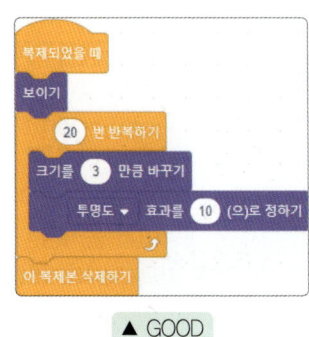

▲ NICE   ▲ GOOD

CHAPTER 18 즐거운 게임 코딩 ❸ _ **129**

Chapter 19 꽃송이 모으기

모션플레이

학습목표

- 비디오 화면을 켜거나 끄고 비디오 화면의 투명도를 지정하도록 코딩합니다.
- 꽃송이에서의 비디오 동작 관찰값에 따라 꽃송이 변숫값을 증가하도록 코딩합니다.
- 꽃송이 변숫값이 일정 값보다 크면 종료 신호를 보내도록 코딩합니다.
- 도넛에서의 비디오 동작 관찰값에 따라 프로그램이 종료되도록 코딩합니다.

· 예제 파일 : 19_꽃송이 모으기(예제).sb3   · 완성 파일 : 19_꽃송이 모으기(완성).sb3

 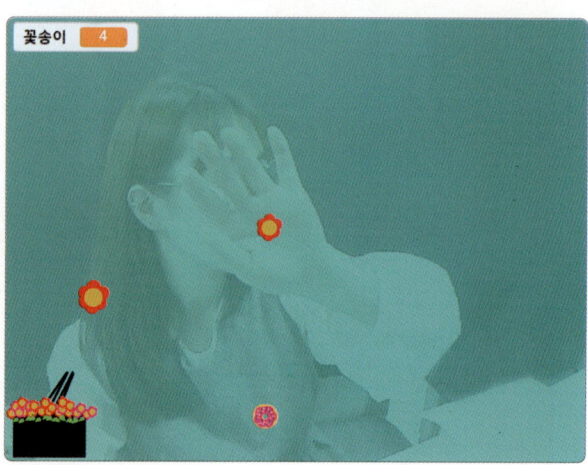

 문제 해결 과제

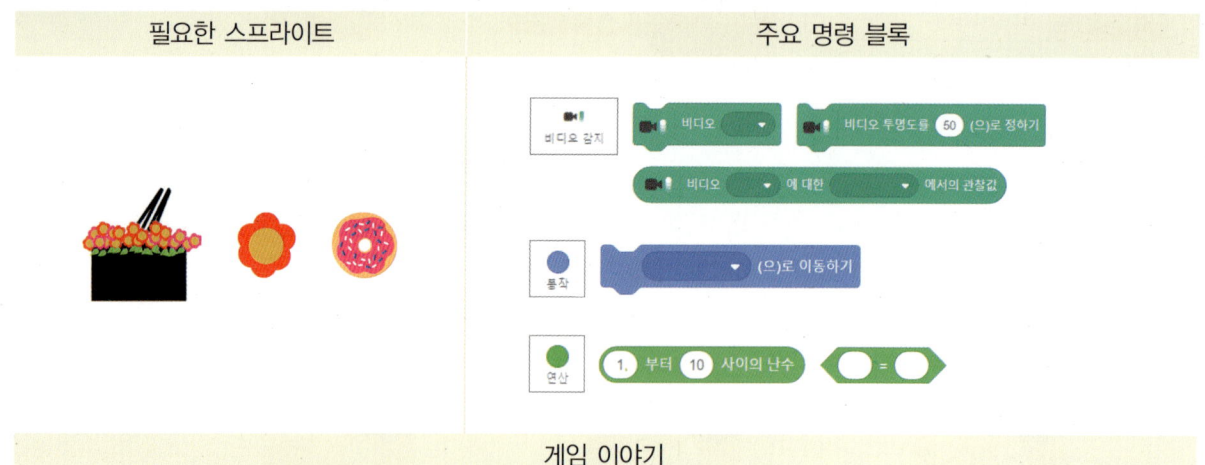

게임 이야기

오늘은 예쁜 꽃을 주변 사람들에게 판매하고 싶은 날이에요. 꽃바구니에 꽃을 가득 채우기 위해 떨어지는 꽃송이를 손으로 잡아 보세요. 꽃송이가 움직임을 인식하면 꽃송이를 꽃바구니에 담을 수 있답니다. 단, 도넛이 움직임을 인식하면 꽃바구니에 꽃을 가득 채우지 못한 채 게임이 종료되니 도넛을 피해 꽃송이만 손으로 잡아 꽃바구니를 가득 채워보세요.

1 게임 코딩하기

① 'Scrach 3.0' 프로그램을 실행한 후 '19_꽃송이 모으기(예제).sb3' 파일을 불러옵니다.

② 블록 팔레트의 [확장 기능 추가하기(🔧)]–[비디오 감지(📹)]를 클릭하여 비디오 감지 블록을 불러 옵니다.

Tip
웹캠을 컴퓨터와 연결한 후 비디오 감지 블록을 불러 옵니다.

③ '꽃바구니' 스프라이트를 선택한 후 프로그램이 시작되면 메시지를 말하고 '꽃모으기 시작' 신호를 보내기 위해 [이벤트], [형태] 블록 팔레트에서 블록을 드래그하여 그림과 같이 코딩합니다.

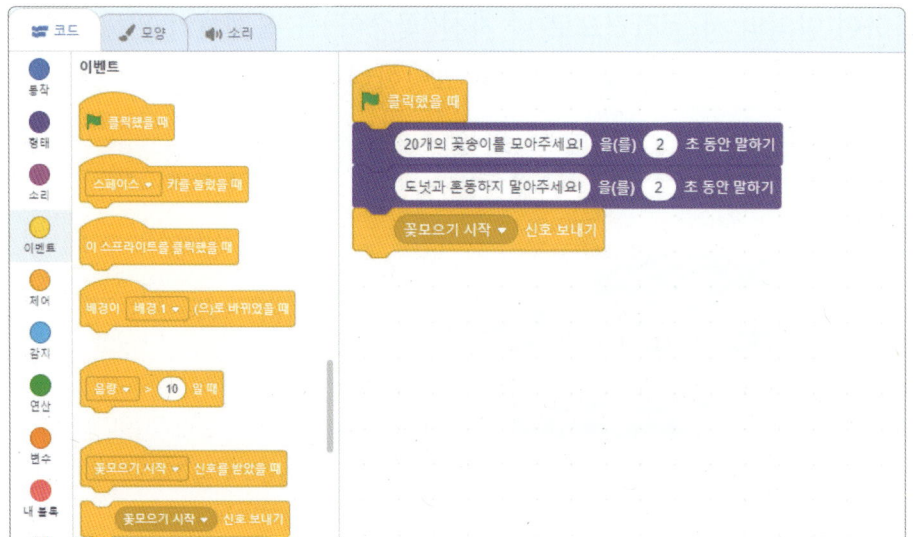

④ '꽃송이' 스프라이트를 선택한 후 프로그램이 시작되면 '비디오'를 끄고 '꽃송이' 변숫값을 '0'으로 지정한 후 개체를 무대에서 숨기기 위해 [이벤트], [비디오 감지], [변수], [형태] 블록 팔레트에서 블록을 드래그하여 그림과 같이 코딩합니다.

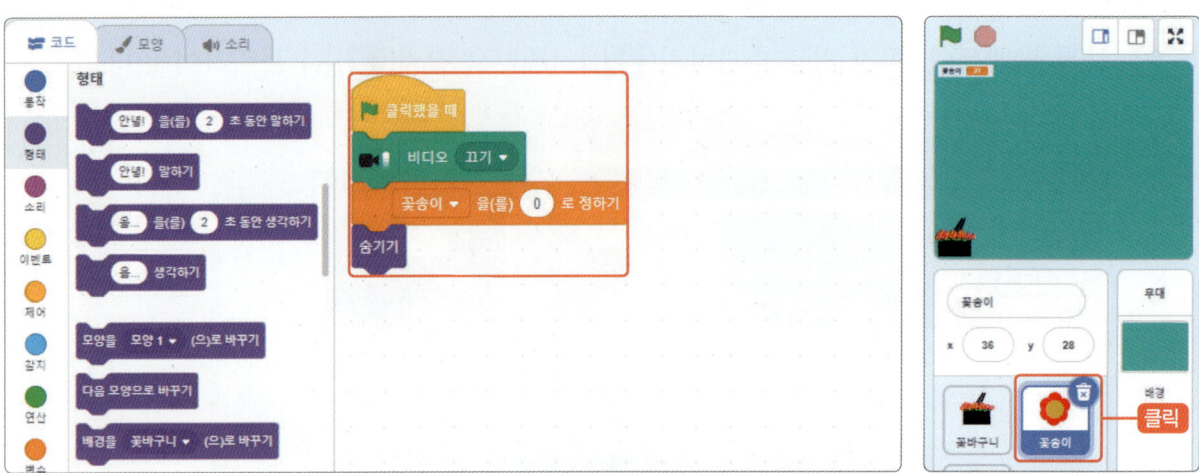

⑤ '꽃모으기 시작' 신호를 받으면 '비디오'를 켜고 비디오의 투명도를 지정하기 위해 [이벤트], [비디오 감지] 블록 팔레트에서 블록을 드래그하여 그림과 같이 코딩합니다.

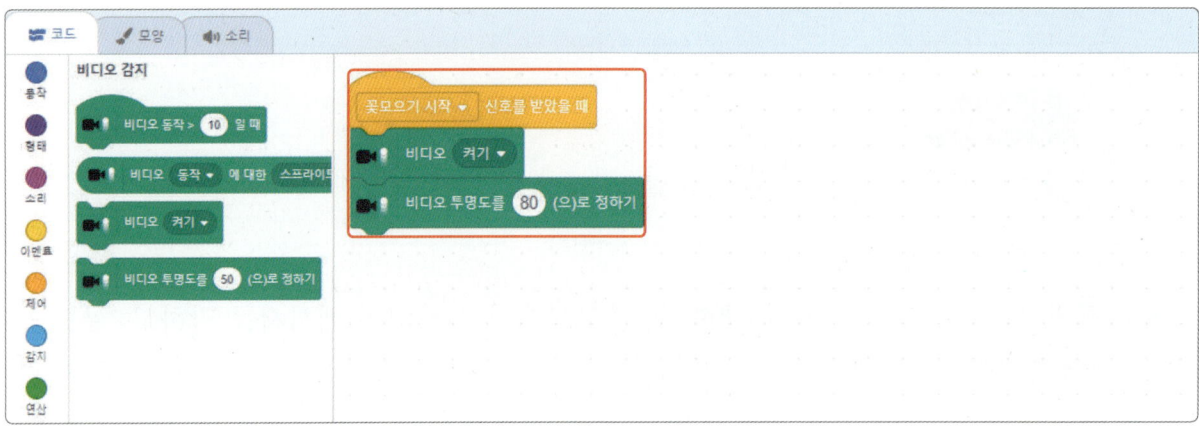

⑥ 이어서 계속 반복하여 임의의 시간 간격으로 나 자신('꽃송이')을 복제하기 위해 [제어], [연산] 블록 팔레트에서 블록을 드래그하여 그림과 같이 코딩합니다.

❼ 복제본이 생성되면 무작위 위치로 이동하여 크기를 지정한 후 무대에 나타나도록 하기 위해 [제어], [동작], [형태] 블록 팔레트에서 블록을 드래그하여 그림과 같이 코딩합니다.

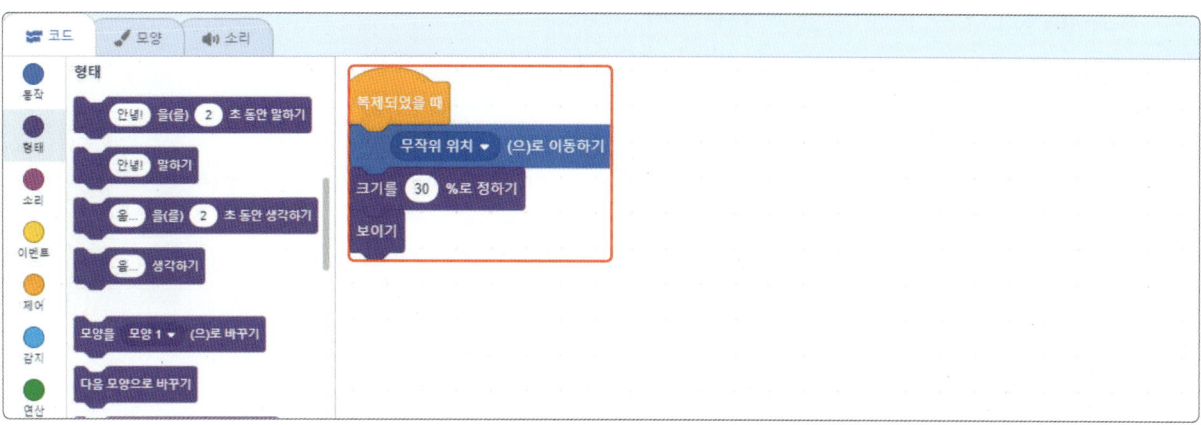

❽ 개체의 '크기'가 '100'이 될 때까지 크기를 '1'만큼 증가하고 비디오 '동작'에 대한 '꽃송이'에서의 관찰값이 '50'보다 크면 조건을 실행한 후 해당 복제본을 삭제하기 위해 [제어], [연산], [형태], [비디오 감지] 블록 팔레트에서 블록을 드래그하여 그림과 같이 코딩합니다.

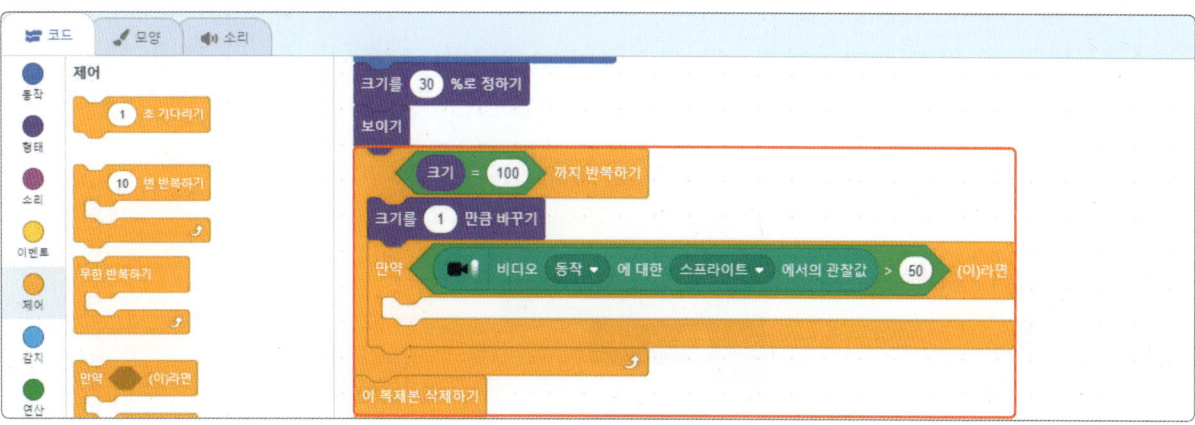

❾ 비디오 '동작'에 대한 '꽃송이'에서의 관찰값이 '50'보다 크면 '꽃바구니' 위치로 이동하여 크기를 '100'%로 지정하고 '꽃송이' 변숫값을 증가한 후 해당 복제본을 삭제하기 위해 [동작], [형태], [변수], [제어] 블록 팔레트에서 블록을 드래그하여 그림과 같이 코딩합니다.

⑩ '도넛' 스프라이트를 선택합니다. '꽃모으기 시작' 신호를 받으면 계속 반복하여 임의의 시간 간격으로 나 자신('도넛')을 복제하기 위해 **[이벤트]**, **[제어]**, **[연산]** 블록 팔레트에서 블록을 드래그하여 그림과 같이 코딩합니다.

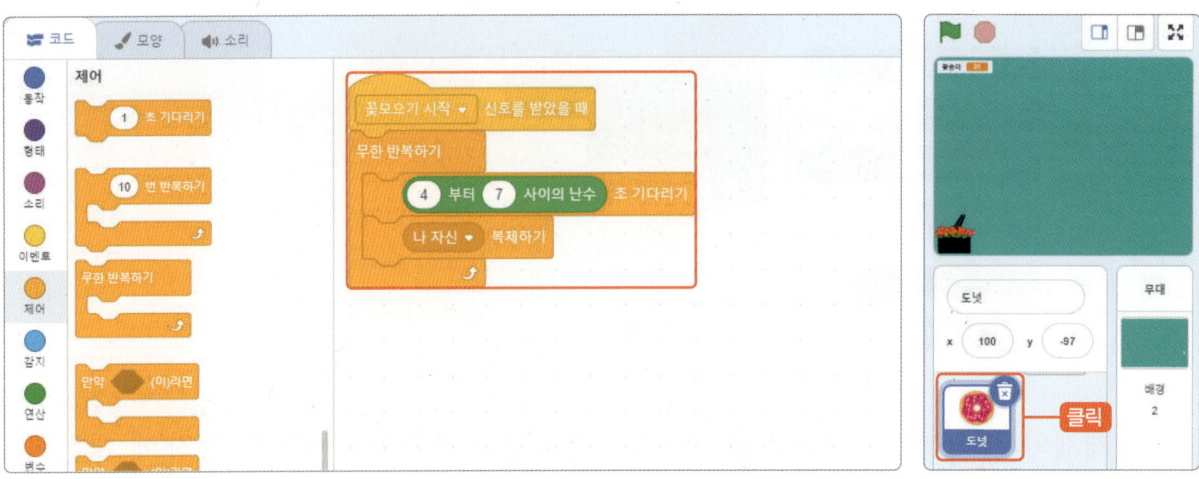

⑪ 복제본이 생성되면 무작위 위치로 이동하여 크기를 지정한 후 무대에 나타나 크기가 '100'이 될 때까지 크기를 '1'만큼 증가하고 비디오 '동작'에 대한 '도넛'에서의 관찰값이 '50'보다 크면 '꽃바구니' 위치로 이동하여 크기를 '100'%로 지정하고 '도넛' 신호를 보낸 후 해당 복제본을 삭제하기 위해 ❼~❾와 같은 방법으로 코딩합니다.

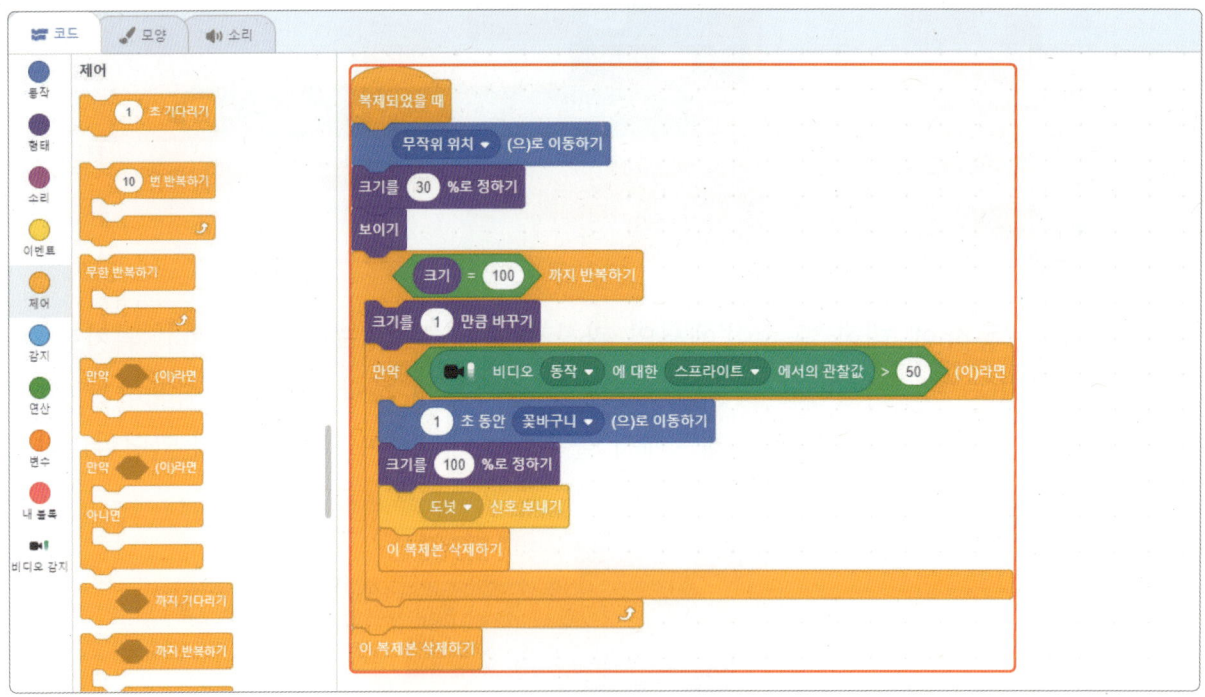

비디오 '동작'에 대한 스프라이트에서의 관찰값은 카메라 감도 등에 따라 조건 값을 '50'으로 설정하여도 인식이 될 수도 있고 안 될 수도 있으니 본인의 카메라 조건에 맞추어 값을 변경해 봅니다.

⑫ '꽃바구니' 스프라이트를 선택한 후 '꽃모으기 시작' 신호를 받으면 '꽃송이' 변숫값이 '20' 보다 커질 때까지 기다린 후 '종료' 신호를 보내기 위해 [이벤트], [제어], [연산], [변수] 블록 팔레트에서 블록을 드래그하여 그림과 같이 코딩합니다.

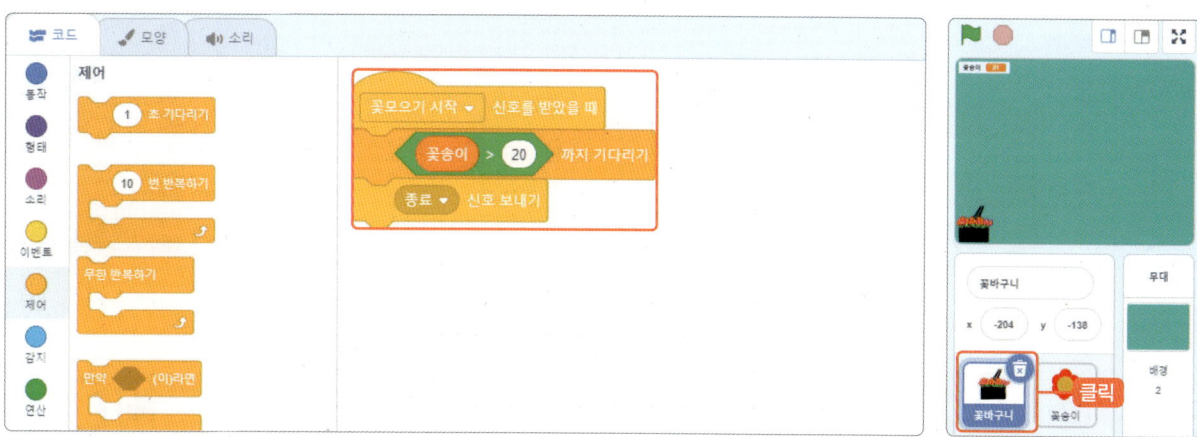

⑬ '도넛' 신호를 받으면 '비디오'를 끄고 "도넛은 꽃집에서 팔 수 없다고!"를 말한 후 프로그램을 종료하기 위해 [이벤트], [비디오 감지], [형태], [제어] 블록 팔레트에서 블록을 드래그하여 그림과 같이 코딩합니다.

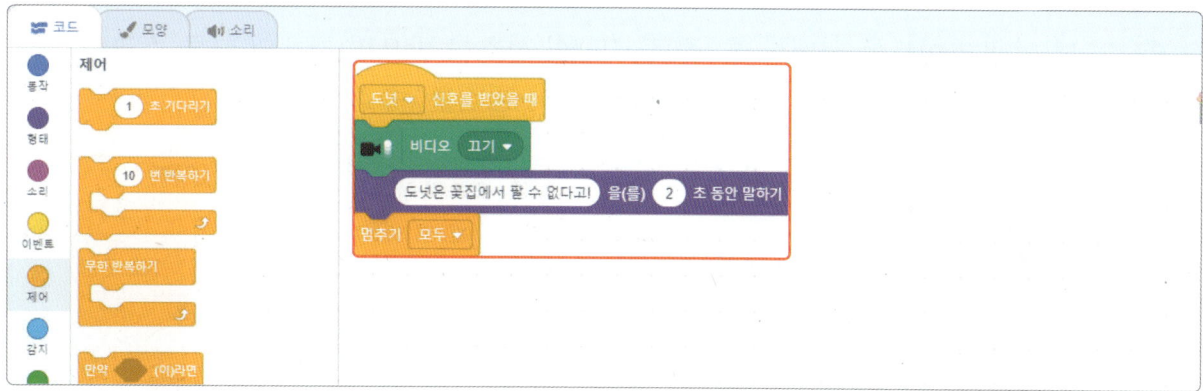

⑭ '종료' 신호를 받으면 '비디오'를 끄고 "꽃 사세요~!"를 말한 후 프로그램을 종료하기 위해 [이벤트], [비디오 감지], [형태], [제어] 블록 팔레트에서 블록을 드래그하여 그림과 같이 코딩합니다.

⑮ '꽃송이' 스프라이트를 선택한 후 '종료', '도넛' 신호를 받으면 개체의 다른 스크립트를 종료한 후 해당 복제본을 삭제하기 위해 [이벤트], [제어] 블록 팔레트에서 블록을 드래그하여 그림과 같이 코딩합니다.

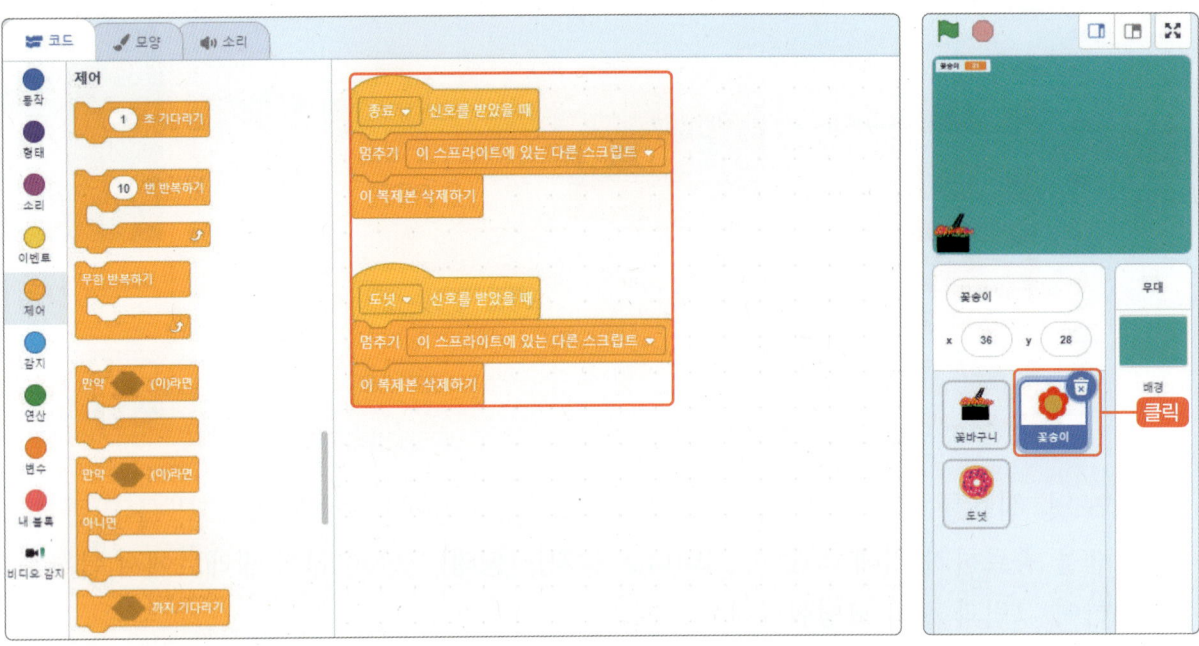

⑯ '도넛' 스프라이트를 선택한 후 '종료', '도넛' 신호를 받으면 개체의 다른 스크립트를 종료한 후 해당 복제본을 삭제하기 위해 ⑮와 같은 방법으로 코딩합니다.

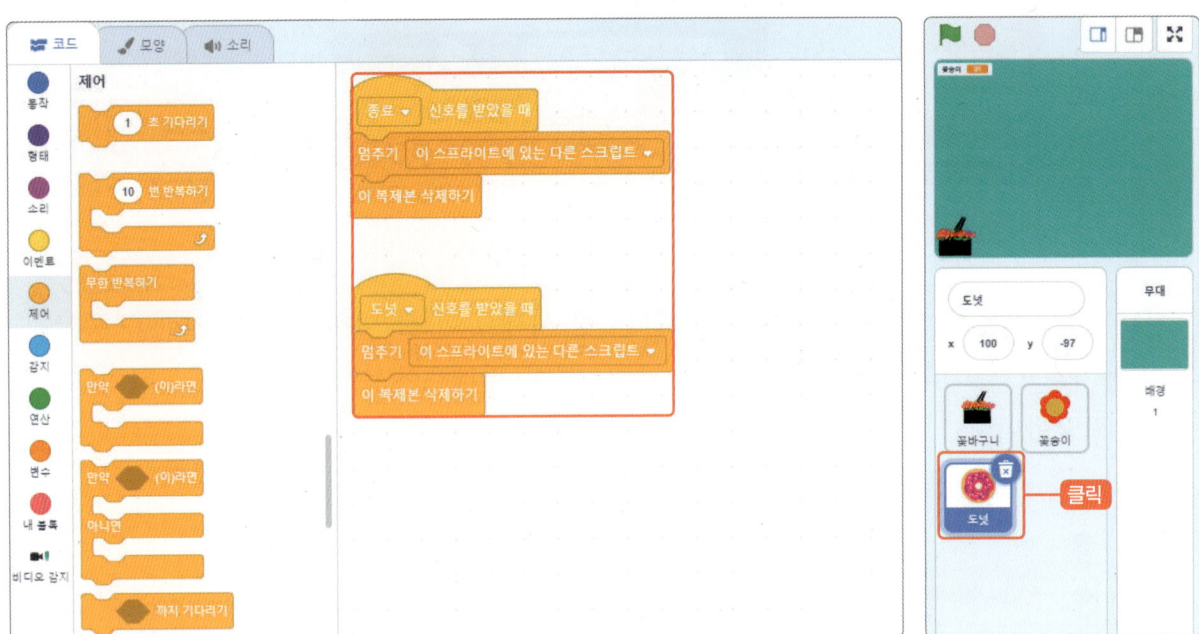

⑰ 코딩이 완료되면 [시작하기(🏳)]를 클릭하여 게임을 진행해 봅니다.

Chapter 19 더 만들어 보기

예제 1
예제 파일을 불러와 다음의 조건에 맞게 코딩을 완성해 보세요.

조건
① 프로그램이 시작되면 타이머를 초기화하고 '타이머'가 '60'보다 커지면 '저금 종료' 신호를 보냅니다.
② '저금 시작' 신호를 받으면 비디오를 켜고 임의의 시간 간격으로 '백원', '빵원'을 복제합니다.
③ '백원', '빵원'의 복제본이 생성되면 무대의 '벽'에 닿을 때까지 아래쪽으로 이동합니다.
④ 비디오 '동작'에 대한 '백원'에서의 관찰값이 '50'보다 크면 '저금액' 변숫값을 증가합니다.
⑤ 비디오 '동작'에 대한 '빵원'에서의 관찰값이 '50'보다 크면 비디오를 끄고 프로그램을 종료합니다.

• 예제 파일 : 19_돼지저금통(예제).sb3   • 완성 파일 : 19_돼지저금통(완성).sb3

 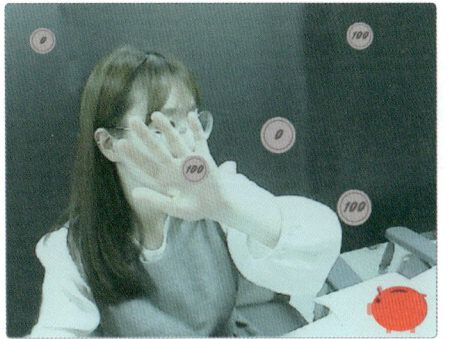

예제 2
예제 파일을 불러와 다음의 조건에 맞게 코딩을 완성해 보세요.

조건
① 프로그램이 시작되면 타이머를 초기화하고 '타이머'가 '60'보다 커지면 '종료' 신호를 보냅니다.
② '물고기'는 '시작' 신호를 받으면 비디오를 켜고 임의의 시간 간격으로 자신을 복제합니다.
③ '불가사리'는 '시작' 신호를 받으면 임의의 시간 간격으로 자신을 복제합니다.
④ 비디오 '동작'에 대한 '물고기'에서의 관찰값이 '50'보다 크면 '물고기' 변숫값을 증가합니다.
⑤ 비디오 '동작'에 대한 '불가사리'에서의 관찰값이 '50'보다 크면 비디오를 끄고 프로그램을 종료합니다.

• 예제 파일 : 19_물고기 잡기(예제).sb3   • 완성 파일 : 19_물고기 잡기(완성).sb3

모션플레이

Chapter 20 공룡 조종 RC 게임

학습목표

- 비디오 화면을 켜거나 끄고 비디오 화면의 투명도를 지정하도록 코딩합니다.
- 조종사에서의 비디오 동작 관찰값에 따라 RC공룡이 전진하도록 코딩합니다.
- 시간 변숫값을 생성하고 시간 변숫값이 1초마다 1만큼 증가하도록 코딩합니다.
- RC공룡이 도착점에 닿으면 시간 변수를 무대에 나타내고 프로그램이 종료되도록 코딩합니다.

• 예제 파일 : 20_RC게임(예제).sb3   • 완성 파일 : 20_RC게임(완성).sb3

미션 문제 해결 과제

필요한 스프라이트	주요 명령 블록

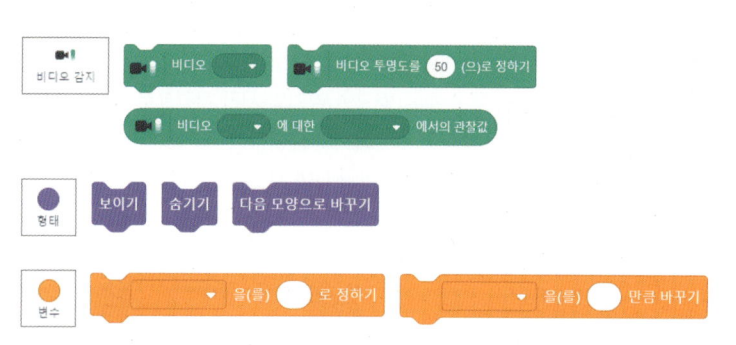

게임 이야기

RC 게임 페스티벌이 열렸어요! 각자 본인의 RC카를 이용해 경주를 하는 날인데요. 이번에는 귀여운 공룡 RC카를 이용해 경주를 진행해 볼 거예요. 조종사가 움직임을 인식하면 RC공룡이 전진하며 이동하고 RC공룡이 도착점에 닿으면 소요 시간이 무대에 나타난답니다. 자신만의 필살기를 사용해 RC공룡을 빠르게 전진시켜 기록을 단축해 보세요.

1 게임 코딩하기

❶ 'Scratch 3.0' 프로그램을 실행한 후 '20_RC게임(예제).sb3' 파일을 불러온 후 블록 팔레트의 [확장 기능 추가하기( )]-[비디오 감지( )]를 클릭하여 비디오 감지 블록을 불러옵니다.

❷ '타이머' 스프라이트를 선택합니다. '시간' 변수를 생성하고 변수 위치를 그림과 같이 지정한 후 프로그램이 시작되면 개체와 변수를 무대에서 숨기기 위해 [이벤트], [형태], [변수] 블록 팔레트에서 블록을 드래그하여 그림과 같이 코딩합니다.

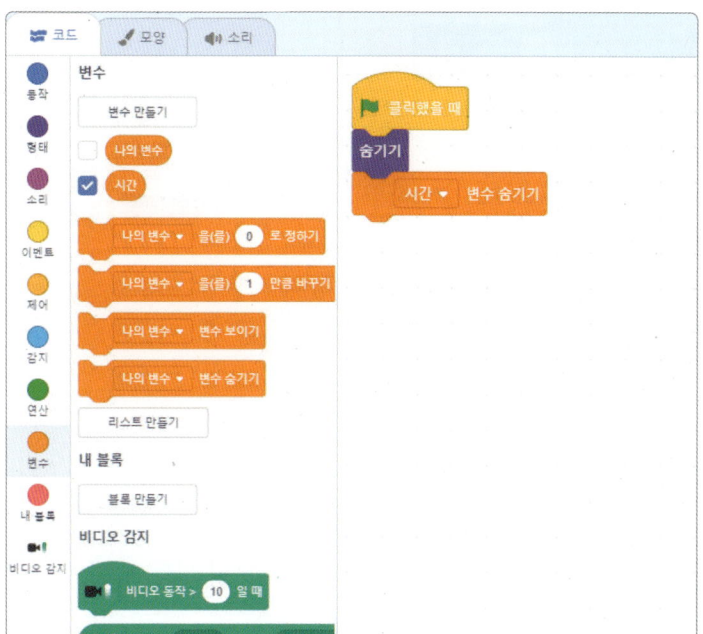
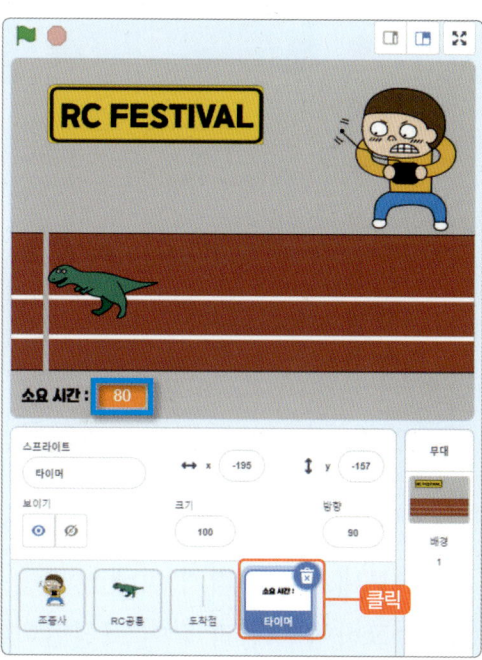

❸ 이어서 '시간' 변숫값을 '0'으로 지정한 후 계속 반복하여 '1'초 간격으로 '시간' 변숫값을 '1' 만큼 증가하기 위해 [이벤트], [변수], [제어] 블록 팔레트에서 블록을 드래그하여 그림과 같이 코딩합니다.

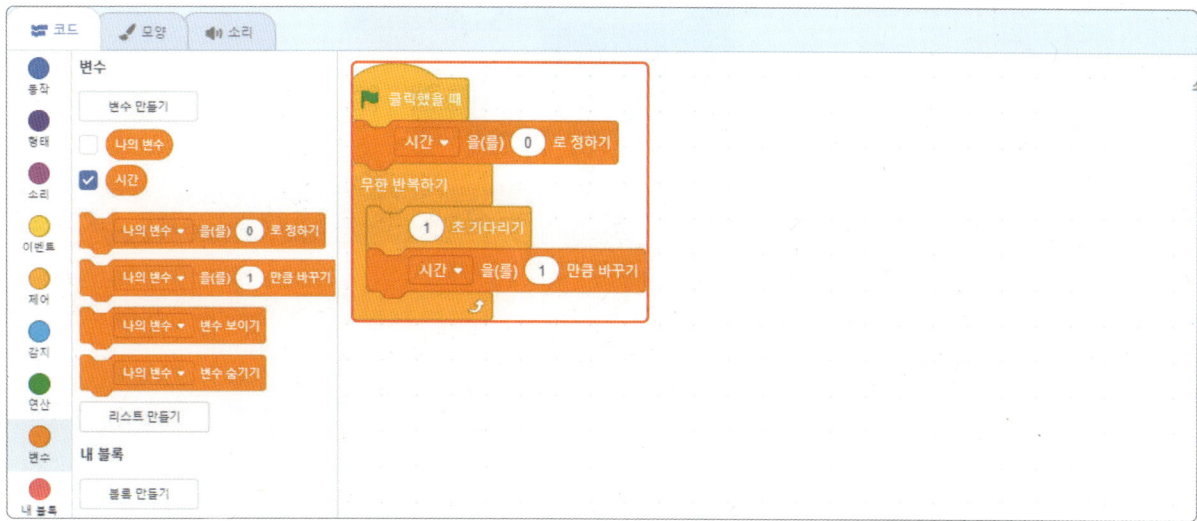

❹ '조종사' 스프라이트를 선택한 후 프로그램이 시작되면 '비디오'를 끄고 "내가 1등 할거야!!"를 말한 후 '비디오'를 켜고 투명도를 지정하기 위해 [이벤트], [비디오 감지], [형태] 블록 팔레트에서 블록을 드래그하여 그림과 같이 코딩합니다.

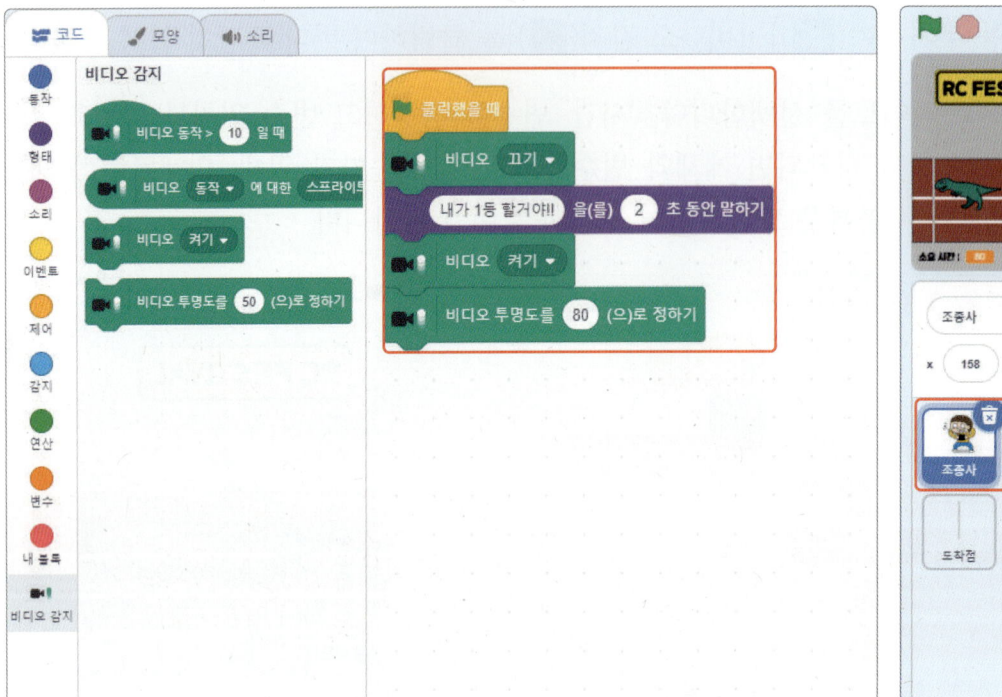

❺ 계속 반복하여 비디오 '동작'에 대한 '조종사'에서의 관찰값이 '20'보다 크면 '전진' 신호를 보내고 기다리기 위해 [제어], [연산], [비디오 감지], [이벤트] 블록 팔레트에서 블록을 드래그하여 그림과 같이 코딩합니다.

❻ 'RC공룡' 스프라이트를 선택합니다. 프로그램이 시작되면 출발점의 좌표로 이동한 후 계속 반복하여 '도착점'에 닿았는지 확인하고 '도착점'에 닿으면 '종료' 신호를 보내기 위해 [이벤트], [동작], [제어], [감지] 블록 팔레트에서 블록을 드래그하여 그림과 같이 코딩합니다.

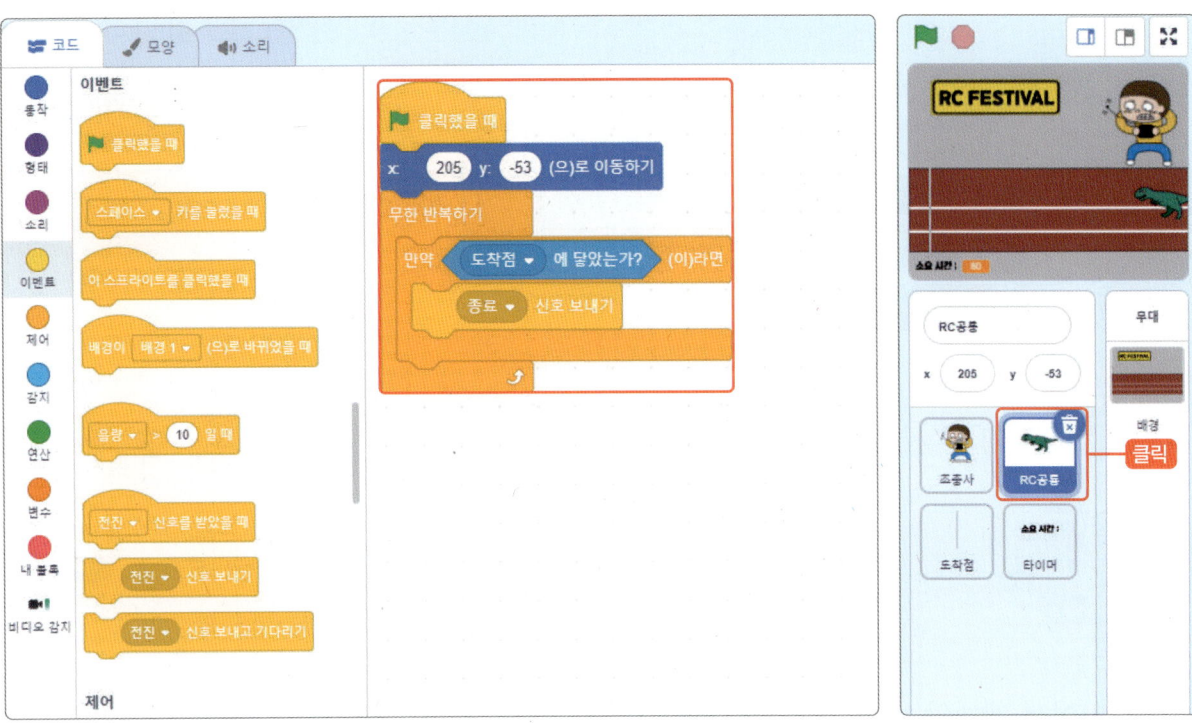

❼ '전진' 신호를 받으면 모양을 변경하며 왼쪽으로 이동하기 위해 [이벤트], [동작], [형태] 블록 팔레트에서 블록을 드래그하여 그림과 같이 코딩합니다.

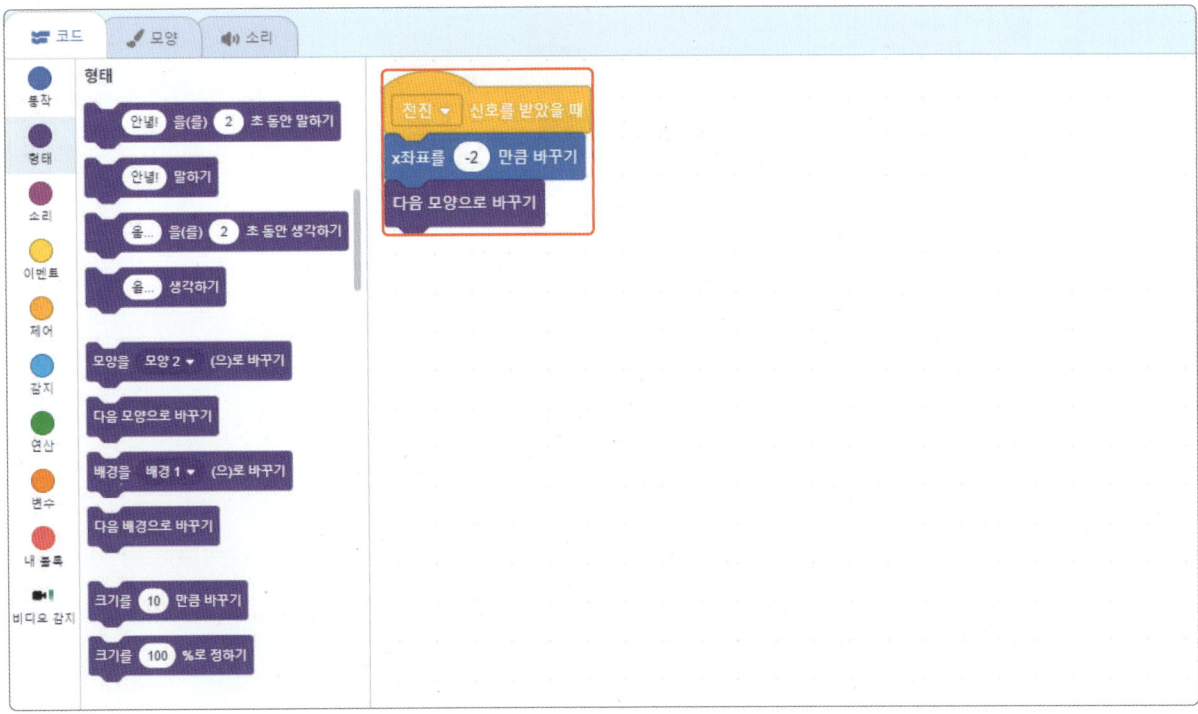

❽ '타이머' 스프라이트를 선택한 후 '종료' 신호를 받으면 개체의 다른 스크립트를 종료한 후 '비디오'를 끄기 위해 [이벤트], [제어], [비디오 감지] 블록 팔레트에서 블록을 드래그하여 그림과 같이 코딩합니다.

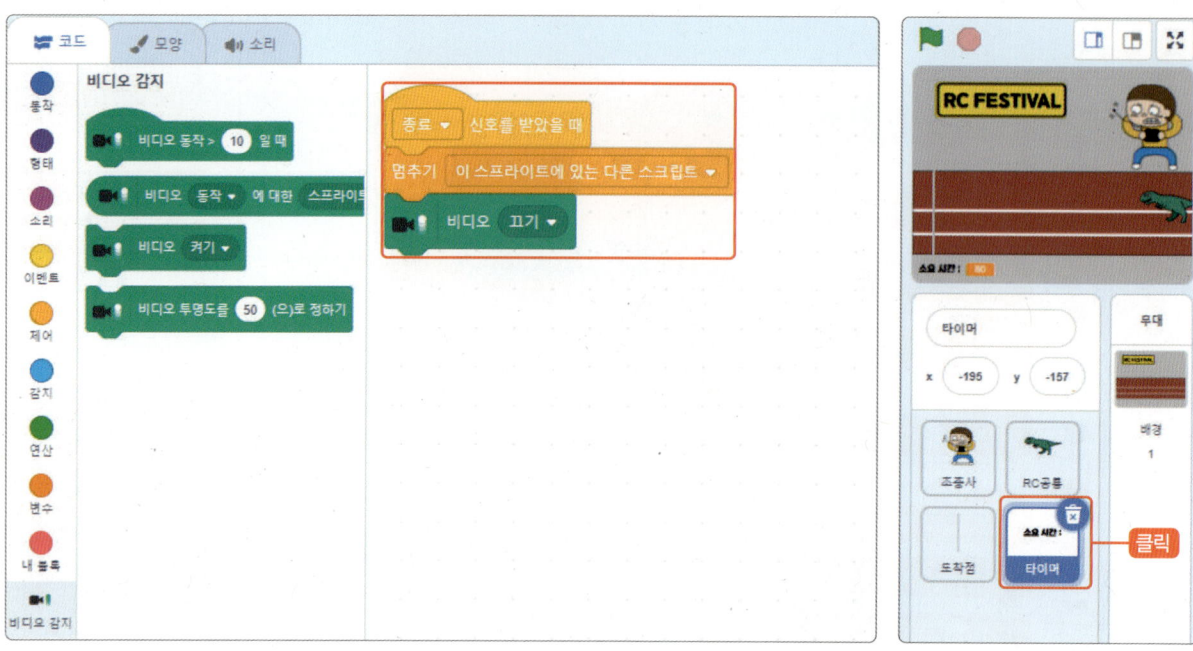

❾ 이어서 개체와 변수를 무대에 보인 후 프로그램을 종료하기 위해 [형태], [변수], [제어] 블록 팔레트에서 블록을 드래그하여 그림과 같이 코딩합니다.

❿ 코딩이 완료되면 [시작하기(🏁)]를 클릭하여 게임을 진행해 봅니다.

Chapter 20 더 만들어 보기

예제 1 예제 파일을 불러와 다음의 조건에 맞게 코딩을 완성해 보세요.

조건
① 프로그램이 시작되면 타이머를 초기화하고 '타이머'가 '50'보다 커지면 '종료' 신호를 보냅니다.
② 비디오 '동작'에 대한 '우성'에서의 관찰값이 '20'보다 크면 '화살'이 발사됩니다.
③ '화살'이 '풍선'에 닿으면 '풍선'이 터지는 모습을 표현하고 '풍선' 변숫값을 증가합니다.
④ '풍선'은 임의의 시간 간격으로 복제되어 무대에 나타나 위쪽으로 이동하고 '화살'에 닿으면 복제본을 삭제합니다.
⑤ '종료' 신호를 받으면 '비디오'를 끄고 '풍선' 변수를 무대에 보인 후 프로그램을 종료합니다.

• 예제 파일 : 20_풍선맞히기(예제).sb3   • 완성 파일 : 20_풍선맞히기(완성).sb3

예제 2 예제 파일을 불러와 다음의 조건에 맞게 코딩을 완성해 보세요.

조건
① 프로그램이 시작되면 '시간' 변수를 생성하고 '1'초 간격으로 변숫값을 '1'만큼 증가합니다.
② '비행기'는 무대의 '벽'에 닿을 때까지 반복하여 아래쪽으로 이동합니다.
③ 비디오 '동작'에 대한 '조종'에서의 관찰값이 '20'보다 크면 '비행기'가 상승합니다.
④ '참새'는 임의의 시간 간격으로 복제되어 무대에 나타나 '비행기'에 닿으면 '비행기'가 하강합니다.
⑤ '종료' 신호를 받으면 '비디오'를 끄고 '시간' 변수를 무대에 보인 후 프로그램을 종료합니다.

• 예제 파일 : 20_비행기 조종(예제).sb3   • 완성 파일 : 20_비행기 조종(완성).sb3

Chapter 21

오늘은 테니스 왕

모션플레이

- 비디오 화면을 켜거나 끄고 비디오 화면의 투명도를 지정하도록 코딩합니다.
- 라켓은 비디오 방향에 대한 무대에서의 관찰값에 따라 이동하도록 코딩합니다.
- 테니스공은 복제되어 나타나 라켓에 닿으면 공 변숫값을 증가하도록 코딩합니다.
- 종료 신호를 받으면 성공 메시지를 말하고 프로그램이 종료되도록 코딩합니다.
- 라켓이 벽에 닿으면 비디오를 끄고 프로그램이 종료되도록 코딩합니다.

학습목표

• 예제 파일 : 21_테니스(예제).sb3   • 완성 파일 : 21_테니스(완성).sb3

 문제 해결 과제

| 필요한 스프라이트 | 주요 명령 블록 |

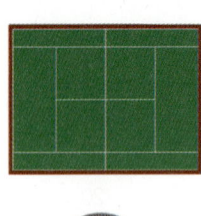

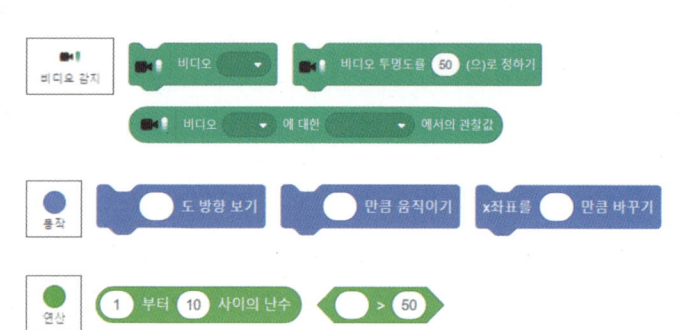

게임 이야기

이곳은 신비한 테니스 경기장! 테니스공은 경기장 위쪽 무작위 위치에서 아래쪽으로 떨어지고 라켓은 나의 움직임 방향에 따라 좌우로 움직여요. 요리조리 라켓을 움직여 테니스공이 바닥에 떨어지지 않도록 튕겨내 보세요. 20개의 테니스공을 튕겨내면 테니스의 왕이 될 수 있답니다.

1 게임 코딩하기

❶ 'Scrach 3.0' 프로그램을 실행하여 '21_테니스(예제).sb3' 파일을 불러온 후 블록 팔레트의 [확장 기능 추가하기( )]-[비디오 감지( )]를 클릭하여 비디오 감지 블록을 불러옵니다.

❷ '라켓' 스프라이트를 선택합니다. 프로그램이 실행되면 '비디오'를 끄고 "테니스의 왕이 될 거야!"를 말한 후 '비디오'를 다시 켜고 '시작' 신호를 보내기 위해 **[비디오 감지]**, **[형태]**, **[제어]**, **[이벤트]** 블록 팔레트에서 블록을 드래그하여 그림과 같이 코딩합니다.

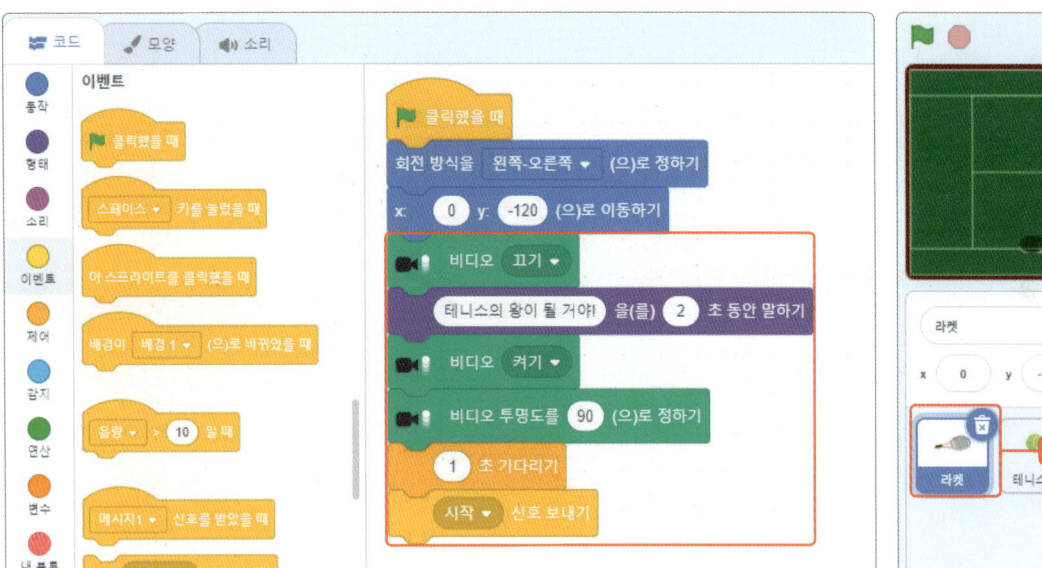

❸ '시작' 신호를 받으면 계속 반복하여 '공' 변숫값이 '20'보다 큰지 확인하고 변숫값이 '20'보다 크면 '종료' 신호를 보내기 위해 **[이벤트]**, **[제어]**, **[연산]**, **[변수]** 블록 팔레트에서 블록을 드래그하여 그림과 같이 코딩합니다.

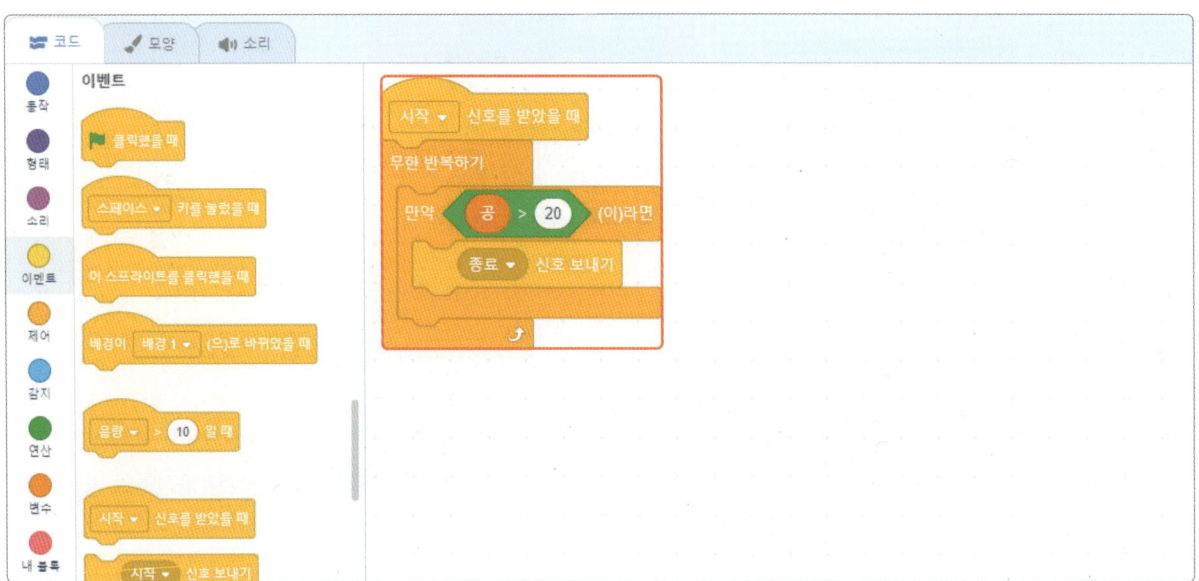

❹ '시작' 신호를 받으면 무대의 '벽'에 닿을 때까지 조건을 실행하기 위해 [이벤트], [제어], [감지] 블록 팔레트에서 블록을 드래그하여 그림과 같이 코딩합니다.

❺ 비디오 '방향'에 대한 '무대'에서의 관찰값이 '0'보다 작으면 왼쪽을 바라보며 왼쪽으로 이동하고 그렇지 않으면 오른쪽을 바라보며 오른쪽으로 이동하기 위해 [제어], [연산], [비디오 감지], [동작] 블록 팔레트에서 블록을 드래그하여 그림과 같이 코딩합니다.

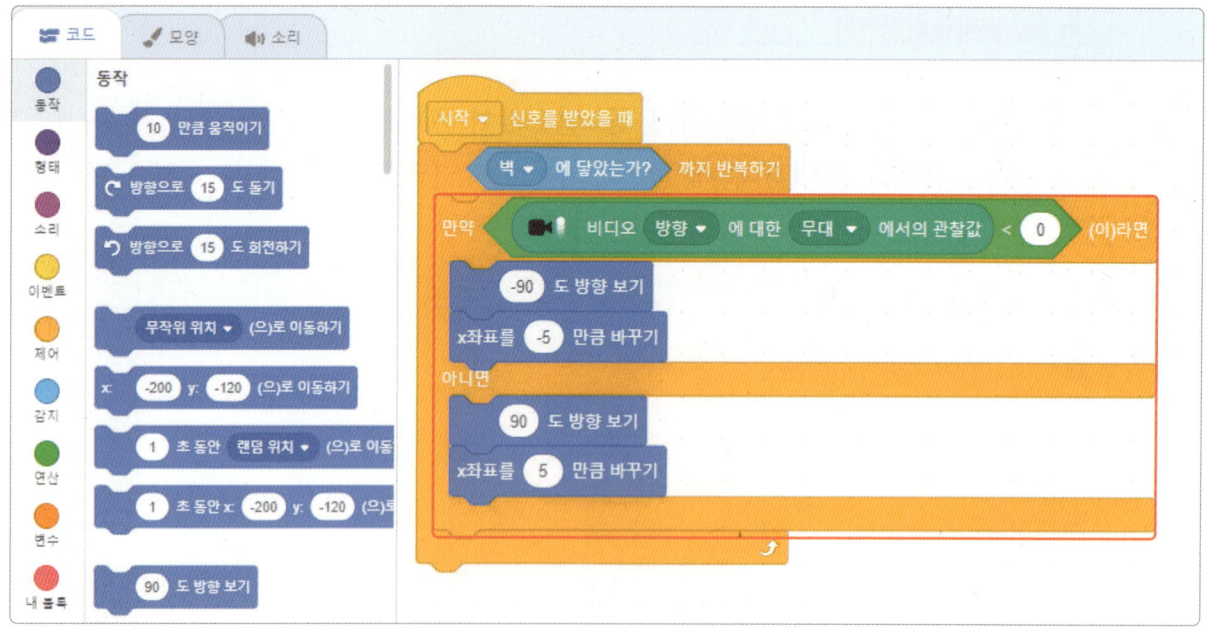

움직임이 인식되지 않으면 비디오 '방향'에 대한 '무대'에서의 관찰값은 '0'이 되고 인식된 움직임의 방향이 왼쪽이면 음수, 인식된 움직임의 방향이 오른쪽이면 양수로 인식합니다.

❻ '라켓'이 무대의 '벽'에 닿으면 '비디오'를 끄고 "까비"를 말한 후 프로그램을 종료하기 위해 **[비디오 감지]**, **[형태]**, **[제어]** 블록 팔레트에서 블록을 드래그하여 그림과 같이 코딩합니다.

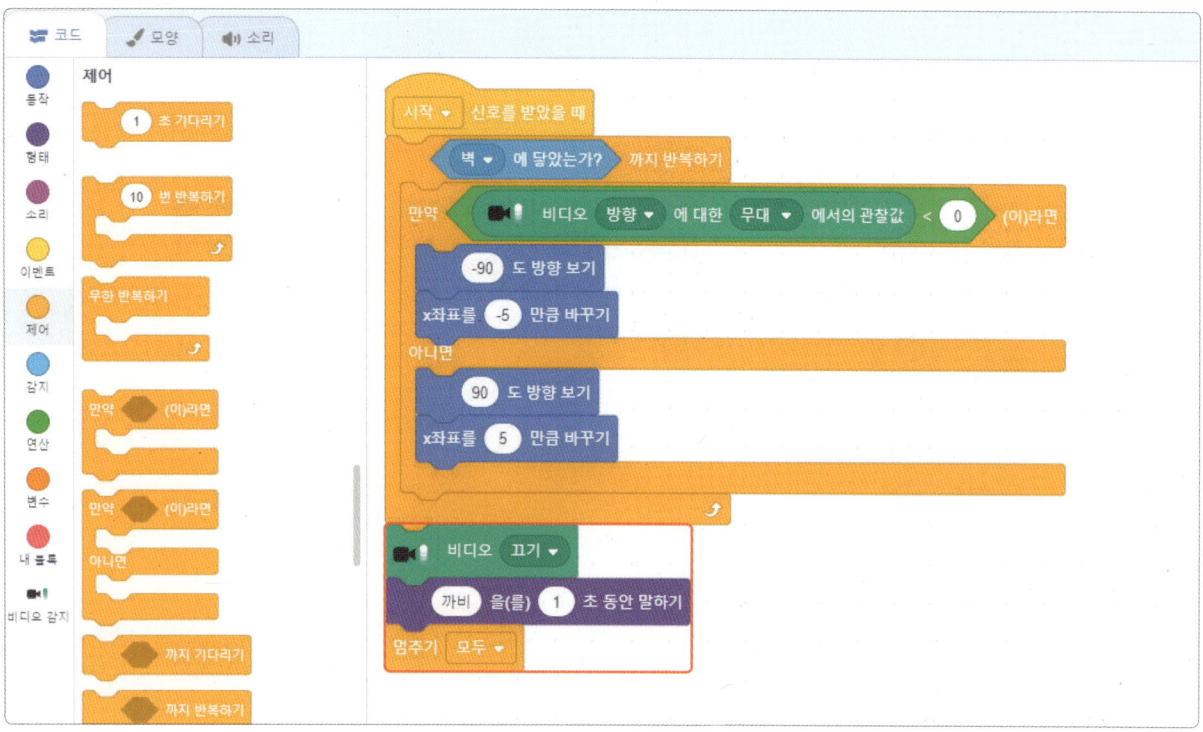

❼ '테니스공' 스프라이트를 선택한 후 '시작' 신호를 받으면 계속 반복하여 임의의 시간 간격으로 나 자신('테니스공')을 복제하기 위해 **[이벤트]**, **[제어]**, **[연산]** 블록 팔레트에서 블록을 드래그하여 그림과 같이 코딩합니다.

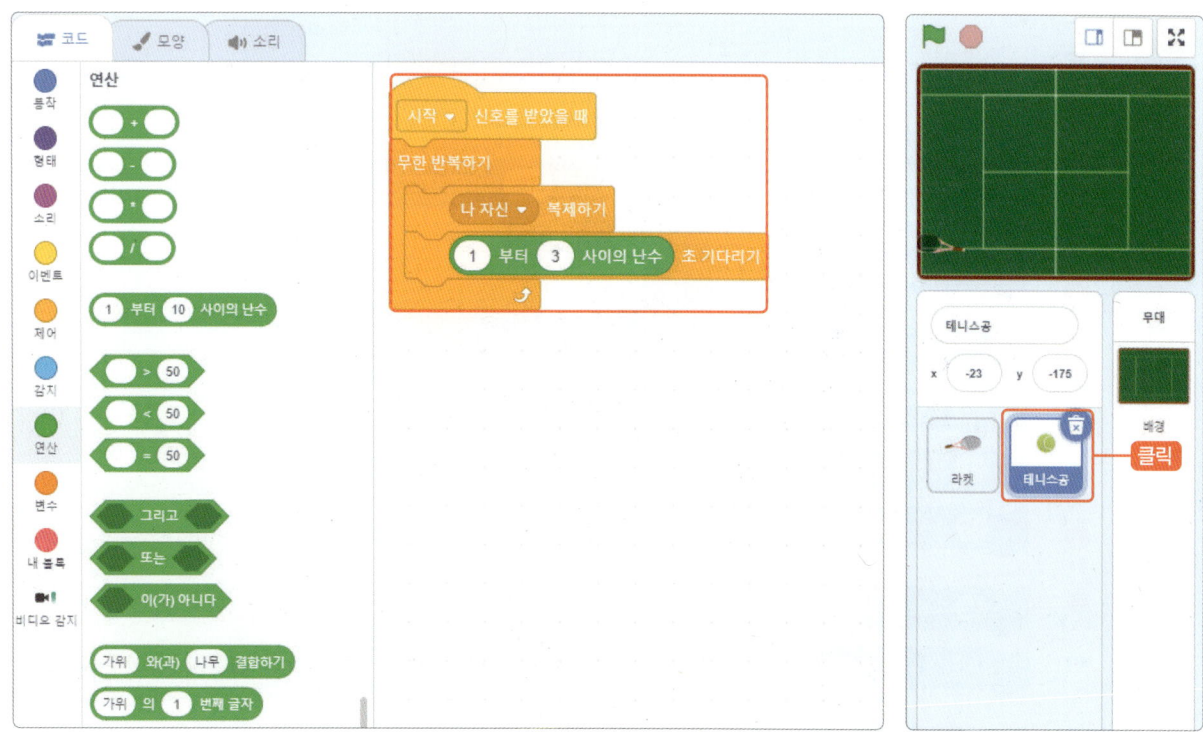

⑧ 복제본이 생성되면 무대 좌우 임의의 위치에서 아래쪽 방향을 바라보고 무대에 나타나도록 하기 위해 [제어], [동작], [연산], [형태] 블록 팔레트에서 블록을 드래그하여 그림과 같이 코딩합니다.

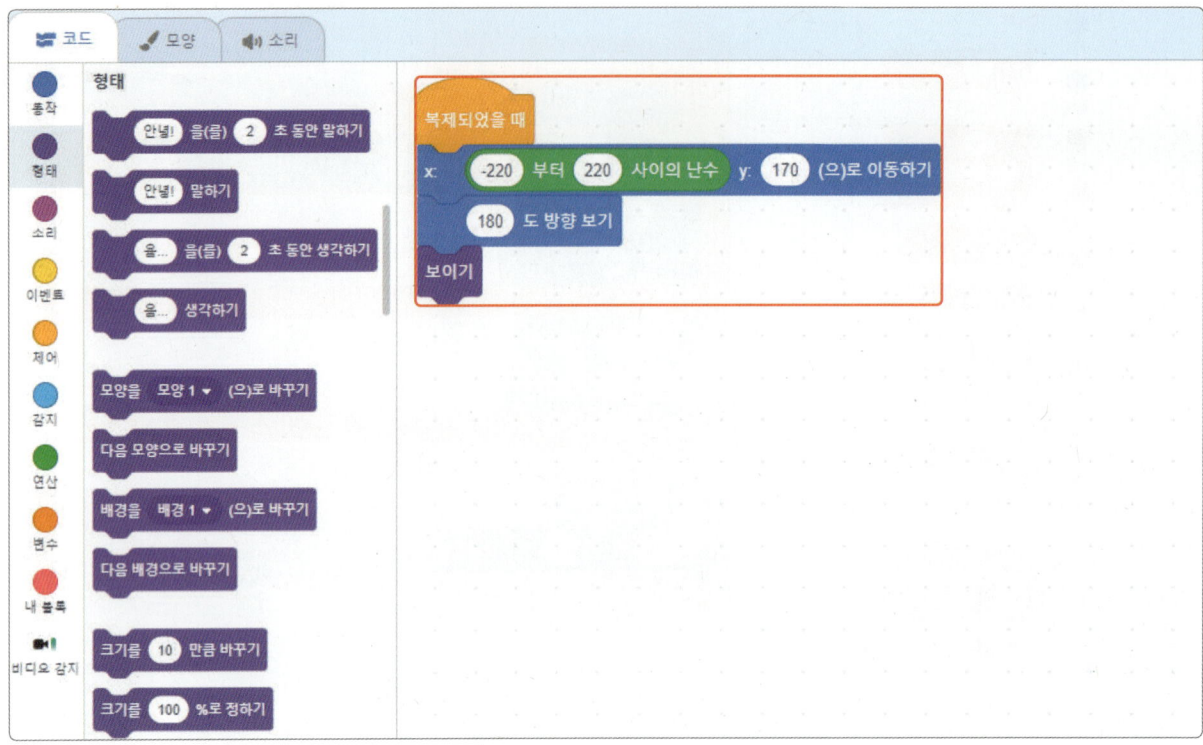

⑨ 무대의 '벽'에 닿을 때까지 이동 방향으로 '3'만큼 이동하기 위해 [제어], [감지], [동작] 블록 팔레트에서 블록을 드래그하여 그림과 같이 코딩합니다.

⑩ '라켓'에 닿으면 '공' 변숫값을 증가하고 임의의 방향을 바라본 후 이동 방향으로 '3'만큼 이동하기 위해 [제어], [감지], [변수], [동작], [연산] 블록 팔레트에서 블록을 드래그하여 그림과 같이 코딩합니다.

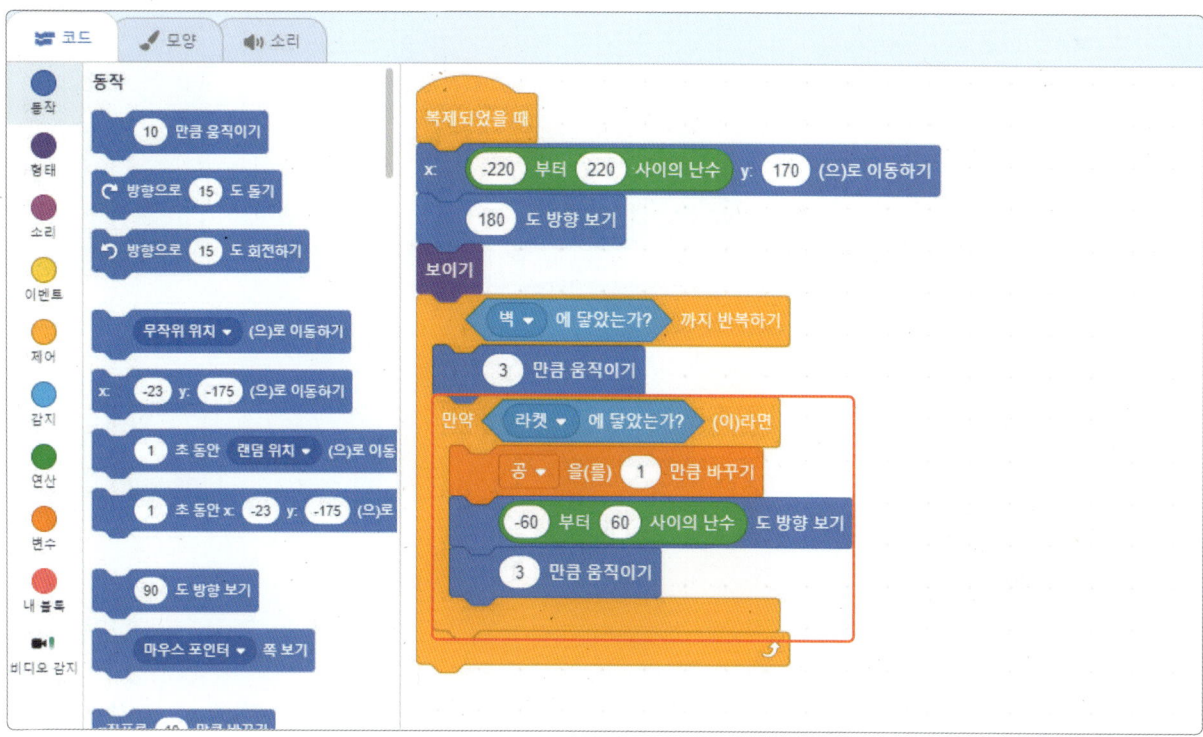

⑪ '테니스공'이 무대의 '벽'에 닿으면 복제본을 삭제하기 위해 [제어] 블록 팔레트에서 블록을 드래그하여 그림과 같이 코딩합니다.

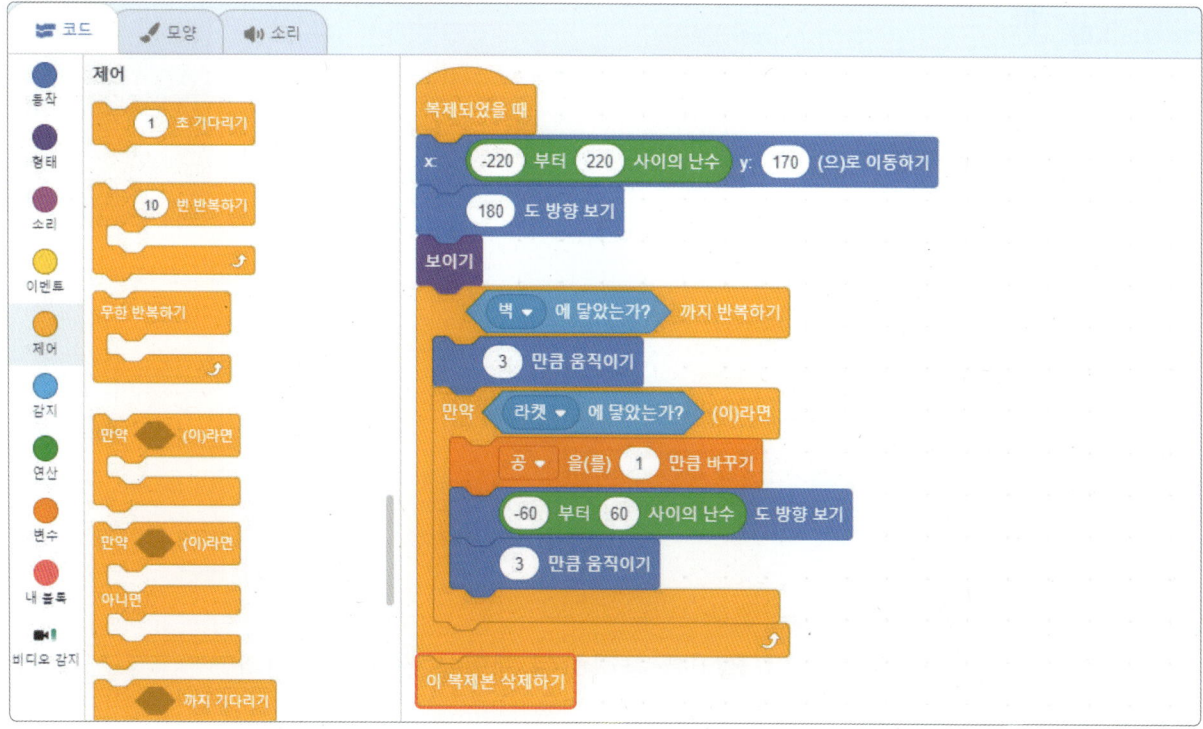

CHAPTER 21 오늘은 테니스 왕 _**149**

⓬ '라켓' 스프라이트를 선택합니다. '종료' 신호를 받으면 개체의 다른 스크립트를 종료하고 '비디오'를 끄고 성공 메시지를 말한 후 프로그램을 종료하기 위해 **[이벤트]**, **[제어]**, **[비디오 감지]**, **[형태]** 블록 팔레트에서 블록을 드래그하여 그림과 같이 코딩합니다.

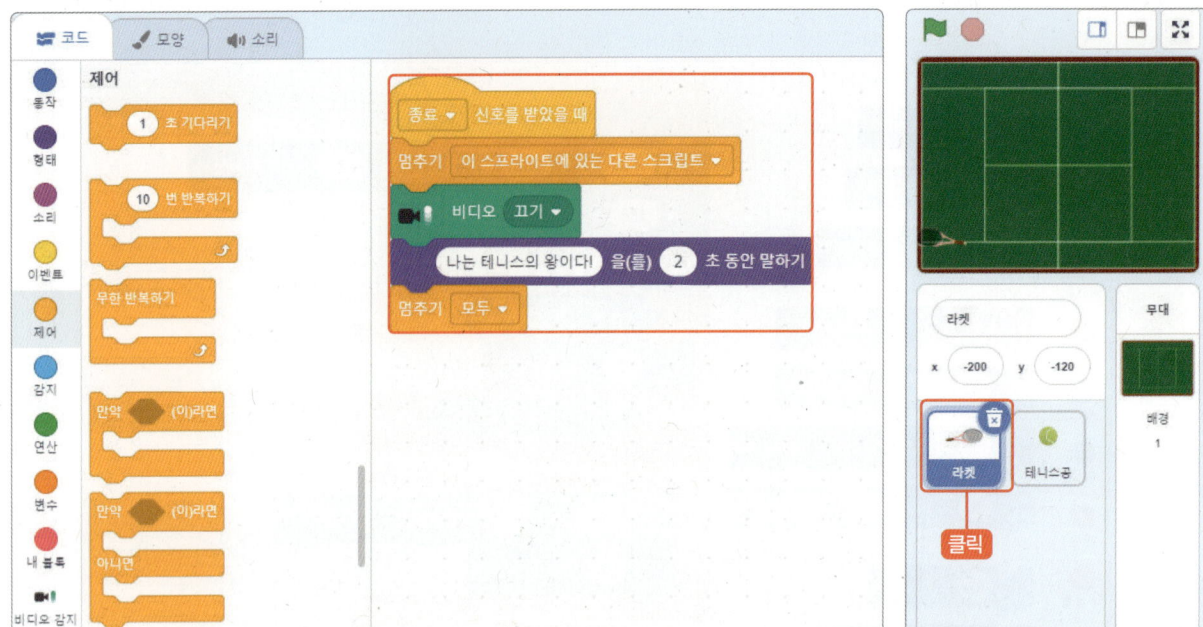

⓭ '테니스공' 스프라이트를 선택한 후 '종료' 신호를 받으면 개체의 다른 스크립트를 종료하고 복제본을 삭제하기 위해 **[이벤트]**, **[제어]** 블록 팔레트에서 블록을 드래그하여 그림과 같이 코딩합니다.

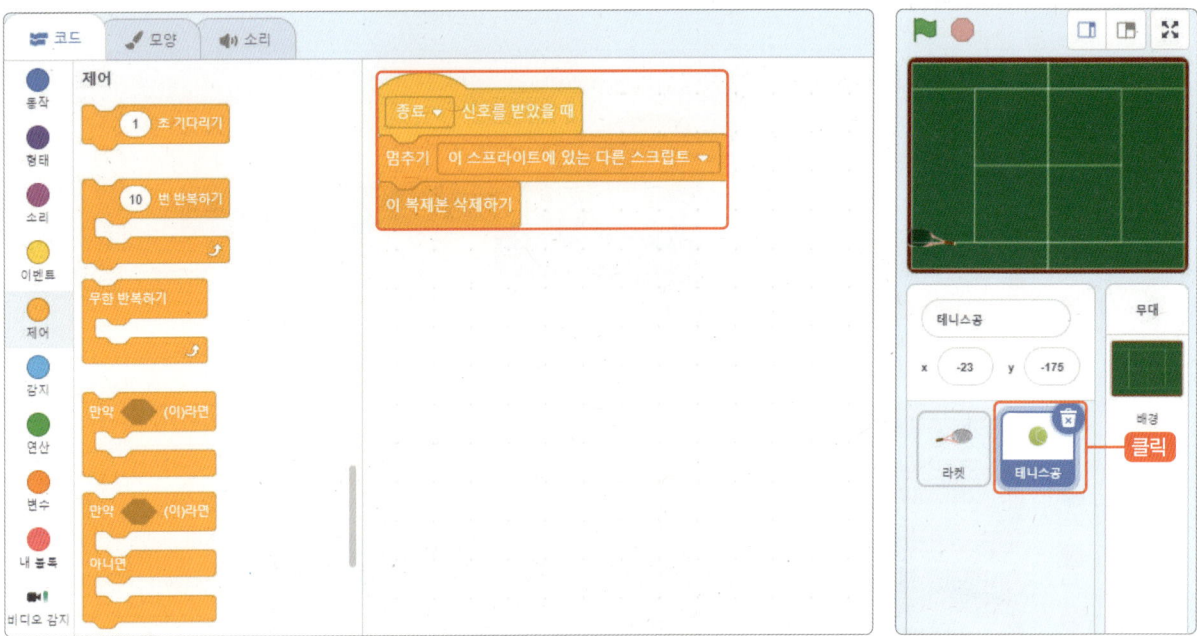

⓮ 코딩이 완료되면 [시작하기(🚩)]를 클릭하여 게임을 진행해 봅니다.

Chapter 21  만들어 보기

예제 1 예제 파일을 불러와 다음의 조건에 맞게 코딩을 완성해 보세요.

조건
① '열기구'는 무대의 '벽'에 닿을 때까지 위쪽으로 이동합니다.
② '열기구'는 비디오 '방향'에 대한 '무대'에서의 관찰값에 따라 좌우로 이동합니다.
③ '구름'은 임의의 시간 간격으로 복제되어 '방향' 변숫값을 '1' 또는 '2'로 지정한 후 무대에 나타납니다.
④ '구름'은 '방향' 변숫값이 '1'이면 왼쪽, '2'면 오른쪽에서 나타나 무대의 '벽'에 닿을 때까지 이동 방향으로 이동합니다.
⑤ '구름'이 '열기구'에 닿으면 '열기구'가 바닥으로 추락하는 모습을 표현한 후 프로그램을 종료합니다.

• 예제 파일 : 21_열기구(예제).sb3   • 완성 파일 : 21_열기구(완성).sb3

예제 2 예제 파일을 불러와 다음의 조건에 맞게 코딩을 완성해 보세요.

조건
① '잠수부'는 무대의 '벽'에 닿을 때까지 모양을 변경하며 아래쪽으로 이동합니다.
② '잠수부'는 비디오 '방향'에 대한 '무대'에서의 관찰값에 따라 좌우로 이동합니다.
③ '상어'는 임의의 시간 간격으로 복제되어 '방향' 변숫값을 '1' 또는 '2'로 지정한 후 무대에 나타납니다.
④ '상어'는 '방향' 변숫값이 '1'이면 왼쪽, '2'면 오른쪽에서 나타나 무대의 '벽'에 닿을 때까지 이동 방향으로 이동합니다.
⑤ '잠수부'가 '보물'에 닿으면 '성공' 신호를, '상어'가 '잠수부'에 닿으면 '종료' 신호를 보냅니다.

• 예제 파일 : 21_보물찾기(예제).sb3   • 완성 파일 : 21_보물찾기(완성).sb3

모션플레이

Chapter 22

공룡의 운석 피하기

학습목표

- 비디오 동작에 대한 공룡에서의 관찰값에 따라 명령을 실행하도록 코딩합니다.
- 비디오 방향에 대한 공룡에서의 관찰값에 따라 공룡이 좌우로 이동하도록 코딩합니다.
- 운석은 임의의 시간 간격으로 복제되어 무대 위쪽에서 나타나도록 코딩합니다.
- 운석은 아래쪽으로 이동하고 공룡에 닿으면 프로그램이 종료되도록 코딩합니다.

• 예제 파일 : 22_운석 피하기(예제).sb3   • 완성 파일 : 22_운석 피하기(완성).sb3

미션 문제 해결 과제

필요한 스프라이트	주요 명령 블록

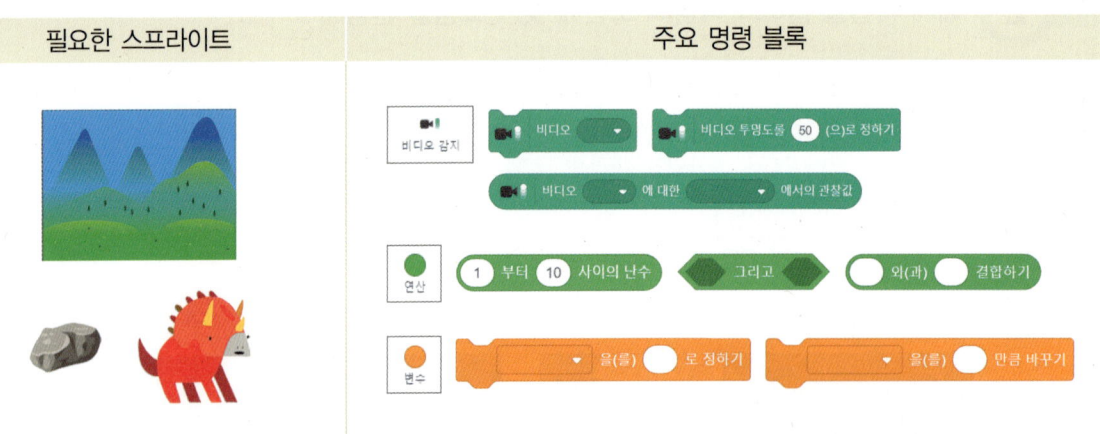

게임 이야기

공룡들이 살고 있는 쥐라기 월드 하늘에서 운석들이 떨어지고 있네요! 저기 들판에 공룡 한 마리가 떨어지는 운석을 보고 놀랐는지 움직이지 못하고 있어요. 공룡이 운석을 피할 수 있도록 우리가 도와줘야 할 것 같아요. 나의 움직임을 관찰한 값이 일정 값보다 커지면 공룡은 움직임 방향에 따라 좌우로 움직일 수 있어요. 순발력을 발휘해 공룡이 운석에 맞지 않도록 도와주세요!

1 게임 코딩하기

❶ 'Scratch 3.0' 프로그램을 실행하고 '22_운석 피하기(예제).sb3' 파일을 불러온 후 블록 팔레트의 [확장 기능 추가하기( )]-[비디오 감지( )]를 클릭하여 비디오 감지 블록을 불러옵니다.

❷ '공룡' 스프라이트를 선택한 후 프로그램이 시작되면 '시간' 변숫값을 지정하고 '60'번 반복하여 '1'초 간격으로 '시간' 변숫값을 '1'만큼 증가하기 위해 [이벤트], [변수], [제어] 블록 팔레트에서 블록을 드래그하여 그림과 같이 코딩합니다.

❸ 이어서 피한 운석의 개수를 말한 후 프로그램을 종료하기 위해 [형태], [연산], [변수], [제어] 블록 팔레트에서 블록을 드래그하여 그림과 같이 코딩합니다.

④ 프로그램이 시작되면 '비디오'를 켜고 투명도를 지정한 후 회전 방식을 '좌우'로 지정하고 지정된 좌푯값으로 이동하기 위해 [이벤트], [비디오 감지], [동작], [형태] 블록 팔레트에서 블록을 드래그하여 그림과 같이 코딩합니다.

⑤ 계속 반복하여 비디오 '동작'에 대한 '공룡'에서의 관찰값이 '20'보다 크면 조건을 실행하고 무대에 닿으면 방향을 변경하기 위해 [제어], [연산], [비디오 감지], [동작] 블록 팔레트에서 블록을 드래그하여 그림과 같이 코딩합니다.

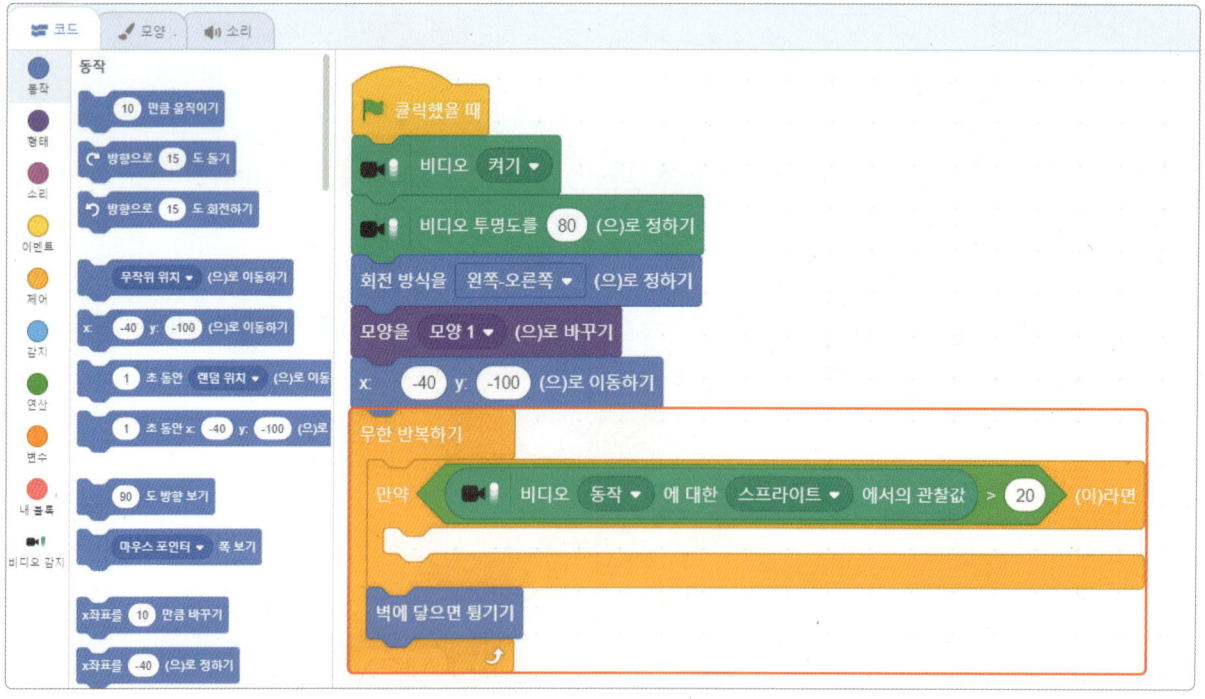

'공룡'이 움직임을 인식한 값이 '20'보다 크면 블록 안쪽에 연결된 명령 블록들이 실행됩니다.

❻ 비디오 '방향'에 대한 '공룡'에서의 관찰값이 '110'보다 작고 '70'보다 크면 오른쪽으로, '-70' 보다 작고 '-120'보다 크면 왼쪽으로 이동하기 위해 [제어], [연산], [비디오 감지], [동작] 블록 팔레트에서 블록을 드래그하여 그림과 같이 코딩합니다.

❼ '운석' 스프라이트를 선택합니다. 프로그램이 시작되면 '운석' 변숫값을 지정하고 개체를 무대에서 숨긴 후 계속 반복하여 임의의 시간 간격으로 나 자신('운석')을 복제하기 위해 [이벤트], [변수], [형태], [제어], [연산] 블록 팔레트에서 블록을 드래그하여 그림과 같이 코딩합니다.

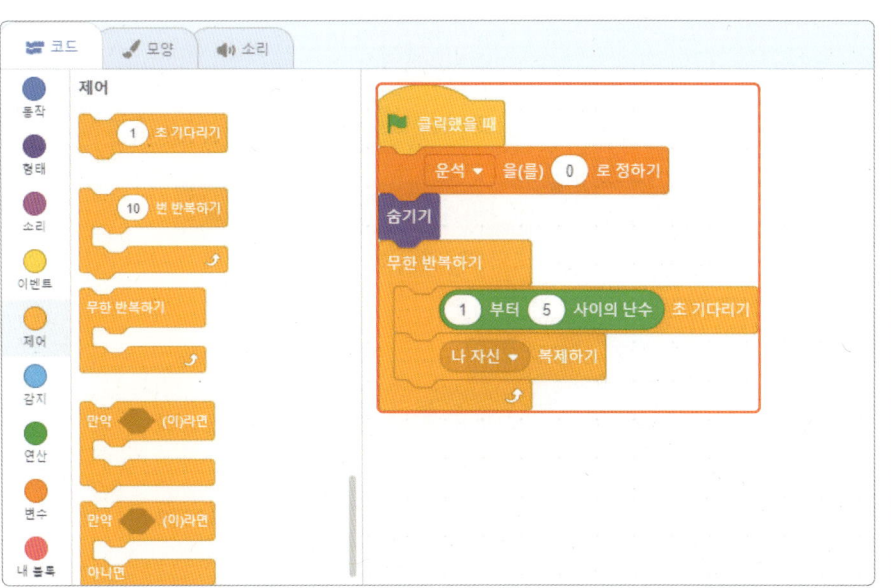

❽ 복제본이 생성되면 무대 위쪽 임의의 위치로 이동한 후 무대에 나타나도록 하기 위해 [제어], [동작], [연산], [형태] 블록 팔레트에서 블록을 드래그하여 그림과 같이 코딩합니다.

❾ 무대의 '벽'에 닿을 때까지 아래쪽으로 이동하다가 '공룡'에 닿으면 '종료' 신호를 보내기 위해 [제어], [감지], [동작], [이벤트] 블록 팔레트에서 블록을 드래그하여 그림과 같이 코딩합니다.

⑩ '운석'이 무대의 '벽'에 닿으면 '운석' 변숫값을 증가하고 복제본을 삭제하기 위해 [변수], [제어] 블록 팔레트에서 블록을 드래그하여 그림과 같이 코딩합니다.

⑪ '공룡' 스프라이트를 선택합니다. '종료' 신호를 받으면 모양을 변경한 후 프로그램을 종료하기 위해 [이벤트], [형태], [제어] 블록 팔레트에서 블록을 드래그하여 그림과 같이 코딩합니다.

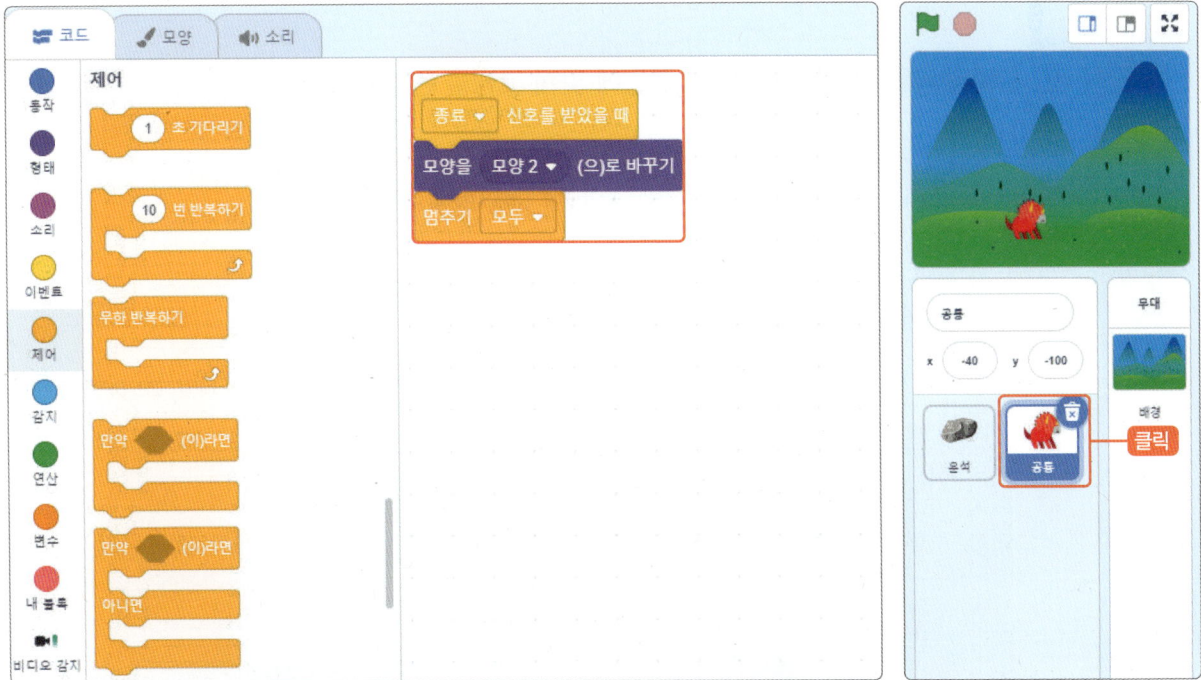

⑫ 코딩이 완료되면 [시작하기(🏁)]를 클릭하여 게임을 진행해 봅니다.

Chapter 22  만들어 보기

예제 1 예제 파일을 불러와 다음의 조건에 맞게 코딩을 완성해 보세요.

조건
① 비디오 '동작'에 대한 '호박'에서의 관찰값이 일정 값보다 크면 명령을 실행합니다.
② '호박'은 비디오 '방향'에 대한 '호박'에서의 관찰값에 따라 좌우로 이동합니다.
③ '유령'은 '1'초 간격으로 복제되어 무대 아래쪽 임의의 위치에서 나타나 위쪽으로 이동합니다.
④ '유령'이 '호박'에 닿으면 '유령' 변숫값을 증가한 후 '비석' 위치로 이동합니다.
⑤ '60'번 반복하여 '시간' 변숫값을 '1'초 간격으로 '1'씩 증가하고 잡은 유령의 수를 말한 후 프로그램을 종료합니다.

• 예제 파일 : 22_할로윈(예제).sb3   • 완성 파일 : 22_할로윈(완성).sb3

예제 2 예제 파일을 불러와 다음의 조건에 맞게 코딩을 완성해 보세요.

조건
① 비디오 '동작'에 대한 '바구니'에서의 관찰값이 일정 값보다 크면 명령을 실행합니다.
② '바구니'는 비디오 '방향'에 대한 '바구니'에서의 관찰값에 따라 좌우로 이동합니다.
③ '하트'는 '1'초 간격으로 복제되어 무대 위쪽 임의의 위치에서 나타나 아래쪽으로 이동합니다.
④ '하트'가 '바구니'에 닿으면 '하트' 변숫값을 증가하고 '벽'에 닿으면 하트가 깨진 모양을 표현합니다.
⑤ '60'번 반복하여 '시간' 변숫값을 '1'초 간격으로 '1'씩 증가하고 받은 하트 개수를 말한 후 프로그램을 종료합니다.

• 예제 파일 : 22_하트받기(예제).sb3   • 완성 파일 : 22_하트받기(완성).sb3

Chapter 23 통통 탁구공 골인

모션플레이

학습목표

- 프로그램이 시작되면 비디오를 켜고 투명도를 지정하도록 코딩합니다.
- 비디오 동작에 대한 탁구공에서의 관찰값에 따라 탁구공이 위쪽으로 이동하도록 코딩합니다.
- 탁구공이 골대에 닿으면 탁구공 변숫값을 증가하도록 코딩합니다.
- 탁구공 변숫값이 10이 되면 비디오를 끄고 프로그램이 종료되도록 코딩합니다.

• 예제 파일 : 23_탁구공 골인(예제).sb3   • 완성 파일 : 23_탁구공 골인(완성).sb3

 **문제 해결 과제**

필요한 스프라이트	주요 명령 블록
	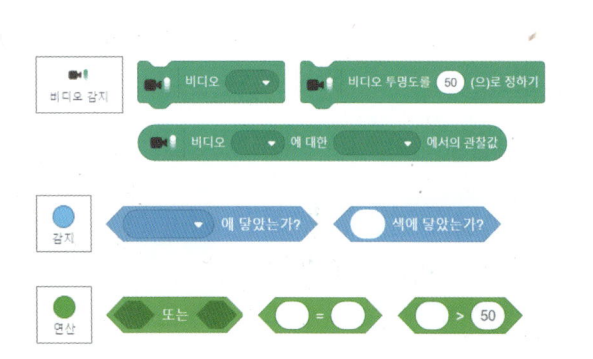

게임 이야기

봉선이는 파이프에 위치한 탁구공을 입으로 세게 불어 골대에 넣으려고 해요. 그런데 아직 폐활량이 부족해 입으로 탁구공을 불어 골대에 넣기 힘드네요. 우리가 봉선이 대신 모션을 이용해 탁구공을 이동시켜 볼게요. 손으로 탁구공을 탁탁 쳐올리면 탁구공이 통통 튀며 골대를 향해 이동해요. 하지만, 여기서도 완급 조절은 필수랍니다!

1 게임 코딩하기

❶ 'Scrach 3.0' 프로그램을 실행한 후 '23_탁구공 골인(예제).sb3' 파일을 불러온 후 블록 팔레트의 [확장 기능 추가하기( )]-[비디오 감지( )]를 클릭하여 비디오 감지 블록을 불러옵니다.

❷ '탁구공' 스프라이트를 선택한 후 프로그램이 시작되면 '탁구공' 변숫값을 지정하고 파이프 위치로 이동한 후 개체를 무대에서 숨기기 위해 [이벤트], [변수], [동작], [형태] 블록 팔레트에서 블록을 드래그하여 그림과 같이 코딩합니다.

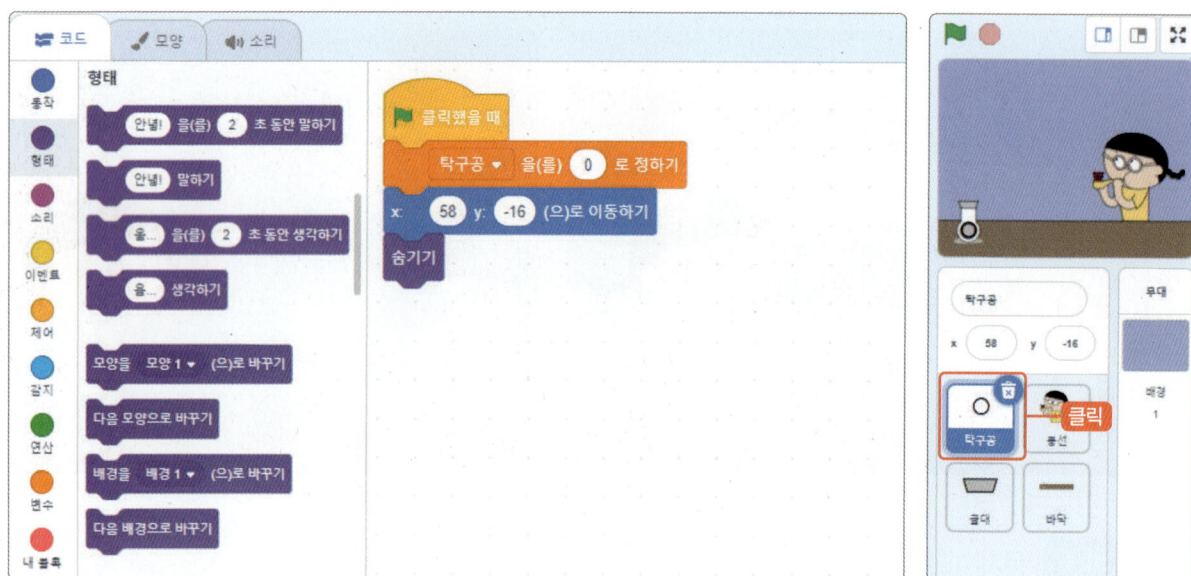

❸ '봉선' 스프라이트를 선택한 후 프로그램이 시작되면 '비디오'를 켜고 투명도를 지정하기 위해 [이벤트], [비디오 감지] 블록 팔레트에서 블록을 드래그하여 그림과 같이 코딩합니다.

❹ 이어서 "준비 시작~!"을 '2'초 동안 말한 후 '시작' 신호를 보내기 위해 **[형태]**, **[이벤트]** 블록 팔레트에서 블록을 드래그하여 그림과 같이 코딩합니다.

❺ 계속 반복하여 '탁구공' 변숫값이 '10'이면 '비디오'를 끄고 성공 메시지를 말한 후 프로그램을 종료하기 위해 **[제어]**, **[연산]**, **[변수]**, **[비디오 감지]**, **[형태]** 블록 꾸러미에서 블록을 드래그하여 그림과 같이 코딩합니다.

❻ 다시 '탁구공' 스프라이트를 선택한 후 '시작' 신호를 받으면 나 자신('탁구공')을 복제하기 위해 [이벤트], [제어] 블록 팔레트에서 블록을 드래그하여 그림과 같이 코딩합니다.

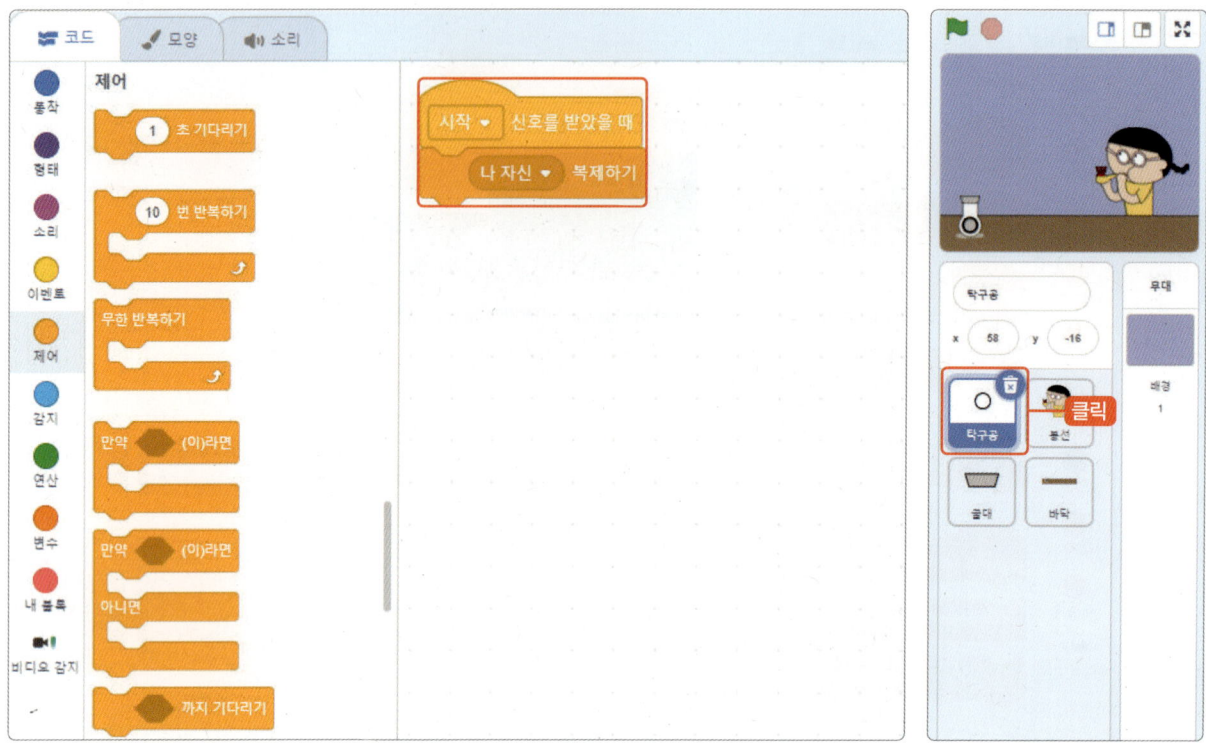

❼ 복제본이 생성되면 개체를 무대에 보인 후 무대의 '벽' 또는 바닥 색에 닿을 때까지 조건을 반복하기 위해 [제어], [형태], [연산], [감지] 블록 팔레트에서 블록을 드래그하여 그림과 같이 코딩합니다.

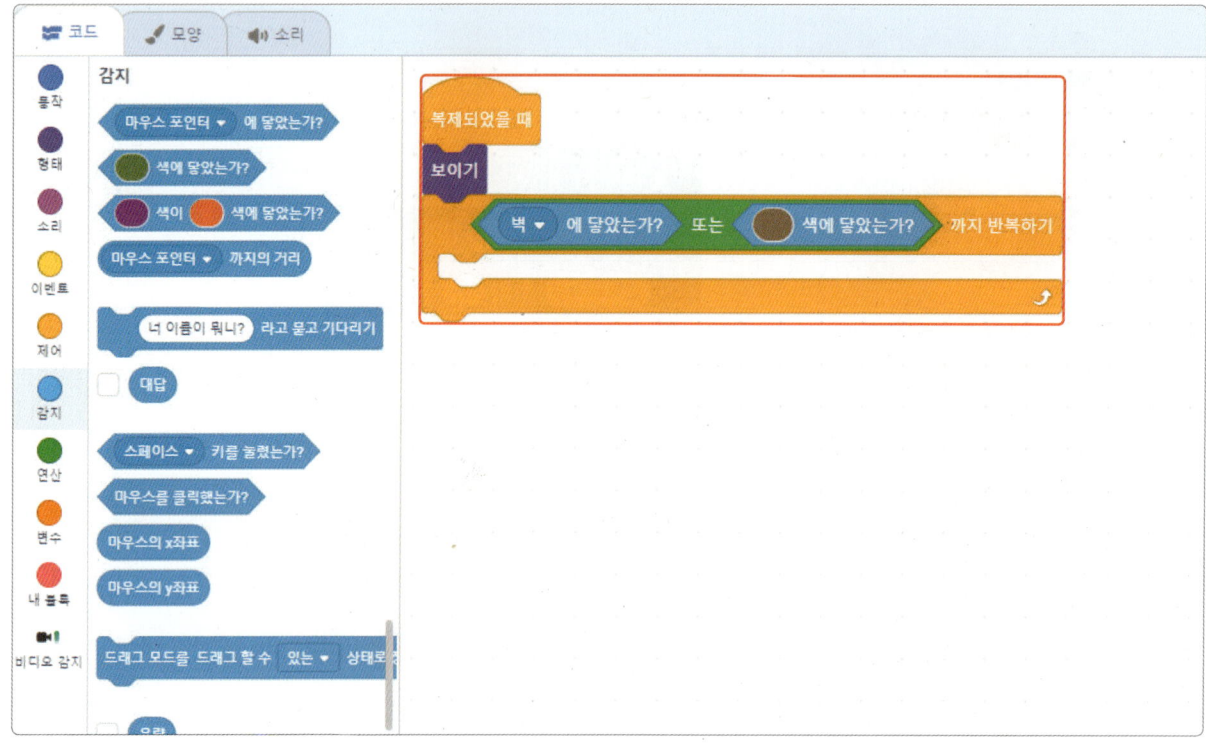

❽ '탁구공'이 무대의 '벽' 또는 바닥 색에 닿을 때까지 아래쪽, 왼쪽으로 조금씩 이동하도록 하기 위해 [동작] 블록 팔레트에서 블록을 드래그하여 그림과 같이 코딩합니다.

❾ 비디오 '동작'에 대한 '탁구공'의 관찰값이 '20'보다 크면 '탁구공'이 위쪽으로 이동하도록 하기 위해 [제어], [연산], [비디오 감지], [동작] 블록 팔레트에서 블록을 드래그하여 그림과 같이 코딩합니다.

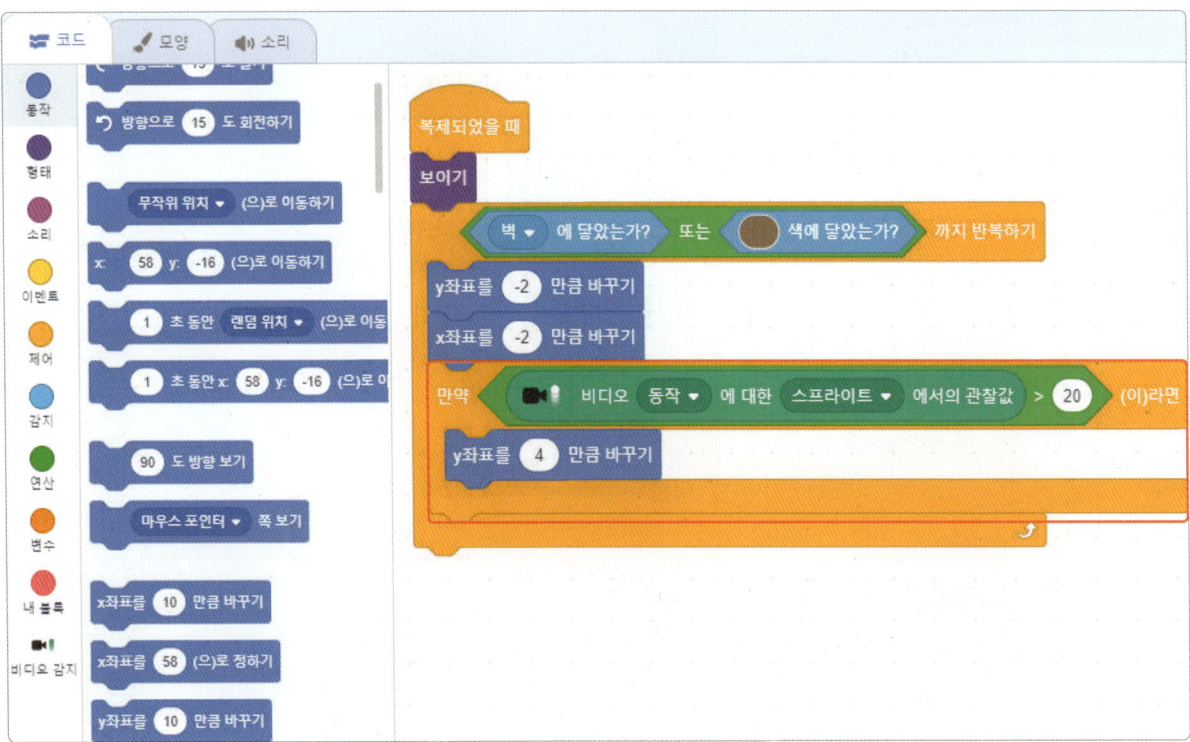

CHAPTER 23 통통 탁구공 골인 _ 163

❿ '탁구공'이 '골대'에 닿으면 '탁구공' 변숫값을 증가한 후 시작 위치로 이동하기 위해 [제어], [감지], [변수], [동작] 블록 팔레트에서 블록을 드래그하여 그림과 같이 코딩합니다.

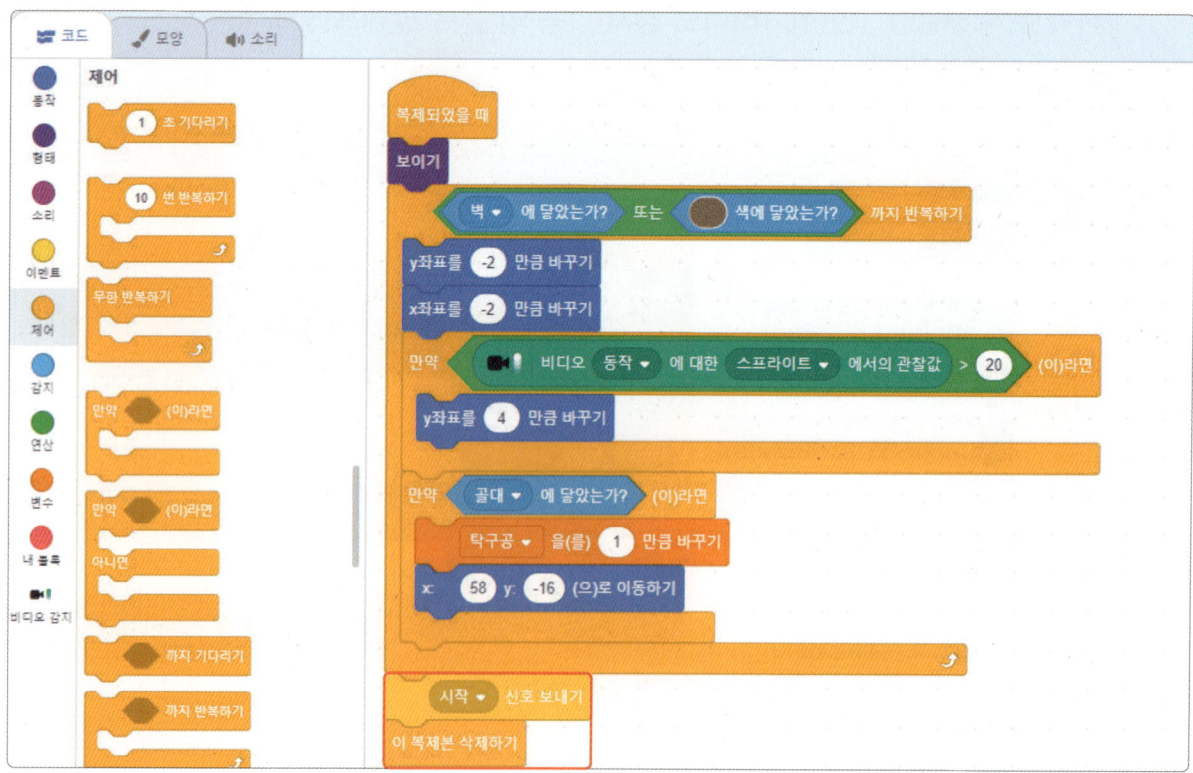

⓫ '탁구공'이 무대의 '벽' 또는 바닥 색에 닿으면 '시작' 신호를 보낸 후 복제본을 삭제하기 위해 [이벤트], [제어] 블록 팔레트에서 블록을 드래그하여 그림과 같이 코딩합니다.

⓬ 코딩이 완료되면 [시작하기(🏳)]를 클릭하여 게임을 진행해 봅니다.

Chapter 23  더 만들어 보기

예제 1 예제 파일을 불러와 다음의 조건에 맞게 코딩을 완성해 보세요.

조건
① 비디오 '동작'에 대한 '기린'에서의 관찰값이 일정 값보다 크면 명령을 실행합니다.
② '기린'은 비디오 '방향'에 대한 '기린'에서의 관찰값 방향을 바라보며 이동합니다.
③ '소시지'와 '나뭇잎'은 임의의 시간 간격으로 복제되어 무대 위쪽 임의의 위치에서 아래쪽으로 이동합니다.
④ '나뭇잎'이 '기린'에 닿으면 '점수' 변숫값을 증가하고 '소시지'가 '기린'에 닿으면 프로그램을 종료합니다.
⑤ '30'초 후 '점수' 변숫값이 '10'보다 크면 성공 메시지를 말하고 프로그램을 종료합니다.

• 예제 파일 : 23_사슴먹이(예제).sb3   • 완성 파일 : 23_사슴먹이(완성).sb3

예제 2 예제 파일을 불러와 다음의 조건에 맞게 코딩을 완성해 보세요.

조건
① '링'은 '골대'를 따라 계속해서 이동하고 '골대'는 무대 왼쪽에서 계속해서 상하로 이동합니다.
② '공'은 '시작' 신호를 받으면 복제되어 무대의 '벽'에 닿을 때까지 아래쪽으로 이동합니다.
③ '공'은 비디오 '동작'에 대한 '공'에서의 관찰값이 '15'보다 크면 '골대' 쪽을 바라보며 위쪽, 왼쪽으로 이동합니다.
④ '공'이 '링'에 닿으면 '점수' 변숫값을 증가하고 복제본을 삭제합니다.

• 예제 파일 : 23_덩크슛(예제).sb3   • 완성 파일 : 23_덩크슛(완성).sb3

Chapter 24 즐거운 게임 코딩 ④
무궁화 꽃이 피었습니다!

모션플레이

재미 up 창의력 up

다음의 조건을 이용해 코딩을 완성해 보세요.

① 프로그램이 시작되면 참가자 수를 묻고 입력 받은 값을 '참가자수' 변숫값으로 지정합니다.
② '술래'는 '시작' 신호를 받으면 임의의 시간 동안 "무궁화 꽃이 피었습니다"를 말합니다.
③ '참가자'는 '시작' 신호를 받으면 '참가자수' 변숫값만큼 반복하여 자신의 복제본을 만듭니다.
④ '참가자'는 비디오 '동작'에 대한 '참가자'에서의 관찰값이 일정 값보다 크면 술래 쪽으로 이동합니다.
⑤ '술래'의 모양 번호가 '1'이고 비디오 '동작'에 대한 '참가자'에서의 관찰값이 일정 값보다 크면 '참가자수' 변숫값을 감소합니다.
⑥ '참가자'가 '술래'에 닿으면 '성공' 신호를 보내고 '참가자수' 변숫값이 '0'이면 '종료' 신호를 보냅니다.

• 예제 파일 : 24_무궁화 게임(예제).ent   • 완성 파일 : 24_무궁화 게임(완성).ent

⭐ 게임 코딩 이야기

❶ '참가자' 스프라이트를 선택합니다. 프로그램이 시작되면 '비디오'를 켜고 투명도를 지정한 후 개체를 무대에서 숨기도록 코딩합니다.

❷ '술래' 스프라이트를 선택합니다. 프로그램이 시작되면 "참가자 수를 입력해주세요!"를 묻고 입력받은 값을 '참가자수' 변숫값으로 지정한 후 '시작' 신호를 보내도록 코딩합니다.

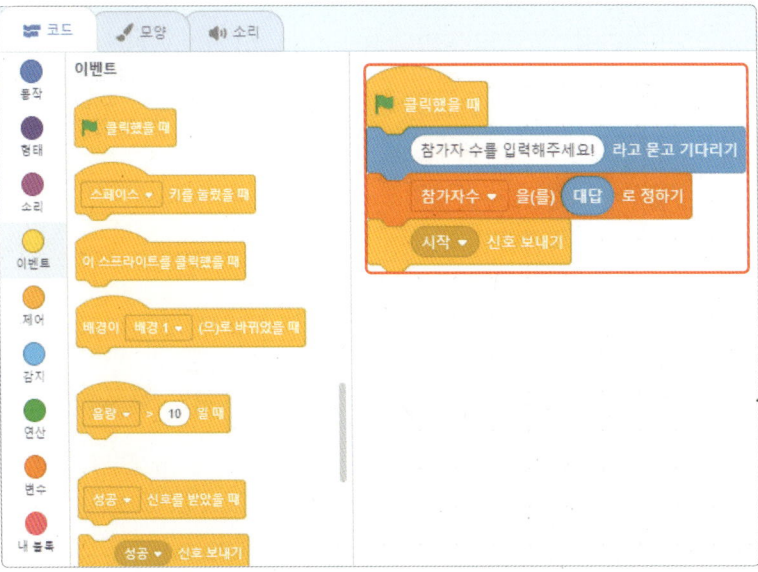

❸ '시작' 신호를 받으면 계속 반복하여 앞쪽(벽)을 바라보고 "무궁화 꽃이 피었습니다"를 임의의 시간 동안 말한 후 뒤(참가자)를 돌아보도록 코딩합니다.

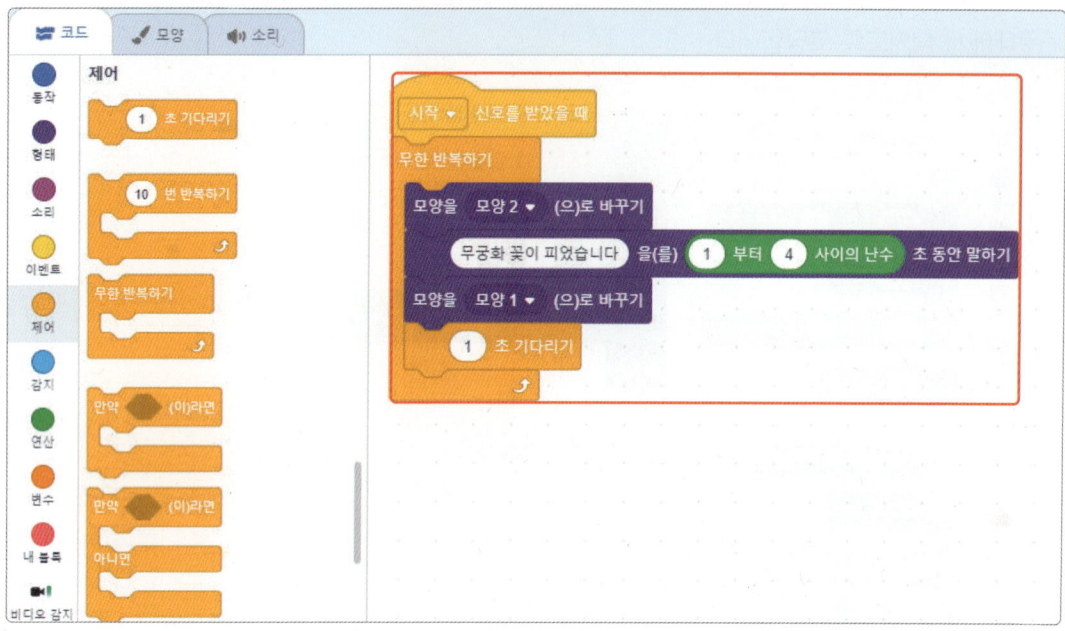

❹ '참가자' 스프라이트를 선택한 후 '시작' 신호를 받으면 '참가자수' 번 반복하여 나 자신('참가자')을 복제하도록 코딩합니다.

❺ 복제본이 생성되면 무대에 나타나 무작위로 모양을 변경한 후 무대 오른쪽 아래 임의의 위치로 이동하도록 코딩합니다.

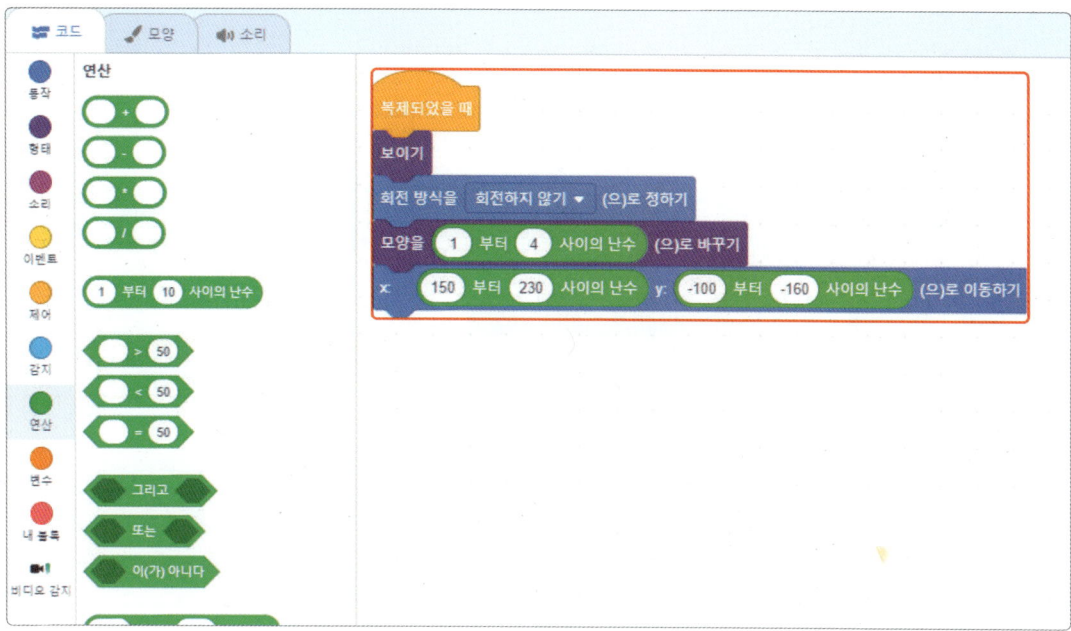

❻ '술래'에 닿을 때까지 '술래' 쪽을 바라보고 비디오 '동작'에 대한 '참가자'에서의 관찰값이 '20'보다 크면 이동 방향으로 '2'만큼 이동하다가 '술래'에 닿으면 '성공' 신호를 보내도록 코딩합니다.

❼ 복제본이 생성되면 계속 반복하여 '술래'의 모양 번호가 '1'이고 비디오 '동작'에 대한 '참가자'에서의 관찰값이 '20'보다 큰지 확인하고 '20'보다 크다면 '참가자수' 변숫값을 '1'만큼 감소하고 '술래' 근처로 이동하도록 코딩합니다.

❽ '참가자수' 변숫값이 '0'이면 '1'초 후 '종료' 신호를 보내도록 코딩합니다.

170 _ 스크래치 3.0 게임만들기 with 모션플레이

❾ '술래' 스프라이트를 선택합니다. '성공' 신호를 받으면 '비디오'를 끄고 개체의 다른 스크립트를 종료한 후 "내가 졌네..."를 말하고 프로그램을 종료하도록 코딩합니다.

❿ '종료' 신호를 받으면 '비디오'를 끄고 개체의 다른 스크립트를 종료한 후 "내가 이겼다~"를 말하고 프로그램을 종료하도록 코딩합니다.